차와 선

차와 선

초판 발행일 2016년 4월 8일

지은이 이토 고칸
옮긴이 김용환 송상숙
펴낸이 강수걸
편집장 권경옥
편집 정선재 윤은미 문호영
디자인 권문경 구혜림
펴낸곳 산지니
등록 2005년 2월 7일 제14-49호
주소 부산광역시 연제구 법원남로15번길 26 위너스빌딩 203호
홈페이지 www.sanzinibook.com
전자우편 sanzini@sanzinibook.com
블로그 http://sanzinibook.tistory.com

ISBN 978-89-6545-345-1 94380
978-89-92235-87-7 (세트)

*책값은 뒤표지에 있습니다.
*이 도서의 국립중앙도서관 출판예정도서목록(CIP)은 서지정보유통지원시스템홈페이지
(http://seoji.nl.go.kr)와 국가자료공동목록시스템(http://www.nl.go.kr/kolisnet)에서
이용하실 수 있습니다.(CIP제어번호: CIP2016007261)

아시아총서 20

茶와 禪

차와 선

이토 고칸(伊藤古鑑) 지음

김용환 · 송상숙 옮김

산지니

역자 서문

1950년대 후반, 내 고향 진주에서 아버지 손을 잡고 간혹 따라갔던 곳이 다방(茶房)이다. 6·25전쟁이 끝난 지 오래지 않아 특별히 할 일이 많지 않았던 시절에 사람들은 다방이나 기원(碁院)에 모여 시간을 보내는 일이 많았다.

그때 다방에서는 차를 주문받기 전에 먼저 따뜻한 엽차(葉茶)를 내왔다. 지금도 나는 그 향긋한 엽차 내음을 잊지 못한다. 그것이 나와 차의 첫 번째 만남이다.

그 이후 보리차 이외에는 차다운 차를 마실 기회가 거의 없었다. 그러다가 70년대 중반 서울에서 대학원을 다닐 때 알게 된 여학생 동기 집에 초대를 받았는데, 그때 차 대접을 받았다. 하얀 찻잔에 노란 빛깔을 띠고 있는 차였다. 곤양 다솔사(多率寺)에 계시는 최범술 선생께 차를 배웠다는 이야기를 들었다.

1979년 일본 동경으로 유학을 가게 되었고, 내가 다니던 대학원에는 학생 수가 많지 않아 연구실에서 수업을 하였다. 연구실 입구의 탁자에는 언제나 더운 물이 들어 있는 보온 포터와 차주전자, 찻통, 찻잔이 항상 준비되어 있었다. 처음에는 일본 차가 익숙지 않아 비릿한 풀내음 같은 것이 났지만, 교수님 앞에서 준비해 간 범어(梵語) 텍스트를 읽으면서 없어서는 안 되는 필수품처럼 차를 마시곤 했다.

한번은 학과의 교수님 댁을 방문하게 되었는데, 그곳은 정토종(淨土宗)의 오래된 사원으로, 목조로 된 요사채 안쪽으로는 잘 가꾸어진 일본식 정원이 있었다. 마침 그날 절에서 다회(茶會)가 열린 탓으로, 다다미 방에 정좌(正坐)한 채 제대로 격식을 갖춘 일본식 행다법(行茶法)을 체험할 수 있는 기회를 처음으로 가졌다. 인사하는 법, 찻잔을 손에 쥐는 법, 차를 마시는 법 등등 어느 하나 자의적(恣意的)으로 할 수 있는 것이 없었다.

목마를 때 갈증을 해소하기 위해 물을 마시는 것은 사람만이 아닐 것이다. 그러나 물을 마시는 과정에 의미와 가치를 부여하고 이를 통해 격조와 절도 있는 몸가짐을 익히고 잡념망상으로 가득한 마음을 다스릴 수 있다면 그것은 인간만이 가질 수 있는 문화가 아닐까?

임제종 대덕사(大德寺)파 동경별원에 해당하는 사찰이 인연이 되어 몇 번 간 적이 있다. 그 절의 주지 스님은 내가 다니던 대학 연구실(大正大學 梵文學硏究)의 선배로 선승(禪僧)이었다. 한번은 차 대접을 받았는데 방 안에는 진자주색의 나팔꽃 두 송이가 대나무로 된 화병에 꽂혀 있었다. 어릴 때부터 여름이 되면 어디서나 흔히 볼 수 있었던 나팔꽃이 그날따라 아주 고귀한 꽃으로 보였다. 지금도 그때 그곳에서 본 나팔꽃의 아름다움은 잊지 못한다.

1982년 일본에서의 학업을 마치고 인도로 다시 유학을 떠났다. 뉴델리에 있는 델리대학의 기숙사에 방을 구하기 전에 대학의 '게스트 하우스'에 며칠간 머문 적이 있었다. 아침이 되면 종업원이 달콤하고 향긋한 인도풍의 밀크티 짜이를 방으로 가져왔다. 짜이는 인도인의 일상에 있어 빠질 수 없는 기호식품인데, 나는 이를 통해 차와 새롭게 만나는 경험을 했다.

1983년 뜻밖에 부산대학교에 전임 자리를 얻어 귀국하게 되었다. 대학 근방의 집에서 출퇴근을 하다가 간혹 번화한 곳을 찾아 광복동을 나가게 되면 거의 매번 들르게 되는 곳이 소화방이라는 찻집이었다.

내부는 심플하면서 정갈하고, 신민요풍의 음악을 들으면서 우리 전통차를 마실 수 있는 곳으로, 이 무렵에는 찻바람이 불어 한동안 곳곳에 찻집이 많이 생겨나고 있었다. 그러다 80년대 후반쯤 지인들과 해남 대흥사로 떠난 여행길에 강진의 백련사(白蓮寺)에 들렀다. 만덕산 중턱에 자리한 백련사는 다산 정약용 선생께서도 그 근방에 초당을 짓고 유배생활을 한 유서 깊은 곳이다. 대웅전에 들러 예불을 하고 도량으로 내려오니 오래된 절만큼이나 그윽한 자태를 한 스님께 절에서 법제한 야생차 맛이 좋다는 소문을 들은 적이 있는 터라 차 한 잔을 청하였다. 커다란 승방(僧房)에 앉으니 손수 우려 주신 차를 빛깔 고운 상감청자 찻잔에 부어주셨다.

그 차는 참으로 맑고 그윽하고 향기로웠다. 이 세상에 코로 맡을 수 있는 향기 가운데, 입으로 맛볼 수 있는 맛 가운데 그 이상 가는 향기와 맛이 있을까 하는 느낌이 들었다.

초의(草衣) 선사, 추사 선생, 다산 선생을 비롯한 조선의 다인들이 즐기는 차의 경지가 바로 이런 것이 아니였을까? 차를 입에 담으니 코 끝에 은은한 다향(茶香)이 가득 퍼지고, 한 모금 마시니 입안이 그리고 가슴속이 맑고 은은한 향기로 가득해지는 그 경계는 이루 말로 표현하기 어려웠다. 하지만 그 경험을 통해 조선의 다인들이 체험한 그 경지를 조금은 알 것만 같았다. 그것은 세간(世間)의 맛과 향이 아니라 출세간(出世間)의 세계로 들어가는 맛과 향으로, 그것을 위해서라면 인생의 모든 것을 걸어도 아쉬울 것이 없겠다는 생각이 들었다. 그러나 그 이래로 그런 차는 두 번 다시 만날 수가 없었다.

작년 초에 대학원에서 공부를 하는 송상숙 씨가 『차(茶)와 선(禪)』이라는 책을 가지고 와서 이것을 번역하고 싶은데 같이 읽었으면 한다는 요청을 하였다. 체계적으로 일본 차의 역사를 배운 적이 없었으므로 매우 흥미로운 일로 생각되어 매주 한 번씩 만나 일 년이 넘게 같이 읽었고, 이를 토대로 송상숙 씨가 번역을 하였다. 이 작업을 통해 그동안 구체적으로 알지 못했던 일본 문화의 깊이와 우리 문화와의 차이를 확인할 수 있었다. 그리고 일본인 특유의 섬세함으로, 차와 관련된 모든 것을 규정하고 양식을 확립하여 대를 이어 소중히 지켜온 것임을 알 수 있었다. 그러한 내용이 망라되어 있는 이 책을 번역하기 위해서는 일본의 건축, 정원, 가구, 공예에서부터 일본사(日本史), 불교 그리고 중세 일본어에 대한 해박한 지식이 필요해 번역에 어려움이 있었다.

일본의 다인들은 조선의 이름 없는 도공이 만든 막사발을 가지고 가서 거기에서 일본에 없었던 아름다움을 발견하여 그것을 다완(茶碗)으로 사용하고 일본의 보물로 만들었는데, 오늘날 우리는 이러한 일본의 차의 역사와 문화를 보며 무엇을 구하고 무엇을 얻을 것인가? 다시 한 번 이 책을 읽으며 자문(自問)하였다.

2016년 3월 23일

금정산 아래 연구실에서 김용환 合掌

차례

8. 결말

제2부 다선동일미(茶禪同一味)의 음미

다선동일미

제3부 다실 족자(掛物)에 쓰이는 선어(禪語)

제1부

차와 선

1. 서두

1) 다도의 일

무릇 다도라고 해도 그 깊은 경지에 이르기 위해서는 십 년, 이십 년의 수행을 요한다. 단지 마시는 것이 아니라 술(術)과 법(法), 그리고 도(道)의 세 단계를 거쳐서 깊은 경지에 이르는 것은 쉬운 일이 아니다. 일반 사람들은 법(法)을 모르고서 술(術)을 우물쭈물 대충 행한다. 사실 도(道)의 싶은 경지에 이르는 것은 보통의 사람으로서는 아직 불가능한 일이라고 할 수 있다. 다도에는 맨 처음 점다술(點茶術)이라 하여 박차(薄茶)[1]와 농차(濃茶)[2]를 만들어내는 방법이 있고, 마시는 법의 연습(稽古), 각각의 도구를 갖추어 내는 일인

---

1) 박차(薄茶)는 농차(濃茶)에 대한 이름이다. 제법(製法)은 농차와 다르지 않고 단지 고목(古木)이 아닌 나무에서 채취한다. 농차가 언제부터 사용되었는가는 확실하게 알 수 없지만 리큐시대에는 아직 박차의 명칭은 없다. 『다도전제(茶道筌蹄』에는 '박차는 극힐(極詰), 별의(別儀), 극전(極揃), 별의전(別儀揃), 사명(四銘) 외는 없다'라고 되어 있다. 근래는 각 종장의 기호가 되는 여러 가지의 명(銘)이 있었지만 쇼와 16년부터 명은 폐지되고, 박차는 상, 중, 하의 3종으로 정했다. 전후(戰後) 통제도 벗어나 이전의 명은 부활했다.

2) 농차(濃茶)는 박차에 대한 명칭. 박차는 보통의 차나무에서 채취하지만, 농차는 고목의 새싹(若芽)으로 한다. 어린나무에서 취하는 경우는 발이나 대나무로 엮은 지붕을 두어 일광을 피했다. 농차에는 여러 가지 명이 있다. 초석(初昔), 후석(後昔), 조모석(祖母昔) 등 외에 각류(各流) 가원(家元)에 의해서 붙여진 명도 있다.

다석(茶席)의 도구 갖춤(道具組)이 있다. 이때 계절에 따라 도구 갖춤의 취향이 달라지지 않으면 안 된다. 또한 신축(新築)의 세키비라키(席披き)[3], 축하(祝賀), 추선(追善)[4] 등 제각각 법에 맞는 도구 갖춤이 있을 것이다. 그리고 또 다사(茶事)가 아침인가 낮인가 밤인가에 따라서 취향이 바뀌게 될 것이다. 또한 손님을 초대한 이상은 가이세키요리(懷石料理)[5]도 기본적으로 신경을 쓰지 않으면 안 된다. 이것만으로도 대단히 어려운 일이다. 그 외에 로지(露地)[6]를 갖추어야 하는 것 등 한 사람의 다인(茶人)이 되기까지는 쉬운 일이 아니다. 그것들과 다인의 일상 기거동작(行住坐臥)이 하나가 되지 않으면 법에 통했다고는 말할 수 없는 것이다.

법에 통했다고 하는 것 또한 충분하지 않다. 법에 통했다는 것은 단지 사물을 알았을 뿐이다. 박식한 사람이 아니라 나아가 다도의 깊은 경지를 궁구하여 다사와 일체가 되는 공부를 스스로 고심하고, 그로부터 참다운 다사를 깨닫는 것을 말한다. 그것은 마음의 문제이다. 다른 사람으로부터 가르침을 받고 그 술을 기억하는 것만으로 법에 통하는 것은 아니다. 오로지 진지한 자세를 가지고 자기 스스로 그 마음 씀씀이로부터 천천히 공부해가는 방법뿐이다.

마음 씀씀이는 정주[7]의 소위 '주일무적(主一無敵)의 마음'이라고 하여 하나의 일에 마음을 집중하고 그 밖에는 마음을 두지 않는

---

3) 세키비라키(席披き): 새로 다실을 만들어 개최하는 다사
4) 추선(追善): 죽은 사람의 명복을 빌기 위해 공덕을 짓는 일
5) 가이세키요리(懷石料理): 다사를 할 때 주최자인 주인이 손님에게 대접하는 요리
6) 로지(露地): 리큐는 다정(茶庭)을 로지라고 부르고, 로지의 경계를 불계(佛界)에 맺었다. 여기에 들어갈 때는 온갖 망념을 버리고, 불심을 노출(露出)해야 한다는 것을 의미한다.
7) 정주(程朱): 중국 송나라의 유학자 정호(程顥), 정이(程頤), 주희(朱熹)를 아울러 이르는 말

것으로 일심(一心)이 되어 한눈팔지도, 다른 생각을 섞지도 않는 것이다.

이것을 선(禪)에서는 '순일무잡(純一無雜)의 삼매경(三昧境)'이라 하지만, 먼저 이 삼매경에 들어가는 것을 첫 번째의 마음가짐으로 하고 있다. 그로부터 깊은 선미(禪味)를 깨닫고 진실로 다미(茶味)까지 깨달아서 다선동일미(茶禪同一味)의 심경이 되어 다도의 화경청적(和敬淸寂)[8] 정신을 터득하는 것이다. 얼마 안 되는 조그만 다다미 네 장 반의 다실에 앉아서도 심산유곡에 있다는 생각을 하며, 끊임없이 들려오는 가마솥의 물 끓는 소리를 솔바람 소리로 듣고, 마음을 대자연의 가운데로 옮겨서 '작은 나'를 '큰 나'로 넓혀가는 것이다. 거기서 천지일여(天地一如)의 묘경(妙境)의 길을 여는 것이다. 이것이 다도의 삼매법열경(三昧法悅境)이며, 선의 경계와 완전하게 일치하는 것도 바로 이 점을 가리켜서 말한 것이다.

나아가 행주좌와, 일거수일투족까지 화경청적의 정신이 되어 모든 것에 사심을 버리고 자신을 비우며 타자와 화합하는 마음으로 만나서 서로 공경하는 것이다. 이것을 불법에서는 '화경(和敬)'이라 하고, '육화경(六和敬)'으로 설명하여 승려를 '화합중(和合衆)'으로도 부르고 있다. 또 마음이 청정한 것, 이해의 마음을 섞지 않는 것을 '적(寂)'이라고 말하고 있다. 마음을 차분히 가라앉혀 부동케 하는 것을 선에서는 '적정무위(寂靜無爲)'라고 하여, 특히 조업조작(造作造業)의 생각이 없는 것은 임제선에서 엄격하게 설한 바이다. 한정고

---

8) 화경청적(和敬淸寂): 리큐의 다도정신을 요약한 말로 사규(四規)라고도 하고 리큐칠칙(利休七則)과 합해 사규칠칙(四規七則)으로도 칭한다. 차를 끓이고 마시며 음미하는 절차 속에 함축되는 정신으로, 화는 화합하는 기쁨, 경은 종교적인 성실성, 청은 청결과 정돈, 적은 고요함을 뜻한다. 또 화경은 주객의 심득을, 청적은 다정, 다실, 다기 등에 관한 심득을 말한다.

담(閑靜枯淡)한 선미, 스스로 족함을 아는 생활, 이것이 차(茶)와 선(禪)이 서로 통하는 삼매법열경이다. 여기에 이르는 것이 다인이 걸어가야 할 길이라고 믿는다.

2) 선(禪)이란 무엇인가

선이란 인도 말로 선나(禪那)라고 한다. 이것은 다양한 말로 번역된다. 가령 정려(靜慮), 사유수(思惟修), 공덕총림(功德叢林)과 같은 말이 있지만, 이들 모두는 선에 입각한 설명이지 선 그것은 아니다. 선은 실제로 수행하는 것이며, 우리들이 정신을 통일함으로써 마음의 산란을 방지하여 참된 자기에게 몰두하는 것이다.

참된 자기, 일반인이 이것의 의미를 이해하는 것은 어려운 일이다. 이는 선의 전문어로서 '본래(本來)의 면목(面目)', '일무위(一無位)의 진인(眞人)', '주인(主) 중(中)의 주인(主)'과 같이 여러 가지의 말로 나타내고 있지만, 선을 제대로 파악하기 위해서는 십 년, 이십 년의 좌선을 요한다. 이는 소위 선의 스승에게 참문하여 그 지도를 받아서 충실하게 수행하는 사람에게 한정된다.

그러나 그렇게 되면 선이란 일반인에게는 전혀 인연이 없는 이야기가 되고, 우리들의 생활과는 아무런 관계가 없는 먼 이야기가 되어버린다. 그래서 선을 생활 속 가까이에서 끌어내기 위해 '생활이 곧 선이다(生活則禪)', '평상심이 도이다(平常心是道)'라는 말씀을 설하셨던 것이다.

우리의 일상생활은 아침부터 밤까지 온종일 돌아다니며 계속되는 노동의 연속이다. 정신의 노동이 있다면 육체의 노동도 있다. 그 심한 노동의 가운데서 한 줄기 맑은 마음을 얻어 마음의 여유를 찾아내고, 노동에 전념하고 있는 자기 본래의 모습을 발견해내는 것이 선에 들어가는 첫걸음이다.

이를 통속적으로 말하면 자기의 내관반성(內觀反省)인데, 내관반성은 아침부터 밤까지 움직이고 있는 자신을 신중하게 사유하는 것이자 고요하게 가라앉은 마음으로 가만히 자기를 바라보는 것이다. 그런데 여기서 말하는 자기는 분별하는 자기가 아니다. 선 혹은 악, 미혹과 깨달음이라는 대립적 분별을 뛰어넘어 주인 중의 주인이라는 단단히 마음을 갖고, 거기에 자기라고 하는 작은 마음을 큰 우주에 편재하는 마음으로, 소위 천지동근(天地同根), 만물(萬物)과 일체(一切)라는 본래의 모습을 완전하게 보는 것이 선 그 자체의 근본적인 뜻이다.

그런데 그 근본의 자리를 '본래 무일물'이라고도 부르지만, 그 '본래 무일물' 가운데에 꽃이 있고 달이 있고 누대가 있는 것으로 그때그때 인연에 응해서 움직임이 자유자재로 나온다. 차를 만나서는 차를 마시고 밥을 만나면 밥을 먹는 무조작(無造作)의 동작, 그것이 선의 움직임이며 또한 '바로 여기'가 가장 소중한 것이다.

영가대사(永嘉大師, 당나라 사람, ?~713)의 『증도가(証道歌)』에서는 "행(行)도 또한 선, 좌(坐)도 또한 선, 어묵동정(語默動靜)의 본체는 편안하여(体安然) 비록 칼끝(鋒刀)을 만나더라도 항상 탄탄하다."라고 하지만, 동 가운데의 정(動中靜), 부동지의 신묘함(不動智中神妙), 이것이 선 그것의 제호미(醍醐味)이다.

다쿠안 소호(澤庵宗彭, 1573~1645)선사에게 『부동지신묘록(不動智神妙錄)』이라는 저술이 있다. 이것은 야규 다지마노가미(柳生但馬守)에게 검도의 비법(極意)을 나타낸 것으로 전하고 있지만, 상당히 통속적이고 구체적으로 쓴 것이어서 일반인에게 자주 읽히고 있다. 그 가운데에 부동지의 설명이 다음과 같다.

> 제불부동지(諸佛不動智)에서 부동이란 움직이지 않는다는 의미이고, 지(智)는 지혜의 지라는 의미입니다. 부동이라고 하지만, 이것은 돌이나 나무와 같은 아무 동작을 하지 않는다(無性)는 의미는 아닙니다. 저편에도, 왼쪽으로도, 오른쪽으로도, 사방팔방으로 마음이 움직이면서도 움직임에 조금도 머물지 않는 것을 부동지(不動智)라고 합니다.

즉 부동지란 사물에 마음이 머물지 않는 것으로 사물을 볼 때 그곳에 마음이 머물지 않는 것을 부동이라고 말한 것이다. 왜냐하면 사물에 마음이 머물면 거기에 여러 가지 분별심이 일어나서 움직이게 된다. 그것을 다쿠안선사는 '무명주지번뇌(無明住地煩惱)'라 하여 모든 대상에 대하여 마음이 멈추고 분별이 일어나 번뇌가 되어 본심이라는 것이 자유자재로 움직일 수 없게 된다는 것이다.

이 본심에 대해서도 다쿠안선사는 다음과 같이 설하고 있다.

> 본심이란 두 곳에 머무르지 않고, 전신전체(全身全体)에 두루 퍼진 마음을 말합니다. 망심(妄心)은 무언가를 깊이 생각하여 한곳에 고정되는 마음으로, 한곳에 고정된 본심이 모여서 망심이라고 말하는 것이 됩니다. 본심을 잃게 되면 곳곳의 쓰임을 잃게 되고, 결국 모든 것을 잃게 됩니다. 가령 본심은 한 곳에 머물지 않기 때문에 물과 같고, 망심은 얼음과 같습니다. 얼음으로는 손도 머리도 씻을 수 없기 때문에 얼음을 녹여서 어디든지 흘러가는 물이 되어야 손과 발, 그리고 그 어떤 것도 씻을 수 있습니다. 마음을 한곳에 고정하여

한 가지 일에 머문다면 얼음덩어리처럼 자유롭게 사용되지 못하여 손과 발을 씻을 수 없는 것과 같습니다. 마음을 녹여서 온몸에 물을 끼얹는 것처럼 사용하고, 그곳에 필요한 만큼 주어 사용합니다. 이것을 본심이라고 합니다.

이 설명에서 본심과 망심은 다른 것이 아니라는 것을 알 수 있다. 본심은 본래의 마음이며 그 본래의 마음에 분별심의 덩어리가 생긴 것을 망심이라고 한다. 또 다른 말로 하면 유심과 무심이 된다. 유심이란 '있는 마음'으로 분별사안(分別思案)이 생기는 마음, 어느 한쪽에 생각이 치우쳐 움직이지 않는 마음을 말한다. 이에 반해서 무심이란 분별도 없고, 사안도 없고, 마음이 온몸 전체에 널리 퍼져서 마음을 어느 곳에도 두지 않는 것이다. 무심이라 말하여도 바위나 기와처럼 되는 것은 아니다. 단지 마음이 한곳에 멈추지 않기 때문에 그때그때 자유롭게 움직여 그때그때의 필요에 따라 마음 전체를 작용하고, 전력투구해가는 것이다. 이것을 '전후제단(前後際斷)의 활작용(活作用)'이라고도 하는데, 모든 것에 몸도 마음도 혼도 쏟아부어 전후를 보지 않고, 당면한 일에만 몰두하기 때문에, 이것이 선기(禪機)의 종횡(縱橫)으로 숨 돌릴 틈도 주지 않는 전광석화 같은 재빠른 솜씨라는 것이다. 선자(禪者)는 이것을 존중한다. 이 움직임을 일상다반사에 사용하는 것이 선의 활작용이다. 이것은 용이하게 얻어지는 것이 아니며 십 년, 이십 년 엄격한 수행에 의해서 비로소 그 사람이 실제(實際)에 이를 수 있는 깨달음의 경지(悟境)라고 할 수 있다.

3) 다도(茶道)와 선(禪)의 교섭

다도를 대성시켰다고 일컫는 센노 리큐(千利休, 1522~1591)의 시가에

> 차노유란 단지 찻물(湯)을 끓여서
> 차를 달여서 마실 뿐이라는 것을 알아야 한다.

라는 것이 있는데 이 노래의 의미를 상식적인 선에서 간단하게 취급해서는 안 된다. '차노유란 찻물을 끓여서 차를 마실 뿐'이라는 것은 누구라도 알고 있는 것 같지만, 누구나 쉽게 알 수 있는 그런 것은 아니다. 이 노래의 깊은 의미는 다도의 수행에 몰입하여 그 깊은 경지에 도달한 사람만이 알 수 있다. 그 점을 깊이 음미하지 않으면 안 된다. 그 뒤 이 노래는

> 차노유란 단지 찻물을 끓여서 차를 달여서 마실 뿐이라는 그 근본을 알아야 한다.

라고 고쳐졌다고 한다. 참으로 이렇게 하지 않으면 안 된다. 이 '근본'이 다도의 정신이며, 이 차의 정신을 깨닫는 것이 가장 중요하다. '차노유란 단지 찻물을 끓이고, 차를 준비하고, 마시는 것'이라는 말은 다도의 전체가 아니라 그중 하나의 일에 속하는 것이다. 다도 가운데는 일상의 생활은 물론, 예술적인 것도 있으며 또한 종교적인 생활까지도 받아들이고 있다.

가령 일상의 행주좌와(行住坐臥), 좌작진퇴(坐作進退)의 일을 까다롭게 말한다. 다석(茶席)을 깨끗이 하는 일에서부터 물건을 두는

것, 도구에 관한 것까지도 면밀하게 조사한다. 이것은 다도예술이라고 할 수 있으며, 모든 방면에서 특색 있고, 폭넓은 안목을 가져야 한다. 다도예술의 문화라는 것은 건축, 회화, 공예품에서부터 정원을 꾸미는 취미까지 관심을 쏟는다. 소위 그 사람의 '기호(すき)', '취향(好み)'이라는 것을 드러내어 자기 자신의 특색을 나타내는 것에서 예술적인 미를 꿰뚫는 것이다. 따라서 이 예술적 미를 꿰뚫는 것은 자기 자신의 관점, 사고방식이 다도의 정신에 철저히 녹아 있어야 하며 한층 더 나아가서 종교적인 것까지 연결되지 않으면 안 되는 것이다.

그 종교적이라는 경우를 보자면, 많은 사람들이 선의 수행에 몸을 담아서 진실한 마음을 깨달으려고 노력하였다. 가령 다조(茶祖) 주코(珠光)는 잇큐화상(一休和尚)[9]에게 참문하고, 조오(紹鷗)는 다이린화상(大林和尚)에게 참문하였다. 또한 리큐는 고케이화상(古溪和尚)에게 참문하였고, 소탄(宗旦)은 세이간화상(淸嚴和尚)에게 참문하여 각각 정신적으로 깊은 깨달음의 경지를 얻어 거기에서 차노유의 정신을 터득하려고 노력하였다. 그리하여 실제로 선의 수행을 쌓고 선의 깊은 곳을 깨닫고 있었던 것이다. 리큐의 경우에는 대덕사(大德寺)의 고케이화상으로부터 '삼십년포참(三十年飽參)의 사람'이라고 인가를 받고, 소탄 또한 선승도 미치지 못한 경지를 깨달아서 청빈(淸貧)에 만족하고 고담(枯淡)한 생활로 다도 정신의 모범을 보였던 것이다.

때문에 『산상종이기(山上宗二記)』[리큐의 제자 소지(宗二)의 기록]에도

---

9) 잇큐화상(一休和尚, 1394~1481): 일본 무로마치 시대 후기의 선승으로 귀천사서의 구별 없이 포교하고 아시카가 시대와 선종의 타락을 풍자한 시문집 등을 저술했다.

차노유는 선종에서 나온 것에 의해서 승려의 행을
오로지 하는 것이다.
주코, 조오 모두 선종에서 출발하였다.

라고 한다. 『남방록(南坊錄)』[리큐의 제자 난보 소케이(南坊宗啓)의 기록]에도

차노유의 제일은 불법을 가지고
수행 득도하는 일이다.

라고 설명하고 있다. 나아가 소탄은 『다선동일미(茶禪同一味)』를 지어서 차는 즉 선, 선심(禪心)의 차라는 것을 역설하고 몸으로써 그것을 실증하고 있었던 것이다.

다도와 선이 그의 정신에 있어서 일치한다는 것은, 자기의 생활을 발전시키고 향상시켜서, 자기 생활체계의 최후의 곳에 이르러서는 같은 곳으로 귀결한다고 보아도 좋을 것이다. 다도 쪽에서는 '와비(わび)'와 '사비(さび)'라는 말이 있다. 이는 '로지(露地) 초암공(草庵空)'이라고도 하며 그 초암공의 정신으로 일관하는 것이 다도의 근본원리이다.

로지(露地)는 단지 세속 밖의 것이 되기에 마음의 먼지 등을 흩어지게 하라.

이것은 리큐의 유명한 노래이지만 이 경우 로지라 해도 단순히

정원만을 가리키는 것은 아니다. 세속 밖의 일로서 다도의 경지를 말한 것이다. 세속의 세계가 지겨워지고 살기 어렵게 되었을 때 그 세계를 버리고, 세속의 생활로부터 벗어나 와비의 사람이 되어 진정으로 와비를 행하는 것이 다도생활이며, 그 생활체계 속에 하나의 확고한 신념을 넣는 것이 선의 수행이라고 생각한다.

다도생활을 하며 선을 수행하는 사람은 마치 세속의 세계를 싫어하여 현실의 세계로부터 떠나버린 것처럼 보일 수도 있지만 무조건 그렇게만 보아서는 안 된다. 염세적 혹은 비관적이라 하는 것 없이, 그들의 현실생활을 넘어서서 현실세계의 고뇌를 탈각(脫却)하고, 새롭고 적극적인 생활을 창조하는 것이 다도생활의 귀결이며, 이것은 결코 염세라든가 세속을 벗어나는 소극적인 것이 아니라 오히려 안락하고 건설적이고 대승적(大乘的)인 생활이다.

이것은 선의 오도(悟道, 깨달음)에서도 늘 말하고 있는 것이지만, 먼저 선의 특징으로서 첫째로 거론해야 하는 것은 '불립문자(不立文字)'이다. 선은 처음부터 설명을 하지 않는다. 어디까지나 상대로 하여금 스스로 깨닫게 하여 자득하게 만드는 것이기 때문에 처음에는 일상의 다반사부터 실제로 해봐야 된다. 이것은 마치 머슴과 같이 아무나 마음대로 사정없이 부려먹는다. 즉, 학문이 뛰어나든 예능에 뛰어나든 간에 그러한 것은 일체 버리고 나이 어린 스님에서 시작하는 것이 선 교육법의 특색이다. 거기에 선의 실천이 있고 이심전심의 고귀함이 있다.

다도도 참된 것을 익히려고 생각한다면, 처음부터 스승의 집에 머물면서 실지로 직접 현장에서 고되고 혹독하며 잦은 어려움을 겪어내지 않으면 안 된다. 몸으로 부딪히면서 다도 선생에게 지도받고, 그 사람의 살아가는 모든 행동으로부터 습득하고, 그 마음으로 무언가를 터득하는 것이 차의 도(道)로 나아가는 첫걸음이 된다고 말할 수 있다.

두 번째로 거론해야 할 선의 특징은 '고담정적(枯淡靜寂)'으로, 예스러운 멋이 있는 고요하고 한적한 점이다. 저 고목같이 앉아 있는 선승의 좌선 모습은 잠깐 보아도 정적 그 자체이며, 거기에는 어떤 활동적인 것도 없다. 소위 고목한암(枯木寒巖)의 적적함, 명경수지(明鏡止水)의 고요함으로 맑은 맛이 나오는데, 거기에서 또 자기의 아만(我慢), 아견(我見)을 꺾고, 불지견(佛知見)을 열어 대안락, 대자유의 천지를 찾아낼 것이다. 예를 들면 겨울에 말라 서 있는 나무 가운데에 눈에는 보이지 않지만 꽃이 피는 봄의 기운이 활발하게 움직이고 있는 것과 같은 이치이다.

정(靜) 가운데에 동(動)을 품고, 약한 것 속에 강함이 있고, 부족함 가운데에 충만함을 맛보고, 모자람 가운데에 가득함을 아는, 즐거워한다는 느낌이 충분히 짐작된다.

이것은 다도에서 말하면 청적(淸寂)의 정신이다. '와비'라든가 '사비'라고 하여 리큐도 말하고 소탄도 말했다. 특히 소탄은 그 일생을 통하여 우리에게 몸으로써 나타내 보였던 것이다.

나아가 세 번째에 드는 선의 특징은 '무일물(無一物)'이다. 육조(六祖) 혜능대사(慧能大師)[10]는 '본래무일물'이라고 말씀하셨지만 이를 '필경무소득(畢竟無所得)'이라고도 한다. 이것을 좀 더 정확하게 말하면, 선은 생활에 관해 문제 삼지 않는다. 먹는다든가 먹지 않는다라는 것을 도외시하고 있다. 또한 먹지 않으면 죽는다고 해도 죽음조차 문제로 하고 있지 않다는 말이다.

묘심사(妙心寺)의 개산(開山) 에겐(慧玄, 1277~1360)선사는

10) 혜능대사(慧能大師, 637~712): 중국 선종의 제6조로서 '육조대사'라고도 한다.

'에겐(慧玄), 이 안에 생사는 없다'고 하여 생사의 문제에 사소한 걱정을 하고 있는 선승을 꾸짖고 있지만, 오도에 이른 사람은 생사에 갇히지 않는다. 하물며 먹는 일 등에 마음을 수고롭게 하지 않는다.

이와 같이 선의 특징을 들면, 선 그것의 핵심은 '무소득 무소오(無所得 無所悟)'이다. 깨달았다고 하는 것은 깨끗이 잊어버리고 '저 사람이 깨달은 사람인가'라고 말할 정도로 평범한 생활에 만족하며, 행하는 모든 것을 참으로 철두철미하게 하는 것이다. 일개의 인간일 뿐인 자기 자신이 자연의 가운데에 융화되어 짧은 일생에서 영원한 생명을 파악하는 것이 선이 가진 묘미이다.

눈을 돌려 이것을 다성(茶聖)이라고 일컫는 리큐에 관해서 생각해 보면, 리큐의 자결 모습과 같은 것은 실로 생사를 초월한 태도였다. 리큐는 지금 배를 가르면서도 조용히 차를 달여내 그 차센(茶筌)[11]을 하늘에 내던진다는 생각으로 깨끗하게 이 세상을 버리고 갔다. 그는 평소부터 스스로를 '호센사이(抛筌齋)'라고 부르며 천지와 동근(同根), 만물과 일체, 작은 자아를 버리고 천지 속에 융화하였다. 그는 적멸무위(寂滅無爲)의 동작, 이것이야말로 차의 정도(正道)임을 보여주었다. 다선동일미를 만끽하였던 달인이 아닐 수 없다.

4) 도구차(道具茶)에 관해서

'도구차(道具茶)'라는 말이 있다. 이는 차를 마시는 일보다도 다도구를 모아서 다회(茶會)를 열고, 다기 자랑을 하는 것으로, 자신의 다기를 보며 손님도 칭찬하고, 주인도 의기양양하게 자신의 높은

11) 차센(茶筅): 다전(茶筌) 혹은 다선(茶筅)으로, 가루로 된 차를 탈 때 물에 잘 풀리도록 젓는 도구

안목을 뿌듯해하는 모양을 나타낸다. 이것이 특별히 나쁜 것은 아니지만 차의 도에서 말한다면 사도(邪道)이지 바른 도라고는 할 수 없다.

솥 하나 가지면 차노유가 되는 것을, 여분의 도구를 좋아하지 마라.

이것은 리큐의 『다탕백수(茶湯百首)』에 나오는 노래 구절로, 차노유는 매우 간소하게 꾸미는 것이라 말하고 있다. 주코 이전은 장엄하고 화려한 다실과 함께 다도구를 현란하게 꾸몄는데 이후 다실을 다다미 네 장 반 이하의 간소한 초암식(草庵式)으로 바꾸었다. 이것은 오히려 스키야(數寄屋)건축[12] 발달의 근원이 되었고, 선의 묘미가 나타나게 되었다.

주코의 차는 '위로는 추상(麤相), 아래는 율의(律義)'라고 하여 모든 것이 소박하게 궁리되고, 주코 또한 정신본위로 선승의 고담주의를 받아들여 '모든 다탕풍체는 선이다'라고까지 말했다. 그 제자 리큐에 이르러서는 나아가 다다미 네 장 반의 자리를 다다미 두 장 반으로 하고, 거기에 와비라 하여 땔감과 물을 준비하기 위해 노동을 한 뒤 한 잔의 차의 진미를 만끽했다고 전하는데, 이것이 바로 차노유의 바른 도이며 다도의 '근본'에 투철한 사람의 모습이었다.

그런데 '도구차'와 같은 것은 그 '근본'을 잊고서 단지 끝자락만 좇아서 쓸데없는 일만 하는 것이다. 저 유명한 마쓰다이라 후마이공(松平不昧公, 1751~1818)도 차노유의 정도(正道)를 설명하는 『췌어(贅語)』라는 저서에 차와 선의 깊은 뜻을 나타냈다. 그는 이 저서를

12) 다실풍의 건물

통해 차는 초암식이어야만 하는데 지금은 아름다움만을 좇고 모양새를 우선으로 삼는 것은 대단히 거슬리는 일이라고 개탄한다. 또한 다실은 물론 다기에 이르기까지 사치스러운 일에 열중하는 것은 차의 도에 반하는 가소로운 일이라고 말하고 있다.

요컨대 도구차는 다도의 정신을 잊고 있기 때문에 사도이다. 차노유의 마음을 모르고서 단지 그 형식에만 갇혀서 그 자리의 허세만을 부리고 물욕에 관해서만 말하는 것으로 차의 도는 소용이 없게 된다. 소탄도 "차노유는 그 자리에 앉아 있는 사람만의 일에 있지 않고, 일상의 일에서 떠나는 것이 아니라 행주좌와, 눈에 보이고, 마음이 미치는 것에 있으며, 주야로 차노유의 마음 자세를 잊어서는 안 된다"라고 설하고, "사람들에게 칭찬받으려고 훌륭하게 잘하려 꾀하는 것은 치장하여 꾸미는 행위여서 싫어한다"라고 하여, 있는 그대로 솔직하게 성의를 다하여 차노유 하기를 권하고 있다.

2. 차의 역사

1) 차의 기원

차는 나무의 이름이다. 차라는 글자는 본래 차(木+荼)라고 쓰고 목(木)변에 차(荼)라는 글자를 썼던 것이 맞는 듯하다. 차의 원산지는 중국이라고 전해지지만 일설에는 인도, 인도네시아의 자바, 남미의 브라질 등 그 밖의 지역에도 있었다고 한다. 일본에도 자연생 차나무는 있었던 것으로 알려져 기슈(紀州)의 구마노(熊野), 이즈(伊豆), 시코쿠(四國), 규슈(九州)의 여러 곳에 있었다고 하지만 확실한 증거는 없다.

또한 차 기원의 고증에 관해서는 당대에 저술된 육우(陸羽)의 『다경(茶經)』에 나와 있다. 육우는 본래 호북(湖北) 경릉(竟陵)현 서탑사(西塔寺) 선승(禪僧) 지적(智積)의 제자로, 당의 대종(代宗), 덕종(德宗) 시대(763~804)에 여러 나라를 유랑하여 차의 모든 방면을 연구했다. 후대에 차의 경전이라고 일컫는 『다경』 3권을 저술하였는데 그 상권에 의하면 차의 이름에 다섯 종류가 있다고 한다.

1. 차(茶)-일찍 취한 것을 '차'라고 한다.[『이아(爾雅)』, 곽박(郭璞) 주]

2. 가(榎)-주공(周公)은 고차(苦茶)를 '가(榎)'라고 한다.[『이아(爾雅)』, 「석목(釋木)」편]

3. 설(蔎)-양웅(揚雄, 한나라 사람)은 촉(蜀)나라의 서남(西南) 사람은 차를 '설(蔎)'이라고 말한다고 전한다.

4. 명(茗)-늦게 취한 것을 '명(茗)'이라 한다.[『이아(爾雅)』, 곽박(郭璞) 주]

5. 천(荈)-차와 명을, 혹은 하나로 '천(荈)'으로도 말한다.[『이아(爾雅)』, 곽박(郭璞) 주]

배연(裵淵)의 『광주기(廣州記)』에서는 차는 '고로(皐蘆)'라고 한다. 그 원산지는 인도로, 중국의 광주(廣州)에 전해졌던 것이라 하며, 식후에 이것을 마시면 심신이 함께 건강하게 된다고 하여 차의 효능을 상찬하고 있다.

또 『남월지(南越志)』에는 '과라차(過羅茶)'라고도 말하고 있다. 과라(過羅)는 고로(皐蘆)와 같은 음을 음사한 것이라 하는데, 아마도 『이아』의 '가(檟)'는 이것을 간략하게 한 것은 아닐까 한다. 과라(過羅)는 고삽(苦澁)이라는 의미로 차의 쓴맛을 나타내고, 쓴맛이기 때문에 여러 맛 가운데 상미(上味)가 되어 이것이 만병에도 효능이 있다는 것이다. 하여튼 중국에서는 남방(南方)이 차의 원산지였던 것 같다. 처음에는 약용으로 마셨던 것으로 생각되지만 한(漢, 기원전 203~219)대에 이르러 차로서 보편적으로 마시게 되었던 것으로 본다.

2) 끽다(喫茶)의 역사

차를 마시는 방법과 그 제조법 등은 확실하지는 않다. 일본 선종의 개조로 일컬어진 에이사이선사(榮西禪師)[13]는 『끽다양생기(喫茶養生記)』 2권을 지었다. 그 상권에는

1. 차의 이름
2. 차 나무의 모양, 꽃잎의 모양
3. 차의 효능
4. 차를 채취하는 시기
5. 차를 따는 방법
6. 차를 만드는 방법

이라고 하여 여러 가지 책을 인용하여 기술하고 있다. 그 가운데 여섯 번째 '차를 만드는 방법'의 부분에

> 송조(宋朝)에서 차를 쬐어 말리는 모양을 보면, 아침에 차를 채취한 뒤 즉시 쪄서 바로 불에 쬐어 말린다. 게으르고 태만한 자는 할 수 없는 일이다. 불에 쬐어 말리는 시렁에는 종이를 깐다. 종이가 타지 않도록 불기운을 유도하고, 수단을 강구하여 그것을 불에 쬐어 말린다. 느슨하지 않고 게으르지 않고, 밤새도록 잠을 자지 않고, 밤사이에 불에 쬐어 말린다. 이어 좋은 병에 담고 대나무 잎으로

---

13) 에이사이선사(榮西禪師, 1141~1215): 가마쿠라 시대의 불교승려. 에이잔(叡山)에 들어가 현밀이종(顯密二宗)을 배우고 1168년에 입송하여 귀국하였다가 1187년 다시 입송해 천태산 허암(虛庵)에게 사사하고 하카타(博多)에 성복사(聖福寺)를 창건, 이후 1202년 교토에 건인사(建仁寺)를 창건했다. 저서로는 『끽다양생기(喫茶養生記)』, 『흥선호국론(興禪護國論)』이 있다.

견고하게 병의 입구를 봉하여 바람이 안으로 들어가지 않게 한다면 해를 지나도 손실되지 않는다.

라고 하여 차의 제조법을 말하고 있다. 즉 차는 입춘 뒤에 채취하는 것이 가장 좋다. 비가 내릴 때는 채취하지 않고, 비가 내리지 않아도 구름이 있을 때에는 채취하지 않는 것이 좋다고 육우의 『다경』에는 설명하고 있다. 딴 차를 쪄서 말리고 조제하여 병에 넣어 입구를 견고하게 봉하는 모양을 에이사이의 『끽다양생기』에서는 설명하고 있다. 끽다의 법은 당나라(唐代, 618~907)시대에는 엄차(淹茶)법이라 하여 잘 마른 찻잎을 절구에 넣어서 가루를 내고, 그것을 개어서 굳힌 단차(團茶)로 만들어두었다. 단차는 전차(磚茶)라고도 쓰는데 이는 둥글게 뭉쳐둔다는 뜻이다. 그렇게 뭉쳐둔 것을 필요에 따라 그때그때 풀어서 끓인 뒤 우려내 마시는 것이다. 물론 차의 풍미가 중요하기 때문에, 차를 따는 시기나 방법, 제다법 등을 연구하였고, 거기에서 육우의 『다경』이라든가 노동(盧仝)의 『다가(茶歌)』라는 유명한 책도 나타났다.

송대(宋代, 960~1279)가 되면 끽다법도 바뀌어서 말차법(抹茶法)이라는 것이 널리 퍼지게 되었다. 즉 오늘날과 같이 찻잎을 차우스(茶臼)[14]에 넣어서 분말로 갈아 차샤쿠(茶匙)[15]로 두세 숟가락 떠서 다완(茶碗)[16] 가운데 넣고 탕을 부어 차센(茶筅)으로 휘저어 마시는 것이다. 남방의 선승 사이에 일종의 다례로서 끽다법이 행해졌다.

---

14) 차우스(茶臼): 차를 가는 맷돌

15) 차샤쿠(茶匙): 가루차를 떠내는 작은 숟가락. 일본은 차샤쿠(茶杓)라 하고 우리나라는 차시(茶匙)라고도 한다.

16) 다완(茶碗): 차를 마실 때 사용하는 사발

또한 원(元)의 마단임(馬端臨)이 쓴 『문헌통고(文獻通考)』에는

> 송나라 사람들이 차를 만드는 방법에는 두 가지가 있다. 편(片)과 산(散)이다. 편이란 용단(龍團)의 구법(舊法)이고, 산이란 찌지 않고 건조하는 것이다. 이는 지금의 차와 같다. 남쪽으로 건너간 뒤에 점차 찌지 않는 차를 가지고 귀하다고 하는 것을 처음으로 알게 되었다.

라고 설명하고 있다. 이에 의하면 남송에는 단차도 있었지만 새로운 방법으로 찌지 않고 불에 말리는 제조법이 나왔던 것으로 보인다. 그것이 명대(明代, 1368~1661)에 크게 발달하여 현대에 이르러서 굉장히 성행하게 되었으며, 일본의 우레시노차(嬉野茶)[17] 등도 확실히 명대의 제다법이 전해졌던 것이라고 할 수 있다.

3) 차의 효능

차의 효능에 대해서는 에이사이의 『끽다양생기』에 많은 글을 인용하여 자세하게 말하고 있다. 현대 의학으로 말하여도 차에는 다량의 아스코르빈산이 포함되어 있기 때문에 약효가 있다는 것이다. 그렇기 때문에 이 아스코르빈산을 차 속에 보존시키는 것이 제다법의 중요한 지점이다. 가능한 한 날씨가 청량한 날에 찻잎을 따서 단시간 안에 만들어야 하고, 발효시켜서 아스코르빈산을 잃어버리는 것은 뛰어난 제법이라고는 말할 수 없다는 것이다. 그리고 변질을 막기 위해서는 병에 넣고 완전 밀봉하는 일이 중요하다. 바람과 습기에

---

17) 우레시노차(嬉野茶): 사가 현 우레시노마치(嬉野町) 부근에서 제산된 차. 증제된 것이 많은 일본 차 중에서 유일한 부초(釜炒)차로, 가열한 솥으로 볶아서 만든다.

닿아 곰팡이가 생기는 일을 절대 피해야 하므로 저장법에 세심한 주의가 필요하다는 것을 잊어서는 안 된다.

차의 효능으로서는 먼저 심장을 강하게 하는 것이 있다. 차의 쓴맛이 심장에 좋기 때문에 여기에는 음양오행설이 언급되고, 또 진언밀교(眞言密敎)의 입장에서도 설해지고 있다. 또한 차를 마시면 술이 깨고, 잠을 적게 자기 때문에 당나라 때는 선승들 사이에 널리 이용되었다. 대표적인 예로 당나라의 운암(雲巖, ?~841)이 좌선 중에 잠을 자는 승려가 많아 차를 마시게 했다는 일화가 전해지고 있다. 또 위산(潙山, 771~853)과 그의 제자 앙산(仰山, 804~890)이 끽다의 문답을 하기도 하고, 조주(趙州, 778~853)의 유명한 끽다거(喫茶去) 공안도 이때 있었던 이야기이다.

이와 같이 선승이 차를 마셨던 것은 의지를 강건하게 하고, 정신을 가다듬으며, 마음(內心)을 상쾌하게 만들어 선(禪)의 오경(悟境)을 얻었기 때문이다. 여기에서 차와 선이 자연스럽게 결합하여 양자의 관계가 대단히 밀접하게 되지 않았을까 생각한다.

4) 일본의 차

그런데 차는 언제 일본에 들어왔을까. 우선 『다경상설(茶經詳說)』의 여주(余註)에

> 본조성무황제(本朝聖武皇帝)는 천평원년(天平元年)에 백 명의 승려를 내실에 초대하여 반야를 강의하게 하였다. 둘째 날에 행다의 의식이 있었다.

라고 되어 있다. 이것에 의하면 아마도 불교의 전래와 함께 행다의 의례도 전해졌던 것으로, 불교의 최전성기였던 쇼무천황(聖武皇帝, 재위 724~748)의 시대에는 행다 의식 또한 성행했던 것으로 보인다. 그러나 일반의 역사가들은 『류취국사(類聚國史)』에 나오는 구절을 가지고 차의 시작이라고 말한다. 즉 사가천황(嵯峨天皇) 고닌(弘仁) 6년(815년) 여름 사월 계해(癸亥)의 조(條)에

> 오미노쿠니 시가(近江國滋賀, 시가 현)의 가라사키(韓崎)에 행차했을 때, 즉 숭복사(崇福寺)를 지나갈 때 대승관(大僧都) 에이추(永忠), 고미요(護命)법사 등이 많은 승려를 인솔하여 문밖에서 맞이하셨다. 황제가 수레에서 내려 법당에 올라가 부처님께 예배를 하였다. 대승관 에이추가 손수 차를 달여 올렸다.

라고 말하고 있다. 또한 이것보다 먼저 간무천황(桓武天皇) 때 덴교대사(伝教大師)가 차 종자를 일본에 전하여 심었다는 기록이 『길신도비밀기(吉神道秘密記)』에 나와 있다. 만약 이것이 사실이라면 일본의 차는 덴교대사가 귀국한 엔랴쿠(延曆) 24년(805년)에 시작되었다고 해야 할 것이다.

그러나 좀 더 일반적으로는, 일본 차의 시작은 에이사이선사라고 할 수 있다. 그것은 에이사이에게 『끽다양생기』라는 훌륭한 저서가 있고, 그때의 쇼군인 미나모토노 사네토모(源實朝)에게 차를 권했던 것이 『오처경(吾妻鏡)』 겐포(建保) 2년(1214년) 2월 4일 조에 확실하게 기재되어 있기 때문이다. 말하자면 에이사이선사는 차의 선전자이며, 민중화를 기도한 사람으로 규슈와 교토에 차나무를 심었던 사실이 이를 말해준다. 에이사이에 관해서는 졸저 『영서(榮

西)』에서 꽤 상세히 『끽다양생기』에 관하여 설명을 하고 있기 때문에 여기서는 더이상 기술하지 않기로 한다. 하여간 에이사이선사는 선종에서 임제종의 계통을 전한 사람으로, 교토 건인사(建仁寺), 가마쿠라(鎌倉) 수복사(壽福寺)의 개산(開山)이며 두 번 입송(入宋)한 고승이다.

에이사이는 닌난(仁安) 3년(1168년)의 입송과 분지(敏治) 3년(1187년)의 재입송이 있고, 차 씨(種子)를 가지고 돌아와서 그것을 처음으로 지쿠젠(筑前, 후쿠오카 현)의 세부리노야마(背辰山)에 심었다는 것은 사실이지만, 그 연대에 관해서는 이설이 있다. 일설에는 닌난 3년이라고 하지만 여기에는 확증이 없다. 어쩌면 두 번째의 입송에서 귀국했던 겐큐(健久) 2년(1191년) 이후의 일이었다고 보는 것이 좋을 것 같다.

에이사이가 처음으로 세부리노야마에 심었던 것은 지질이 적당한지 아닌지를 시험한 것이지만 세부리노야마의 차는 그 토지에 맞았고, 거기에서 나오는 차도 '이와카미차(岩上茶)'라고 하여 일본에서는 매우 유명해졌다. 그 후 에이사이는 차종(茶種)을 도가노(栂尾)의 묘에 쇼닌(明惠上人, 1173~1232) 고벤(高弁, 묘에 쇼닌의 법휘)에게 선물하였다고 되어 있다. 고벤은 몬가쿠 쇼닌(文覺上人)의 제자로 도가노 고산사(高山寺)를 중흥했던 고승이지만 이 무렵 에이사이에게 와서 선(禪)을 묻고, 에이사이는 끽다를 권하며 차종을 선물했던 것 같다. 『모미명혜전기병유훈(栂尾明惠傳記幷遺訓)』의 가운데에도

> 건인사(建仁寺)의 장노(長老)로부터 차를 받은 것을 의사에게 이것을 물으니 차는 피곤함을 없애고 식기를 소화시키고 유쾌함을 얻는

다. 그렇지만 본조(本朝)에 널리 보급되지 않았으므로 그의 종자를 구하여 두서너 그루를 심기 시작하였다. 실로 잠을 깨우고 기를 풀게 하는 효능이 있으므로 많은 승려에게도 복용하도록 해야 할 것이다.

라고 말하고 있다. 또 묘에 쇼닌은 몸소 교토의 우지(宇治)에 나와서 차 종자를 심었다고 전해지고 있다. 그때의 노래에

도가노의 꼭대기 차나무 나누어 심은 곳에
생기네 깊은 망아지의 발자국 그림자[18]

이라 불렀다고 하여 지금도 우지의 다원을 '망아지의 발자국'이라고 부르고 있다.

5) 선차의 예법

선종에는 '청규(淸規)'라는 것이 있다. 선종의 청중(淸衆)이 지켜야만 하는 규칙이라는 의미이다. 이 청규의 시작은 백장(百丈) 회해 선사(懷海禪師, 당나라 사람, 720~814)이다. 이 백장은 '하루 일하지 않으면 하루 먹지 않는다'라는 유명한 격언을 남긴 고승이다. 중국에서 선종의 가람을 세우는 방법, 승당을 꾸미는 방법, 승당에 모인 운수(雲水)의 기거동작(起居動作) 및 모든 예의 작법까지 자세하게 규정한 사람이며 이것을 『백장청규』라고 한다. 그 본문은 일찍이 소실되었지만, 송의 양억(楊億)이 그 단간영문(斷簡零文)을 모아

18) 안수현 연구원 옮김

서 서문을 붙인 것이 남아 있기 때문에 그것을 보면 『백장청규』의 내용도 대강은 파악할 수 있다. 또한 『백장청규』를 모범으로 하여 썼던 『선원청규(禪院淸規)』 10권이 남아 있다. 『선원청규』는 송의 숭녕(崇寧) 2년(1103년)에 장려(長廬)의 종색(宗賾)이 여러 지역의 견문을 모아서 고심 끝에 정리한 것으로, 청규의 책으로는 가장 오래된 것이다. 앞의 『백장청규』가 없는 오늘날에는 절대적인 가치가 있는 것으로서, 선승들 사이에서는 가장 존귀한 것으로 여겨지고 있다. 조동종의 개산(開山) 에이헤이(永平) 도겐선사(道元禪師, 1200~1255)와 같은 분도 『선원청규』를 칭하여 『백장청규』라고 하여 자신의 저서 가운데에 인용하고 있다는 사실은 잊어서는 안 된다.

이렇게 권위 있는 『선원청규』 제1권에 '차탕에 관하여'라는 제목으로 선차의 예법이 상세하게 나와 있다. 제5권, 제6권의 부분에도 당두전점(堂頭煎点), 승당 내 전점(煎点)을 비롯한 모든 경우의 의식예법 가운데에 이 전점법(煎点法)을 들어서 설하고 있지만, 이것들은 단순한 의식예법이 아니다. 단지 차를 달여서 내고, 그 차를 받아서 마시는 것만이 아니라 거기에 선종의 법을 나타내고 있다. 즉, 선종에서는 위의(威儀)가 곧 불법(佛法)이고, 작법(作法)이 곧 종지(宗旨)라고 하여, 행주좌와의 사위의(四威儀) 가운데에 불법의 존귀한 행지(行持)가 나타나고, 끽다끽반(喫茶喫飯) 작법(作法)이 있는 곳에 깊고 미묘한 종지의 극한이 모두 작용하고 있다고 본다. 그렇기 때문에 도겐선사의 『영평청규』 가운데에도

> 법이 만약 법성(法性)이라면 먹는 것 또한 법성이 된다. 법이 만약 진여(眞如)라면 먹는 것 또한 진여이다. 법이 만약 일심(一心)이라

> 면 먹는 것 또한 일심이 된다. 법이 만약 보리(菩提)라면 먹는 것도 또한 보리가 된다. (…) 이것을 가지고 법은 먹는 것이 되고, 먹는 것은 법이 된다. 이 먹는 것은 법희선열(法喜禪悅)이 충족하는 바이다.

라고 설하고 있지만 이와 마찬가지로 차도 보통의 차가 아니라 법의 차이다. 법희선열이 충족된 차이다. 그렇기 때문에 차에 관한 선종의 공안은 매우 많고 그 가운데도 조주화상(趙州和尙)의 끽다거(喫茶去) 공안 같은 것은 특히 유명하다. 이 공안은 단순하게 '차를 마시라는 것'이 아니다. 거기에 선종의 종지(宗旨)가 모두 작용하고 있다. 조주화상의 뱃속까지 간파하지 않으면 안 된다.

> 산승의 생애는 차나무 심은 밭 세 이랑이요, (山僧活計茶三畝)
> 어부의 생애는 낚싯대 하나로다. (漁夫生涯竹一竿)

라는 선어도 있지만 차와 선승의 관계는 끊으려야 끊을 수 없는 깊은 관계가 있는 것이다.

3. 다도의 성립

1) 일본의 끽다(喫茶)

일본에서는 범석사(梵釋寺)의 에이추(永忠) 대승도가 처음으로 사가천황(嵯峨天皇)에게 오미노쿠니(近江國) 가라사키(韓崎) 행차 때에 차를 달여서 올린 일이 문헌에 나와 있다. 그 당시의 끽다법은 당에서 전해온 그대로의 엄차법(淹茶法)으로, 단차(團茶)를 풀어서 달여낸 것이다. 그런데 그 뒤 에이사이선사가 전한 끽다법은 송나라의 말차(抹茶) 작법(作法)으로 바뀌었다. 즉 에이사이의 『끽다양생기』에도 나와 있는 것처럼 찻잎을 절구에 넣고 가루를 내어 그것을 차샤쿠(茶杓)로 다완(茶碗)에 넣고 거기에 탕을 부어 휘저어 마시는 작법이다.

이것은 매우 간단하기는 하지만, 이렇게 차를 끓이는 방법, 차를 내는 방법, 차를 받아 마시는 방법 등이 후대가 될수록 세세하게 발달하여 다도가 성립한 것이다.

다도의 성장과 더불어 나쁜 방면으로도 발달하여 '투차(鬪茶)'라는 것도 행해졌다. '투차' 또한 그 근원은 중국 송대에 있는 것으로 보인다. 투차의 내용은 네 종류의 말차를 열 잔 마시고, 차의 본(本)과

비(非)와 수품(水品)을 판정하여 득점을 다투어 내기를 하는 것이다. 차의 본과 비란 본차(本茶)인가 비차(非茶)인가를 판별하는 것으로, 우지(宇治)의 차인지 도가노(栂尾)의 차인지를 말하여 본차를 판정하거나, 혹은 그 외 산지의 차를 비차라고 하여 판정하는 일이다.

내기를 마치면 별실에서 주연을 열고 진귀한 술과 좋은 안주를 차려놓고 즐기기 때문에, 즐기는 방법 또한 좋은 면과 나쁜 면이 나타나 여러 가지로 발달하였다. 좋은 방면으로는 차노유에 선의 다례방식을 받아들여서 위의를 바르고 조용(靜)하게 한 뒤, 마음을 고요히 하여 차를 마시는 것이다. 다례 뒤에 다도구를 진열해 보이기도 하고, 그러한 가운데 다실을 만들기도 하였다. 끽다정(喫茶亭)이라 하여, 처음에는 이 층에 다실을 만들던 것이 뒤에는 별정(別亭)을 만들고, 또 정원 손보기를 하여 로지(露地)까지 발달하게 되었던 것이다.

2) 다례(茶禮)와 다의(茶儀)

선종에서는 전점(煎點)이라는 차의 예의(禮儀)가 있다. 중국에는 『선원청규』가 가장 오래되고 『교정청규(校定淸規)』, 『선림비용청규(禪林備用淸規)』, 『칙수백장청규(勅修百丈淸規)』 등 많은 청규가 쓰였다. 일본에는 『영평청규(永平淸規)』, 『형산청규(瑩山淸規)』가 있고, 또한 『대감청규(大鑑淸規)』, 『소총림략청규(小叢林略淸規)』 등 각 본산(本山)에는 제각기의 청규가 있어 그들 가운데는 반드시 전점법이 실려 있었다. 그 전점법에 의해서 올바른 예의작법이 견고하게 지켜지고 있었지만, 그것이 다도에도 영향을 주어서 형식적이고 외관적인 것보다도 오히려 정신적이고 내면적으로 충실한 차노유의 진정한 도를 제창하도록 진행된 것이다.

일본에서 선종은 임제, 조동, 황벽의 삼종으로 나누어져 있는데, 그 가운데에서도 특히 임제종 대덕사파가 이 차노유와 관계가 있는 듯하다. 거기에는 끊으려야 끊을 수 없는 밀접한 관계가 있는 것으로 옛날부터 이야기되었던 것이다.

먼저 선종은 에이사이선사가 돌아가신 뒤 50년이 지나서야 비로소 일본에 번창하기 시작하였다. 즉 가마쿠라(鎌倉)에서는 다이가쿠선사(大覺禪師, 蘭溪道隆, 1213~1278)가 내조(來朝)하여 건장사(建長寺)를 열고, 다음으로 부츠코국사(仏光國師, 無學祖元, 1226~1286)가 내조하여 원각사(圓覺寺)를 열었다. 또한 교토에는 쇼이치국사(聖一國師, 圓爾弁圓, 1202~1280)가 입송하여 귀국한 뒤 동복사(東福寺)를 열고 이어서 다이오국사(大応國師, 南浦紹明, 1235~1308)가 송나라에 갔다가 귀국하여 규슈와 가마쿠라에 전법 포교하고, 그 제자로 유명한 다이토국사(大燈國師, 宗峯妙超, 1282~1336)가 나와서 교토 무라사키노(紫野)에 대덕사(大德寺)를 열었던 것이다.

또한 이 시대에는 부츠코국사의 손제자에 해당하는 무소국사(夢窓國師, 1275~1351)가 교토 사가(嵯峨)에 천룡사(天龍寺)을 열어서 아시카가(足利)쇼군의 귀의(歸依)를 받아 선종의 다례 의식이 빈번히 행해졌다. 무소국사는 선정(禪庭)에 취미가 있어 그가 살았던 곳은 모두 '무소(夢窓)의 정원'이라 칭하는데, 그곳에는 말할 수 없는 청초한 선미가 있다. 가령 천룡사의 정원, 서방사(西芳寺)의 정원, 미노(美濃) 호계산(虎溪山)의 정원, 가이(甲斐) 혜림사(惠林寺)의 정원 등은 모두 이 무소정원의 대표적인 것들이다. 그리고 이 무소정원은 대대로 아시카가쇼군이 좋아하여 마침내 요시미스

(義滿)의 금각사(金閣寺), 요시마사(義政)의 은각사(銀閣寺)로 되어 실로 유명한 곳이 된다.

은각사는 아시카가 요시마사(足利義政)의 은퇴소로 지어졌던 곳이며, 은각사 안에 있는 동구당(東求堂)은 다다미 네 장 반으로 된 다실의 원류라고도 전해진다. 요시마사는 아내 도미코(富子)와 함께 차에 심취해 있었다. 부부가 함께 도구를 좋아하여 중국의 명물 도구를 주문하였는데 도구의 감식은 노아미(能阿弥), 게이아미(藝阿弥), 소아미(相阿弥)의 세 도보(同朋)[19]에게 맡겼다. 세 사람 가운데에도 노아미는 다인으로, 다이스 장식(台子飾)을 고안하여 다이스 위에 다도구를 진열하여 꾸몄다. 다이스란 점다용(点茶用) 다기를 올려놓는 차선반(茶棚)으로 상류사회 귀인을 위한 물건이다.

그런데 이 시대에 무라타 주코(村田珠光, 1423~1502)라는 사람이 출현하여 노아미(1397~1471)를 입화(立花, 꽃이 있는 나무의 입안 방법)의 스승으로 받들면서 차를 배우고, 유명한 잇큐화상에게 참선하여 선지(禪旨)를 깨닫고 이에 다선일미(茶禪一味)의 다조(茶祖)가 되었던 것이다.

3) 다조(茶祖) 무라타 주코(村田珠光)의 다도

주코(珠光)는 성이 무라타(村田)이고 어릴 때 이름은 모키치(茂吉)였다. 남도(南都) 중어문목시(中御門杢市) 검교(檢校)의 아들로 11세 때 칭명사(称名寺)에 들어가 승려가 되었다. 18세에는 칭명사의 탑두법림암(塔頭法林庵)에 살았지만, 20세 무렵부터 유랑의 몸이 되어서 교토로 나왔다. 처음에는 노아미의 문하에 들어가서 꽃을

19) 도보(同朋): 중세 쇼군케(將軍家)에서 잡무나 특수한 예능일을 담당했던 직책

배우고, 뒤에는 차를 배우는 동시에 잇큐화상의 문하로 들어가서 선을 수행하고, 선의 모든 청규(淸規)에도 정통하여, 여기에서 차를 마시는 식법(式法)을 궁리한 것이다. 61세 때 쇼군 요시마사를 알현하고, 교토의 3조(三條)에 암자를 지어서 차 삼매의 생활에 들었다. 분키(文龜) 2년(1502년) 5월 15일(81세)에 유명을 달리하였다.

주코의 다도는 지금까지의 귀족풍 다도, 문인, 무사 간에 행해지고 있던 차노유를 서민화하고 간소화하여 서민들이 즐길 수 있도록 연구한 것이다. 사치에 물들지 않고 세간에 친해질 수 있는 다도였다. 그 차노유의 정신을 나타내어 '추상(麤相)'이라 하여 『다탕자각오심체(茶湯者覺悟十体)』의 첫 부분에도 '위로는 추상(麤相)하게 아래로는 율의(律儀)에'라고 말하고 있으며, 이는 추상한 외면을 가지는 것과 마음 안에는 율의인 것을 생각한 것이다. 당시의 다도는 표면을 장식할 뿐 내면의 따뜻함을 갖지 않았는데, 이에 반하여 그 반대의 마음을 갖는 것이 다도에 대한 주코의 마음 자세로 볼 수 있다. 또 주코는 항상 문인에 대하여 다음과 같은 말로 훈계하고 있다.

> 다도의 덕이란 모름지기 겸소함을 유지하는 것을 그 본령으로 삼아야 한다. 그러므로 항상 배움과 수련이 모자란 듯 겸손하게 행동을 해야 한다. 결코 화려함을 즐겨서는 아니 된다. 믿음으로 나누지 못한다면 다도의 진정한 벗이 아니다. 일편단심 자신의 안을 다듬고 살펴야 하며 결코 외양을 꾸며서는 아니 된다. 허언은 반드시 화를 불러일으키는 법이다. 말이란 진실된 도리가 아니면 함부로 입 밖으로 내어서는 아니 된다. 업(業)은 심신(心身)을 벗어나서는 아니 된다. 한결같이 늘 자신의 본분을 망각하지 않고 동요되지 않아야 도달했다고 할 수 있다.

4) 잇큐화상(一休和尙)과 주코

주코가 차에다 선의 정신을 넣었던 것은 잇큐화상의 가르침에 의한 것이라고 보지 않으면 안 된다. 잇큐화상은 풍격이 참으로 훌륭한 분이다. 고코마쓰천황(後小松天皇)의 황자(皇子)였지만 어머니가 민가에서 태어났기 때문에 이후 출가하여 오미노쿠니(近江國) 가타다(堅田)의 가쇼(華叟)화상 문하에 들어 그 법을 이었다. 법계는 다음과 같다.

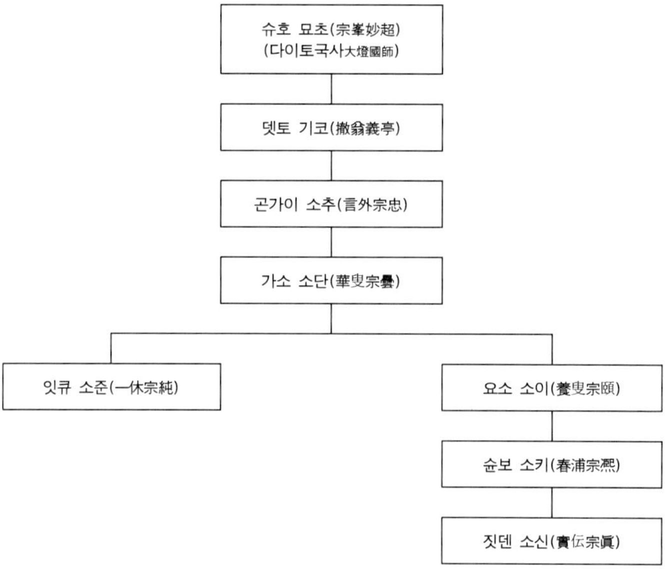

잇큐는 서민들 사이에 선을 설했던 걸물이다. 조금도 외면을 장식하지 않고 있는 그대로의 사람이었다. 그 초상을 보아도 알 수 있듯이 머리를 기르고, 수염은 더부룩하게 깎지 않았으며, 걸식승과 같은 풍채를 가진 사람이었다. 지금도 남아 있는 마키무라(薪村)의 일휴사(一休寺)에 있는 목상은 살아 있는 잇큐의 수염을 그대로 옮겼다고도 전하지만, 실로 잇큐의 진정성을 묘사한 것이다. 그 당시는 위의를 갖추고 외견만을 장식했던 시대이기 때문에 잇큐는 일부러 위의를 갖추지 않고 그대로의 모습으로 많은 사람들을 접하였다고 한다. 이런 특징이 주코의 다도로 전해져 그 본령이 되었을 것이다.

또한 주코는 도구를 좋아하였다. 너무나 도구를 열애하였기 때문에 어느 날 스승인 잇큐가 주코가 애용하던 다완을 들어 마시려는 찰나에 대갈일성(大喝一聲)하는 것과 동시에 가지고 있던 철여의(鐵如意)를 휘둘러 주코의 다완을 부숴버렸다. 거기서 주코는 크게 깨달은 바가 있었다고 한다. 이것은 지어낸 말인지도 모르지만 주코는 확실하게 잇큐화상에게 참문하여 선미를 깨닫고 그로부터 도구를 좋아하지만 단순히 좋아하는 것이 아니라 선차례(禪茶禮)의 준엄한 바를 그 본령으로 삼았던 것이다.

잇큐화상은 주코에게 비장의 원오선사(圜悟禪師 ?~1135) 묵적(墨跡)을 주었다. 이것이 주코의 다도에 혼을 불어넣었으며, 주코는 이것을 다괘폭(茶掛幅)으로 하여 이 고승(즉, 원오선사) 앞에서 위의를 바르게 하고, 점다를 하며 마음 닦는 일을 잊지 않았다. 원오선사는 그 유명한 『벽암록』을 지은 중국의 고승으로, 『남방록(南方錄)』에도 '필자도인조사(筆者道人祖師)의 덕을 상완(賞玩)한다'라고 하여 원오선사의 덕을 우러러 공경하고, 종래에는 중국그림(唐繪)을 주로 사용한 다회에서 오로지 그의 묵적을 걸었던 것은 크게 주목할 만한 것이다.

그러던 것이 뒤에는 여러 가지의 묵적이 사용되는데, 특히 대덕사 고승의 것을 사용한 것은 대덕사가 다도와 깊은 관계가 있었기 때문이다. 대덕사의 개산 다이토국사의 스승인 다이오국사는 다도와 친하여 중국으로부터 다이스(台子)라는 것을 가지고 돌아와서 그것을 대덕사에 전했다고 한다. 또한 일설에는 당시의 사람들이 이 다이스의 용법을 알 수 없었기 때문에 쇼군 요시마사가 주코에게 그 용법을 연구하게 하였다고 한다. 거기에서 주코는 잇큐화상의 도움을 받아 다이스를 장식하는 다식(茶式)을 창정(創定)했다고도 전하고 있다.

앞에서 기술하였지만, 잇큐화상은 그 시대에서 본다면 특이한 인간성을 가진 사람이었다. 선종 가운데 임제종은 무로마치(室町)시대에는 오산파(五山派)와 대덕, 묘심사파로 나누어 그 종풍을 달리하였다. 오산파의 승려는 시문(詩文)에 능하고, 정치 외교에도 관계하여 귀족화의 길로 나아갔다. 대덕, 묘심은 참선학도(參禪學道)를 중시하여 아시카가막부(足利幕府)로부터는 냉대를 받으면서 특이한 존재가 되었다. 여기에 오닌(応仁)의 난 이후 막부(幕府)의 위신이 떨어져 오산의 세력도 쇠퇴하였고, 이를 대신하여 대덕, 묘심의 진출이 있었다. 그 당시는 묘심보다도 대덕이 본가의 격(格)으로, 또한 잇큐화상이 일미의 청신(清新)한 종풍을 불어넣었다고 본다.

잇큐화상은 오닌의 난을 피하여 종종 사카이(堺)에 들러서 그곳에 있는 호상(豪商)의 귀의(歸依)를 받았다. 잇큐화상의 대담한 태도는 신흥 조닌[20]에게 호되게 질책을 한 것처럼 생각되지만 오히려 그것이 사카이에 있는 호상들의 존경과 신뢰를 받아 참선의 스승으로 추앙되었다.

사카이의 호상 다무라 소린(田村宗臨) 부부, 텐노지야 마타시로(天王寺屋又四郎), 자이모쿠야 신시로(材木屋新四郎) 모두 잇큐화상에게 참문하여 그 정신을 향상시켰다.

---

20) 조닌(町人): 도시에 사는 상인

잇큐화상의 뒤에는 고가쿠 소코(古嶽宗亘)의 남종암(南宗庵) 창건, 다이린 소토(大林宗套)의 남종사(南宗寺) 진출에 의해서 한층 더 화문(化門)의 확립을 보고, 여기에 다이린에 대한 사카이 시민의 존경은 보통이 아니었다. 다이린 이후 이 남종사로부터 대덕사에 출세하는 사람이 많았다. 그 출세에 있어 어느 쪽이든 모두 사카이의 부호였던 단가[21]가 조성하고, 그 출세개당(出世開堂)의 식전(式典)을 행하게 했다고 한다. 그리고 대덕사의 탑두(塔頭)에도 많은 보리사(菩提寺)를 세우고 거기에 참예[22]한 뒤 차를 달여 조사에게 올리고, 스스로도 차를 마시고 즐긴 것은 의심할 여지도 없는 사실이다. 현존하는 진주암(眞珠庵), 송원원(松源院) 등의 출전장(出錢帳)이 유력한 자료이다.

또한 차의 문화도 교토, 나라(奈良)에서 일어난 차노유를 사카이로 옮겨 한 시대의 획을 그었던 것은 조오(紹鷗) 사카이류의 다도였다. 그 이전에 혼다야 소타쿠(譽田屋宗宅), 다케구라야 소데키(竹倉屋紹滴), 덴노지야 소하쿠(天王寺屋宗伯) 등의 호상이 잇달아 주코의 문인이 되어 그 토대를 만들었지만 조오에 의하여 한층 더 성행하게 되었다. 조오의 아들 소가(宗瓦)의 문인에 쓰다 소타츠(津田宗達)가 있고, 소타츠의 아들에 소규(宗及)가 있으며, 그 사위에 이마이 소큐(今井宗久)가 있다. 이들은 모두 사카이의 대표적 다인들이었지만, 더 유명한 다성 리큐(利休)가 나타나 사카이의 다인이 아닌 천하의 다인이 되었다. 하카다(博茶)의 센가이화상(仙厓和尙, 1750~1837)은 리큐의 그림을 찬하여 '석가는 사람을 부처로 하고, 공자는 사람을 인(仁)으로 하고, 리큐는 천하를 차로 한다'고 말하였

21) 단가(壇越): 시주 보시를 하는 사람
22) 참예(參詣): 신이나 부처에게 나아가 뵙는 것

는데 실제도 그와 같았다.

이렇게 해서 사카이와 대덕사의 관계, 이어서는 대덕사의 차가 사카이 다인들과 끊으려야 끊을 수 없게 되었던 것이 확실하다고 본다. 이들에 대해서는 뒤에 차차 기술하기로 하자.

5) 쇼군 아시카가 요시마사와 주코

쇼군 요시마사(義政)는 요시노리(義教)의 아들이다. 요시노리는 요시미쓰(義滿)의 아들로 처음에는 천태좌주(天台座主)의 지위에 있었지만 뒤에는 환속하여 쇼군이 되었다. 그는 평소 꼼꼼하고 빈틈이 없었으며, 다도에도 마음을 두었던 사람이었다. 그 아들 요시마사는 오닌의 난에 직면한 사람이었다. 처음은 무(武)의 정신에 서서 오닌 6년에 불렀던 『독음백운(獨吟百韻)』에도

> 검(檢)은 나라를 다스리는 보물일지니
> 신께서 내리신 사명, 이제금 받들려 한다.[23]

라는 렌카(連歌)[24]가 있을 정도지만, 오닌의 난이 일어난 후 그 심경은 완전히 바뀌었다. 『음양헌일록(蔭凉軒日錄)』에도 요시마사가 발구(發句)로

> 아득한 그 옛적 꿈결 속의

23) 안수현 연구원 옮김

24) 렌카(連歌): 일본 중세에 유행하여 발달한 시의 형식으로, 우아하고 아름다운 노래

궁정이었나 아니 작금의 현실이던가[25)]

라고 하여 화(和)를 귀(貴)하게 여기는 쇼토쿠태자(聖德太子, 572~621)의 정신을 생각하게 되었다고 한다. 화의 정신, 조화로운, 부드러운 마음, 상하(上下)의 마음을 하나로 여기는 정신이 요시마사의 마음을 점하게 되었다고 한다.

요시마사가 일개 서민인 주코를 만난 것은 상당한 사건이었다. 차를 매개로 한 우정인지, 요시마사가 다도구를 사랑한 것인지, 그 도구의 감정을 시키려고 주코를 부른 것인지, 그 부분은 명확하지 않다. 하여간 『주광문답(珠光問答)』이라는 글에는 다음 같은 내용이 있다.

> 쇼군 요시마사가 주코를 불러서 묻길, 다사를 들을 수 있겠는가? 주코가 말하길 일미청정(一味淸淨), 법희선열(法喜禪悅), 조주(趙州)는 그것을 알았을 뿐, 육우는 이미 가경(佳境)에 도달함을 얻었다. 그들의 집에 들어가는 자는, 외적으로는 너와 나의 간격이 없어지고, 내적으로는 유화의 덕을 길러, 교접상견(交接相見)의 사이가 되어 근하고(謹兮), 경하고(敬兮), 청하고(淸兮), 적하여(寂兮), 드디어는 천하태평에 이르게 된다. 원공(源公)은 기뻐하여(欣然) 상봉(相逢)의 늦음을 한탄한다.

이를 보면 요시마사는 주코와 어느 정도 의기투합했던 것으로 보인다. 주코가 육조 호리카와 서쪽에 살던 초암에 '주광암주(珠光庵主)'의 현판을 걸었는데, 그 필자가 요시마사였다고 한다. 요시마사

---

25) 안수현 연구원 옮김

가 주코를 총애하고 즐겨 다가갔던 것이다. 또한 주코도 끽다 위에 선(禪)을 설하여 유명한 '근경청적(謹敬淸寂)'의 말도 『주광문답』에 나와 있다.

4. 다도의 성격

1) 다선일미(茶禪一味)의 다도

주코는 잇큐선사에 의해서 다도의 심안을 열었다. 다의(茶儀)의 형식보다도 차를 배우는 사람의 마음가짐에 중심을 두었던 것이다. 그 결과 첫째로 아집을 버릴 것을 설했다. 본래무일물(本來無一物)의 마음, 조주의 무자(無字)의 마음을 통해 다도를 배우는 것이다.

본래무일물이란 중국의 육조 혜능대사의 말로 전해져오고 있다. 혜능은 선종을 중국에 사상화하여 선의 종지(宗旨)를 드러낸 고승이다. 선은 여러 가지로 수단을 가지고 노는 것이 아니라 있는 그대로 존재하는 것이다. 그러므로 분별과 망상을 자꾸 둘러대면서 말해서는 안 된다. 한 점의 분별도 없고, 티끌 하나의 망상도 없는 본래무일물의 자리를 선의 본령(本領)으로 하는 것이다. 때문에 혜능대사는 '불사선 불사악(不思善 不思惡)'이라고도 말하고 있다. 선인지 악인지 생각한다면 이미 분별에 떨어지기 때문에 이는 곧 망상이다. 그 망상을 버리고, 텅 비어 맑은 대공(大空) 같은 마음, 미혹도 없고 깨달음도 없고, 범부도 없고, 성자도 없는, 아무것도 생기지 않는 본래의 면목에서 일상의 행위를 신속하게 하라는 것이다. 분별에 떨어지지 않고 눈에 비치는 그대로의 모습이 차별의 세계에 들어갔을 때 '버들은 초록, 꽃은 붉다'라고 한다. 주코가 잇큐에게 배운 바는 이것이다.

조주의 무자(無字)도 그와 같은 것으로 이 무는 유무(有無)의 무가 아니다. 분별에 떨어지지 않는 절대의 무로, 본래무일물과 같은 곳을 가리킨다. 이러한 것을 깨닫는 것이 선의 제일의 뜻(第一義)으로, 억지 이론을 자꾸 둘러대는 것은 처음부터 잘못된 것이다. 난투난해(難透難解)하여 실지(實地)에 그 심경을 내 것으로 하지 않는다면 선을 말할 자격이 없다.

주코는 이 부분에서 실지에 깨달음을 얻고 그것을 다도 위에 살려 다도의 심안을 열었던 사람이다.

2) 다도의 정신적 성격

다도의 정신적 성격이란 어떠한 것일까? 바로 차를 마실 때의 자세이다. 끽다의 정신적인 면으로, 잘은 모르지만 무언가 깊이가 있는 것, 높은 문화가 거기에 있다고 생각되는 것을 가리킨다.

무라타 주코는 '근경청적(謹敬淸寂)'이라고 말했고, 센노 리큐는 '화경청적(和敬淸寂)'이라고 하였다. 그러나 이 말을 주코가 처음으로 주창한 것인지에 관해서 확증은 없다. 일설에는 송의 백운(白雲) 수단선사(守端禪師)[26] 문하의 유원보(劉元甫)가 오조산(五祖山)의 총림에서 총림다선(叢林茶禪)의 사요체(四要諦)로서 열거하여, 선적으로 차의 정신을 설명했다고도 전하고 있다. 화경은 도덕적이

26) 수단선사(守端禪師, 1025~1072): 북송의 임제종 승려로 여산의 승천사, 백운산의 해회사의 주지를 역임했다. 세간에서는 '백운수단'으로 일컫는다.

고, 청적은 종교적이다. 또한 화경은 불법에 통하는 말이고, 청적은 특히 선미(禪味)가 깊은 것으로 느껴진다.

하여튼 다도의 정신적 성격은 참으로 선의 심안을 열어 그 성격의 하나하나를 뽑아내 보지 않고서는 단지 설명만으로 충분한 것은 아니다. 그러나 지금은 그런 근본적인 것이 아니라 성격을 드러내어 크게 '애여탈락(愛如脫落)'의 네 방면에서 검토하여 그 성격을 어렴풋하게나마 다루어보려고 한다.

첫 번째, 애(愛)란 기호이다. 이는 좋아하는 것이고, 즐거움이다. 두 번째, 여(如)는 여법(如法)이자 여여(如如)이다. 즉 자연 그대로, 있는 그대로인 것을 가리킨다. 세 번째, 탈(脫)은 탈속으로 세속을 떠나서 깨끗하고 시원 상쾌한 것이다. 네 번째, 낙(落)은 낙착(落着)하는 곳, 구극(究極)하는 곳, 본래무일물로 있지만 없는 것 같고, 무(無)로부터 모든 작용이 나타나는 것을 가리킨다.

3) 다도의 기호

먼저 다도에서 '애(愛)'의 성격을 설명하기로 한다. 오카쿠라 덴신(岡倉天心)의 『차의 책』에서는 '다도의 요의는 불완전한 것을 숭배함에 있다'라고 한다. 즉 불균제(不均齊)라고 하여 딱 맞아 떨어지지 않는 것을 애호하는 것이다. 다완, 차이레[27], 미즈사시[28], 하나가키[29]에 이르기까지 모두 균형을 잡지 않는 재미(面目味)가 있는 것, 감칠맛이 있는 것, 보고 있으면 왠지 모르게 묘미가 나는 것을 불완전이라고 말한다.

---

27) 차이레(茶入): 차를 넣어두는 단지. 다호(茶壺)

28) 미즈사시: 물항아리

29) 하나가키(花器): 꽃꽂이 그릇

지나치게 균형이 잡힌 것은 다기로는 적당하지 않다. 지나치게 정직한 것은 거기에 재미가 우러나지 않는다. 표면이 울퉁불퉁하고, 모양이 일그러지기도 하여 비뚤어진 부분에서 오히려 다기를 좋아하는 마음이 생기고, 다도와 친해지는 마음이 생기는 것이라고 말할 수가 있다. 다도에는 '스키(すき)'라는 말이 있다. 수기(數寄)라고 쓰고 있지만, 본래 수기(數寄)의 기(寄)는 기(奇)로, 홀수(奇數)이며, 짝수(偶數)에 짝이 되는 말이다. 즉 둘로 나누기가 어렵다는 뜻으로 『다도요록(茶道要錄)』에는 나누어지지 않는 것 혹은 불완전한 것으로 쓰고 있다. 소욕(少欲)하여 분수를 아는 뜻을 나타내거나 홀수(奇數)로 나누어지지 않기 때문에 거기에서 묘미가 계속 넘쳐나서 다할 바가 없다는 의미로도 해석된다. 또한 스키란 좋아함이며, 만엽가명(万葉仮名)에서 음을 맞췄던 것으로, 풍류문아(風流文雅)의 도를 즐기는 것이기 때문에 꼭 다도에 한하지는 않는다. 처음에는 호색함(好色)도 스키라고 말했지만 점차 그렇게는 사용하지 않고, 차나 꽃을 좋아하거나 혹은 와카(和歌)[30]의 도에 친한 사람을 스키라고 불렀기 때문에, 무로마치 시대에 흔히 사용되었던 말이다.

'좋아서 하는 것이 잘하는 것이다.'

라는 속어에도 있는 것처럼 좋아하지 않고서는 예도는 능숙해지지 않는다. 자신이 특별히 좋아하고, 또한 타인도 좋아하여, 자타의 구별이 없게 되면 화합하여 일체가 되는 것이다. 무로마치 가도(歌道)에 이름이 있었던 이마가와 료슌(今川了俊)의 『일자전(一子傳)』에

30) 와카(和歌): 일본의 고유 형식인 5음, 7음을 바탕으로 하여 만들어진 정형시

우리가 좋아하게 된 뒤 '스키'라고 말한다. 좋아하게 된 뒤에는 이 도를 버리지 않는다.

라고 하고, '스키는 자타(自他)가 있지 않고 마음 밖에 있지 않다'라고 하여, 나아가 '같은 종류의 노래 등을 불러서 사람의 마음을 얻게 되는 것은 고마운 뜻'이라고 말하고 있지만, 이것은 자신이 좋아하는 것과 타인이 좋아하는 것이 일체가 되어, 서로 노래하는 마음밖에는 없고, 자타동류의 마음을 얻을 때는 오직 감사의 마음으로 가득차서 고마운 것이 스키의 뜻이 되었다

다조의 주코도 『주광일지목록(珠光一紙目錄)』에서 '마음속으로부터 기려수기(奇麗數奇)'라고 하고, 주코의 양자(養子) 소슈(宗珠)를 청연원궁존진법친왕(青蓮院宮尊鎭法親王)[31]이 칭찬하여 '시중(市中)의 은자(隱)' 혹은 '스키의 장본인'이라고 했던 것도 유명한 이야기이다. 스키, 즉 좋아하는 것을 다도 제1의 성격으로서 들지 않으면 안 된다. 거기에서 스키야(數寄屋), 스키도구(數奇道具)라는 말도 나온 것이다.

4) 다도의 무심(無心)

다음에 다도에서 '여(如)'의 성격을 설명하려고 한다. 앞의 성격 부분에서 '여'가 불균제(不均齊)임을 말한 바 있다. 불균형한 곳에 재미가 있고, 좋아하는 것이 나온다고 말했지만 그 불균형은 일부러 인위를 더해서 작의를 하게 되면 오히려 염미(厭味)가 나온다. 솔직

31) 청연원궁존진법친왕(青蓮院宮尊鎭法親王): 무로마치 후기의 친왕 청연원 문적 후, 백원천왕의 제3의 황자

하고 있는 그대로 조금도 꾸미지 않는 것, 주코가 말한 '추상(麤相)'한 것, 장황하지 않는 것, 현란하지 않는 것, 간소한 것, 고고(枯高)한 것, 여기에 유현(幽玄)한 가치가 있다고 생각한다.

중국 임제종의 시조, 임제의현(?~867)은 조작조업(造作造業)을 싫어하였다. 조작조업은 유심(有心)으로, 여러 가지 마음을 사용하여 외견을 꾸미는 것이다. 어떤 좋은 것이라도 조작의 마음이 있다면 모두 지옥의 업이 된다고 하여 그것을 싫어한 것이다. 즉 선의 종지에서는 자주 '본래의 면목'이라는 말을 하는데 이는 본래 있는 그대로의 모습이다. 인위를 더한 것은 좋지 않고 재미가 없다. 외견의 형식(體裁)을 만드는 것은 선의 본지에 어긋난다. 또한 임제선사는 『임제록』에서

> 스승께서 대중들에게 말씀하셨다. 불도를 닦는 이들이여! 불법은 애써 공부할 것이 없고 그저 평상시대로 아무 일 삼지 않는 것이다. 똥 싸고 오줌 누며, 옷 입고 밥 먹으며, 피곤하면 눕는다. 어리석은 사람은 나를 비웃겠지만 지혜로운 이는 이내 이를 알 것이다.

라고 말하고 있다. 불법은 자기를 떠나 있는 것이 아니다. 오도(悟道)는 높은 곳에 있지 않고 먼 곳에 있는 것도 아니며, 단지 우리의 일상다반사에 있기 때문에 우리의 기거동작이 그대로 불법이고 불도이며 깨달음의 도이다. 이것을 임제선사는 '평상무사(平常無事)'라고 하였다. 이는 '본래무사'라고도 하고, '일 없음이 귀인이다'라고도 하는데, 이 무사(無事)가 바로 부처의 모습이다. 또한

> 구하는 마음을 쉬는 곳이 곧 무사이다. 대덕이여!

잠깐 평상(平常)을 바란다면 모양을 짓는 일을 하지 말라.

라고 말하고 있다. 모양이란 작의이다. 외견의 형식(體載)이다. 즉, '외양'인 것이다. '외양'에 마음을 써서 옷차림을 꾸미는 것은 선이 아니다. 선은 있는 그대로이며 평소의 옷차림이다. 잇큐선사와 같이 두발을 기르고 수염을 깎지 않는 그런 모습, 그것이 여(如)의 모습이다. 선에서 말한 본래 면목의 모습이다. 본래 있는 그대로의 모습이며, 인위적이지 않는 모습이다. 쓸데없이 밖에서 구하여 이러하다든가 저러하다든가 하며 다른 것을 흉내내기도 하고, 마음을 써서 모양새를 만드는 것은 무사(無事)라 할 수 없다. 이를 다른 말로 한다면 '자연법리(自然法爾)'라 할 수 있다. 이는 무심 그대로 차노유를 대하는 일로, 모든 다사를 행함에 그 동작이 자연스럽고 군더더기 없이 담백하게 움직이는 것이 중요하다. 이는 모든 것에 무리하지 않으며 계속해서 마음을 두지 않고 동작이 무심으로 옮겨가는 모습을 말한다.

다쿠안선사(澤庵禪師)도 『부동지신묘록(不動智神妙錄)』에서 이 점을 잘 설하고 있다.

이것은 마음에 물(物)이 있기 때문이다. 있다는 것은 생각하는 것이 있는 것이고, 있다는 생각을 떠나면 마음은 무심이면서 단지 쓸 때만 움직여 그 쓰임에 맞추고, 마음에 어떤 것을 떠나려고 생각하는 마음, 또한 마음속에 있는 것이 된다. 생각하지 않는다면, 홀로 떠나, 스스로 무심하게 되고, 항상 그러하면 어느덧 뒤에는 홀로 그 자리에 가게 된다. 급하게 하려고 하면 가지 않는 것이 된다. 옛 노래에 이런 구절이 있다. "떠올리지 않으리라 그것도 집착이러니 내 그대

마음을 차라리 비우리라.”

무심으로 되는 것, 마음을 쓰지 않고 게다가 자연스럽게 부합하여 억지가 없는, 다사를 하면서 다사를 하는 것으로 완전히 다사와 일체가 되는 일을 ‘여(如)’라고 한다. 『금강반야경』에 나오는 ‘여여하여 부동한’ 모습이다. 이것을 다도의 제2의 성격으로 들고 싶다.

5) 다도의 탈속(脫俗)

세 번째는 다도에서 ‘탈(脫)’의 성격을 설명하기로 한다. ‘탈(脫)’은 탈속(脫俗)이다. 세간의 이야기는 그만두지 않으면 안 된다. 다석(茶席)에서는 세간의 돈벌이 같은 속세의 일과 관계되는 이야기는 절대 금물이다. 이야기는 모두 속진을 떠난 것뿐이다.

먼저 다석에 임하면 일체의 속진을 털어낸 후 세속의 일을 잊고 청정의 세계로 들어간다. 마음에 걸림이 없이 어떠한 것도 염두에 두지 않는, 고요하고 침착한 마음이 되어서 다석에 임하는 것이다. 또한 다실 전부가 모두 고상한 것으로, 모든 것이 자신의 마음을 끄는 것뿐이다. 보면 볼수록 여운이 있고 함축미가 있어 여러 번 보아도 조금의 싫증도 나지 않는 마음이 되는 것이다.

또한 주인과 손님의 응대, 손님 사이의 이야기도 탈속한 것으로 모두 다도에 어울려야 한다. 실로 우화[32]해서 선경(仙境)에 노닌다고 하는 황홀한 모습이 나타나지 않으면 안 되는 것이다.

여기에 탈속이라 하여, 세상일을 싫어하여 속진을 떠난 것처럼 말하지만 실은 속(俗)은 없고, 있는 것은 단지 진실의 세계이다.

32) 우화(羽化): 날개가 돋쳐 신선이 된다는 말

깨끗하고, 맑고, 산뜻한 것을 탈속이라 하지만 거기에 이르기까지는 요컨대 세간을 떠나서 출세간적으로 되고, 미혹을 떠나서 깨달음에 들어간다는 것같이, 미세하기는 하지만 거기에 구분하는 마음이 움직이는 것이다. 동(動)을 싫어하여 정(靜)를 취한다. 청적(淸寂)인 곳에 살고 더구나 청적한 곳을 즐긴다고 말하는 것 같은, 다소 마음의 동요가 있지만, 그것이 없어서는 안 되는 것이라고 믿는다.

다도에는 '와비스키(侘數奇)'라는 말이 있다. 와비(侘び)에는 여러 가지의 의미가 있지만, 『다도사전』에는 부족한 상태를 표현하는 말이라고 설명하고 있다. 뿐만 아니라 모자라는 것에 만족하여 충분하다고 하고, 또 다른 것을 구하려는 마음이 없다. 이것을 와비다인이라고 하는데 이는 탈속적인 바가 있다는 것이다. 잇큐선사와 문답한 사카이의 이치로거사(一路居士)와 같은 이들은 와비다인의 대표자라고 말할 만한 탈속자였을 것이다.

이치로라는 거사는 본래 인화사(仁和寺)의 문주(門柱)였다고 하는데, 이를 보아도 대단한 사람이었음을 알 수 있다. 그는 탈속한 사람으로, 세간의 여러 가지 번거로운 일에 관계하는 것을 싫어하여 사람들 모르게 속세를 떠난 뒤 센슈사카이(泉州堺)의 동쪽 이시즈(石津) 이시무라(市村)에 초암을 짓고, 삼태기 하나를 문 밖에 걸어두고는 행인에게 음식을 던져 넣게 하면서도 항상 시가(詩歌)를 즐기고 차를 즐겼다고 한다.

아울러 차노유의 발전기에는 아와타구치 젠보(粟田口善法)를 시작으로 요고로(與五郎), 도로쿠(道六) 등 은일한 많은 다인이 있었다. 젠보는 주코의 제자로, 냄비 하나만을 가지고 식사와 다사를 즐겨 흙바닥에 얇고 둥근 짚방석을 깔고 주객의 응대도 없이 웃으며 흥겹게 차를 마셨다고 한다. 그러나 이는 한편으로 생각해보면 기인이지 진실한 다인은 아니다. 『본아미행장기(本阿彌行狀記)』에 의하면 센 소탄(千宗旦)은 젠보를 '예의도 없고 아치도 없는 기인(變人)에 지나지 않는다'라고 하여 세상 사람들이 흉내내는 것을 우려하여 크게 훈계했다고 한다. 아무리 탈속한다 해도 주객의 응대도 있어야 하고, 예의는 예의로서 행하지 않으면 안 된다. 중요한 것은 마음의 풍요로움이다. 비록 차의 명기(名器)를 하나도 가지지 않은 다인일지라도 마음속에서 세속의 틀을 벗어버린 인간상, 이것이 '와비스키'라고 할 수 있을 것이다. 『오서집(烏鼠集)』에는

> 명물(名物)이 한 종류도 없는 사람은 한층 아름답고 사비스럽고, 아치가 있어 진기하다. 과연 도리에 꼭 들어맞아서 완곡하지 않는 시합(仕合)을 공부하고, 막힘없이 다조(茶調)하는 모습이 재미있다.

라고 말하고 있다. 그래서 이 탈속한 모습에 주의하여 다도의 세 번째의 성격으로 든 것이다.

6) 다도의 낙처(落處)

마지막으로 다도에서 '낙(落)'의 성격을 설명하기로 한다. 낙이란 낙처(落處)이다. 낙착(落着)하는 본고향이다. 즉 여기서는 차의 궁극의 경지를 가리킨 것이지만 현재로는 '말하자면 말하기 어렵다'라고 할 수 있다. 도저히 언어로는 말할 수 없고 글로 나타낼 수도 없다. 앞의 탈속은 아직 다소 분별도 있고 취사(取捨)하는 마음도 있었다. 즉, 속세의 일을 버리고 탈속을 취한다는 마음이 있었다. 미혹을 버리고 깨달음을 얻으며, 범부를 버리고 부처를 얻는다. 밖에

서 구하는 마음을 버리고 자기 자신을 살린다는 것과 같이 거기에는 다소 분별을 더하여 설명도 할 수도 있겠지만, 다도의 낙처에 이르러서는 전혀 설명할 수가 없다.

선종에서 말하자면 본래무일물한 곳이지만, 무일물 한가운데 무진장(無盡藏)한 것이 있어, 말할 수 있는 것이 아니다. 또한 조주(趙州)의 무자(無字)라 하여도 유무(有無) 가운데 있는 무(無)가 아니다. 이 무자를 깨달으면 거기에 일체의 이치가 나타난다고 하고, 일체의 소작(所作)이 모두 유희삼매(遊戱 三昧)가 되어, 하는 것, 행하는 것이 모두 부처의 소작이 되기 때문에 완전히 설명할 수가 없다.

임제선사는 모든 법에 있어서 '싫어하는 종류의 법은 없다'라고 말였다. 또한 고보(弘法)대사도 모든 법에 대하여 '어느 것을 버리고 어느 것을 취하는가?'라고 『십주심론(十住心論)』의 첫 번째에 설하고 있다. 이들에 대해서는 깨달은 사람만이 비로소 말할 수 있는 것으로, 깨닫지 못한 자가 말한다면 터무니없는 착오의 근거가 된다.

다도에 있어서도 모든 것이 전부 다도가 된다. 분별을 필요로 하지 않지만 거기에 이르기까지에는 탈속하여 최후에 이 낙처를 손에 넣지 않으면 안 된다. 그리하여 비로소 모두가 차삼매로 된다. 즉, 하는 것, 행하는 것 모두 다도에 부합한다고 말해야만 한다. 사람은 한 번이라도 이 '낙처'에 이르지 않는다면 진짜가 되지 않는다. 진짜같이 흉내를 내는 것만으로는 이 낙처는 꿈에도 알 수가 없다.

불교의 교주인 석가세존도 왕궁을 버리고, 처자를 버리고, 모든 것을 완전히 버리고서 참된 도를 구하셨다. 그러나 그 도에는 악을 버리고 선을 취하며, 미혹을 버리고 깨달음을 얻으며, 번뇌를 끊고

보리를 증득하며, 생사를 잊고 열반을 원하는 것 같은 취사의 마음이 있었다. 분별의 마음이 있었던 것이다. 이 마음, 이것이 자아의 마음이다. 신심(身心)이 있는 마음이다. 이 자아, 몸과 마음으로부터 탈락하여 도겐(道元)선사의 소위 '신심탈락(身心脫落) 탈락신심(脫落身心)'의 경지를 깨닫고, 아무것도 없지만 거기에 모든 것이 있는 이 점을 깨달아 진짜 자기 것으로 하는 것이 석존의 성도(成道)이다.

이것을 선종에서는 '한번 그 신심(身心)을 버려'라고 하거나 '죽은 셈 치고 한번 힘껏 노력하라(大死一番)'라고 한다.

신체를 천 길이나 되는 계곡의 바닥에 떨어뜨리는 것이다. 거기에서 대활현전(大活現前)하고 다시 소생하여 자유자재로 움직이는 것을 '부처'라 한다. 즉 시도부난선사(至道無難禪師, 1603~1676)도 출산석가도(出山釋迦圖)의 화상(畵像)을 찬하며

> 오로지 몸이 죽음으로써
> 살아남은 자를 부처라고 이름 한다.

라고 노래하고 있지만 이 노래에는 깊은 '낙'의 묘처(妙處)가 있다.

이와 마찬가지로 다도에서도 낙의 묘처를 깨닫지 않으면 안 된다. 세간에서 말하는 '사치에 몰입' 할 수 있는 고귀한 사람, 명다기(名茶器)를 진열하여 대명차(大名茶)를 할 수 있는 신분이면서도 더구나 그것에 조금도 집착하지 않는 '사비'의 마음, 청적의 마음, 적정의 마음, 여기에 '낙'의 귀한 대활(大活)이 나타난다. 손에 맡겨 하는 것, 행하는 것, 발에 맡겨 가는 것, 돌아오는 것도 모두 다도를 떠나서는 있지 않다. 거기에 뛰어난 '낙'의 신비가 깃들어 있다.

이와 같은 다인은 좀처럼 찾아보기 힘들다. 다성(茶聖) 리큐나

와비의 소탄은 다도의 정신에 철저했던 사람으로, 그 마음에는 참으로 존귀한 것이 있었다. 무엇과도 바꾸기 어려운 신비의 '낙(落)', 이것을 마지막에 다도의 네 번째 성격으로 들고자 한다.

5. 다도의 발달

1) 주코의 차와 그 문하의 제자

다도의 시조라고 하면 주코라고 하지 않을 수 없다. 조오나 리큐가 이 사람의 도를 우러러 추앙했기 때문이다. 야마우에노 소지(山上宗二)의 전서(伝書)에는 노아미를 들고 있지만, 그는 아시카가 쇼군의 주변에 있었던 사람으로 민중의 차와는 관계가 없었다. 다도를 간소화하고, 차의 정신을 깊게 하여 민중들 사이에서 다도를 친숙한 문화로 발전시킨 점에서는 주코를 시조라고 볼 수밖에 없다.

주코는 아시카가 요시마사(足利義政)의 상류 차를 일반 하류로 넓혀 소박한 다사를 하였다. 외견의 형식보다도 내심의 아집을 버리고 청적(淸寂)에 중점을 두며, 공겸(恭謙)의 마음을 주로 하여 '차고 야위다', '차고 마르다' 등 렌카(連歌)의 구(句)에 비유하며 '와비'의 경지를 설명하였다. '와비', '사비'는 외관이 아니고, 주인이 손님을 대하는 마음자세로, 마음에 어떤 것(一物)도 없는 모양 즉, 공허를 의미하는 것이라 하였다. 그래서 다실을 스키야(數寄屋)라 하며, 스키야란 '공가(空家)'의 의미라고 말하는 사람도 있다.

당장에 어떤 미적인 필요를 충족하기 위해 둔 물건 이외는 일체의 장식을 배제하기 때문에 공가(空家)이다. 그것은 불완전함을 숭배하여 받들어 고의로 무언가를 마무리하지 않고 그대로 두어 상상의 작용으로 완성시키기 때문에 스키야라 할 수 있다.

라고 오카쿠라 덴신의 『차의 책』에는 설명하고 있다. 그렇기 때문에 주코의 차는 '위로는 추상(麤相)하게 아래로는 율의(律儀)하게'라고 말하는 것이 그 정신이었던 것이다. 그래서 다실도 다도구도 정신본위에 질박하게 고안되고, 다실은 보통 서원 넓은 방의 일부를 다회(茶會)를 위해 병풍으로 칸막이를 했던 것이었다. 그 칸막이가 둘러쳐진 가운데에서 다회를 했지만, 그것이 초암의 작은방에서 행해지고, 검게 칠한 화려한 신다이스(眞台子)[33]를 대신하여 흰 나무로 된 소박한 다이스로 하고, 도코노마(床の間)[34]의 족자(軸)도 선승의 글로 표구된 수수하고 은근한 것이었다. 다완도 와비의 풍채가 풍부한 것을 사용하고, 차샤쿠도 은이나 상아를 대신하여 대나무로 된 것을 사용하였다. 차이레의 꽃도 와비가 있는 것을 즐겨 사용했다. 이렇게 그 하나하나가 정신본위로 질박한 것을 사용한 점에 주코의 다도가 나타나고 있다. 이것이 많은 문도(門弟)에 의해서 계승되어 마침내 주코를 다조로 받들게 되었던 것이다.

주코는 다조로 추앙될 뿐만 아니라 차의 명인으로도 일컬어지며, 다도구의 감정에도 통달한 사람이었다. 또한 다도구도 많이 모아서 소지하고 있었다. 그 당시는 다도구라고 하면 당물(唐物)로, 중국으로부터 도래하여 온 것을 가리켰다. 천룡사(天龍寺) 배(당시에는

33) 신다이스(眞台子): 검은 옻칠을 한 것으로 네 개의 각진 기둥이 있다.

34) 도코노마(床の間): 객실 상좌에 바닥을 조금 높여 꾸민 곳, 벽에는 족자를 걸고 꽃이나 장식품을 놓아둔다.

사찰에서 배도 관리하였다)와의 관계로 아시카가 다카우지(足利尊氏)가 요시미쓰(義滿)시대로부터 왕성하게 감상되고 있었다. 특히 요시마사 부부가 애호했으며, 그들은 주코를 총애하여 주코의 초암을 찾아와 차를 마셨기 때문에 자연히 주코도 당물도구를 소지하고 있었다. 그중에 특히 유명한 것은 원오선사(圓悟禪師)[35]의 묵적, 서희(徐熙)[36]의 백로 그림, 조창(趙昌)의 과자 그림, 닛타 가타츠키(新田肩衝)[37], 주코의 분린[38], 주코의 덴모쿠[39], 주코의 청자(靑磁), 주코의 다이스(台子), 주코의 고나스비(小茄子), 주코의 나베가마[40] 등이 있다.

주코가 세상을 떠날 때 그 상속인 소슈(宗珠)에게 유언을 하여 말하길, '나의 기일에는 상에 원오선사의 족자를 걸고, 나게즈킨(抛頭巾) 차이레에 맷돌에 간 찻가루로 다탕을 올려라'라고 했다는 것에서, 우리는 얼마나 이 원오선사의 족자가 그의 정신을 전한 다선일미의 혼이었던가를 알기에 충분하다.

그 뒤를 이은 주코의 제자는 소슈를 시작으로, 교토에는 시노도지(篠道耳), 마쓰모토 슈호(松本珠報), 이시구로 도테이(石黑道提), 후지타 소리(藤田宗理), 아와타구치 젠보(栗田口 善法) 등이

35) 원오선사(圓悟禪師, 1566~1642)는 명나라 말기의 임제종 승려이다. 환유정전 선사의 법통을 이어받은 뒤 천태산, 동현사, 가흥 광해사, 복주 황벽산 만복사, 육왕산 당리사, 천농산 경덕사, 금릉 대보운사 등에서 불법을 펼쳤다.

36) 서희(徐熙): 중국 오대(五代, 907~959)의 화가

37) 닛타 가타츠키(新田肩衝): 명물(名物) 차이레의 이름. 닛타 요시사다(新田義貞)가 소유하던 것을 요시마사를 거쳐 이후 도쿠가와 가문의 소유가 되었다. 초화(初花), 유시(楢柴)와 함께 천하제일의 차이레로 일컬어진다. 오사카 성이 함락될 때 불에 타 색이 변했다고 하고, 현재는 도쿠가와 박물관에 있다.

38) 분린(文琳): 차를 넣어두는 그릇

39) 텐모쿠(天目): 가루차를 마시는 다완

40) 나베가카(鍋釜): 냄비와 솥

있고, 나라에는 후루이치 하리마(古施播磨), 사이후쿠인(西福院), 손교인(尊行院) 등이 있으며, 사카이에는 덴노지야 인세쓰(天王寺屋引拙), 혼다야 소타쿠(譽田屋宗宅) 등이 알려져 있다.

2) 다케노 조오(武野紹鷗)의 차

주코의 제자인 교토의 후지타 소리(藤田宗理)와 주샤 소고(十四屋宗悟), 소친[41]에게 사사하여 센슈(泉州) 사카이 지역에 일파를 열었던 다케노 조오(武野紹鷗, 1502~1555)의 계통을 사카이류의 다도로 부르고 있다. 주코는 교토에 차를 널리 알리고, 만년에는 고향인 나라(奈良)에 은거하며, 독로암(獨爐盧)이라는 초암을 짓고 가끔 교토로 나왔지만 뒤에는 사카이류의 다도에 대해서 나라류의 다도라고 하게 되었다.

나라류의 다도에는 주코에게 제자의 예를 취하였던 후루이치 하리마(古市播磨)라는 사람이 유명하다. 그 사람은 와슈 후루이치(和州古市)에 이만 석을 받고 아시카가 요시아키(足利義昭) 밑에서 벼슬했던 사람이다. 와카(和歌), 요쿄쿠[42], 춤(舞), 퉁소(尺八)에 능하였고, 특히 주코를 이어서 다선의 진의를 구하여 실천에 옮겼으며 다도를 민중화한 점에서 뛰어났다. 주코가 후루이치 하리마에게 주었던 글도 있고, '질문한 것'이라 하여 질문 받았던 것을 주코가 써서 주었던 것도 있다. 모두 다선의 진의를 이해하는 데 좋은 자료이다.

사카이류의 다도를 열었던 다케노 조오는 본래는 무사(武士)로 다케다씨(武田氏)였다. 조부 나카쿄(仲淸)는 오닌의 난에서 전사하

41) 소친(宗陳): 소고, 소친은 시노 도지의 문하라고도 한다.
42) 요쿄쿠(謠曲): 일본의 대표적인 가면 음악극 농악의 대본

고, 부친 노부히사(信久)는 사카이로 옮겨 피혁상을 하여 거금의 부를 이루었다. 성을 다케노(武野)로 고쳤던 것은 노부히사 때였는데 그것은 노부히사의 노래에 다음과 같은 것이 있었기 때문이라고 한다.

씨앗을 뿌렸다네 다케다 가문의 후예,
황폐한 지금은 허허벌판이 되어버렸네[43]

조오의 어릴 때 이름은 신고로(新五郎)이며 휘(諱)를 나카무라(仲村)라고 하였다. 24세 때 교토로 상경하여 와카를 산조니시 사네타카(三條西實隆)에게 배우고, 차를 후지타 소리(藤田宗理)와 시노도지(篠道耳)의 문인 주샤 소고 및 소친(宗陳) 등에게 배우며 수행에 많은 힘을 썼다. 그리하여 30세 때 노래와 차에 있어서 공통의 원리가 있음을 깨달았다. 그리고 그 극의를 얻기까지에는 쉬지 않는 연습과 새로운 공부가 필요하였다. 그 결과 작의(作意)와 창견(創見)이라는 것에 착안하게 되어 마침내는 31세에 예도(禮道)를 위해서 삭발하고 이름을 조오(紹鷗)라고 고쳤다. 그것은 송나라 시인 황산곡(黃山谷)의 다음과 같은 시를 애송하였기 때문이라고 한다.

강남의 물색이 하늘보다도 푸르고
강 가운데 있는 흰 갈매기(白鷗)의 한가로움이 나와 닮았다.

또 32세 때 나라의 부호 마쓰야(松屋)를 방문하여, 거기서 주코가 생전에 가지고 있던 유명한 서희의 백로 그림을 보면서 주코 다도의

43) 안수현 연구원 옮김

스키풍에 감탄하여, 다선의 진의(眞意)를 체득하였다고 전해지고 있다.

3) 조오와 다이린화상

조오 어머니의 본가는 본원사(本願寺)와 관계가 있었고, 그 신앙은 정토문(淨土門)이었지만 친구 기타무키 도친(北向道陳)의 권유로 함께 다이린 소토(大林宗套)에게 찾아갔고, 뒤이어 다이린 소토의 스승인 고가쿠 소코(古嶽宗亘)에게도 찾아갔다. 그 법계는 다음과 같다.

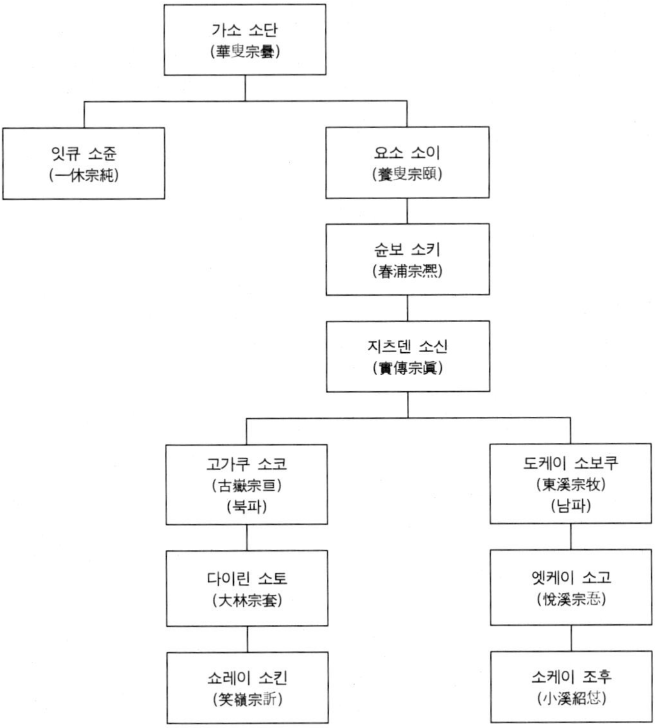

다이토국사가 열었던 대덕사의 법등(法燈)은 계승되어 지츠덴 소신(實傳宗眞)에 이르렀다. 그런데 그 문하에 두 사람의 법사가 나와 남파와 북파로 나누어졌다. 남파는 도케이 소보쿠(東溪宗牧)를 파조(派祖)로 하고, 용원암을 본암으로 하여 양원암(養源庵), 서봉원(瑞峰院), 황매원(黃梅院), 정수원(正受院), 천서사(天瑞寺) 등의 탑두(塔頭)를 거느렸다.

북파는 고가쿠 소코(古嶽宗亘)을 파조로 하여 그 탑소(塔所)인 대선원(大僊院)을 본암으로 하고, 그 아래에 삼현원(三玄院), 대광원(大光院), 고동원(高桐院) 등 다수의 탑두가 있었다. 이것은 대본산 대덕사를 중심으로 하여 남북으로 나누어져 그 종풍의 선양을 다투었던 것이다. 그러나 그 세력은 주로 북파에 모여 여기에서 고승이 속출하고 교화에 임했던 것이다.

먼저 북파의 파조 고가쿠 소코는 사카이에 암자를 지어서 남종암(南宗庵)이라 했다. 그는 에이쇼(永正) 6년(1509년) 칙명에 의하여 대덕사에 들어간 뒤, 고카시와바라천황(後柏原天皇)에게서 불심정통(佛心正統)선사의 호를 하사받고 고나라천황(後奈良天皇)으로부터 정법대성국사(正法大聖國師)라는 휘호를 받았다. 그리고 이 고가쿠화상이 명승(名僧)이었다는 것은 천황으로부터 '짐 한 사람의 스승일 뿐만 아니라 천하의 모범이다'라고 까지 상찬되었던 점에서도 충분히 알 수 있다.

또한 이 고가쿠화상의 법 상속자 다이린화상은 스승보다도 뛰어난 명승으로서 그 당시 가장 위세가 강했던 미요시 나가요시(三好長慶)조차도 다이린화상 앞에 나가면 벌벌 몸을 떨었다는 이야기가 있다. 그리고 그 미요시 나가요시의 진력에 힘입어 남종암은 확장되고 여기에 일대 선원으로서 남종사(南宗寺)가 생기게 된 것이다. 이 남종사에는 유명한 다쿠안화상이 살았던 적도 있었다.

이 다이린화상도 명승으로, 고나라천황에게서 불인원조선사(佛印圓照禪師)의 호를 받고, 또 오기마치천황(正親町天皇)에게서도 정각보통국사(正覺普通國師)의 휘호를 받았다. 또한 그는 일찍이 청양전(淸涼殿)에 초대되어 지존의 물음에 봉답하여 칭찬을 받은 명승이었다. 게다가 아(阿), 찬(讚), 여(予), 토(土), 천(泉), 하(河)의 육주의 주(主)로서 장군의 집사가 되어 천하를 호령하고 있던 미요시 나가요시가 제자의 예를 취하고 있었기 때문에 사카이의 부호들이 너도나도 앞다퉈 참선했던 것은 당연한 일이었다. 그래서 다케노 조오도 기타무키 도친도 또 타니 소린(谷宗臨)도 모두 다이린화상의 봉하(棒下)에 찾아갔던 것이다.

조오가 다이린화상에게서 잇칸(一閑)거사의 호를 받았던 것은 덴분(天文) 18년(1549년) 조오 48세 때라고 한다. 그때 다이린의 노래에 다음 같은 것이 있다.

> 일찍이 맺은 미타무애의 인연 (曾結彌陀無碍因)
> 종문이 활기의 전륜을 다시 시작하니 (宗門更轉活機輪)
> 다미와 선미가 같다는 것을 짐작하여 (料知茶味同禪味)
> 소나무에 스치는 바람의 뜻이 아직 더러워지지 않은 것을 남김없이 다 알겠노라 (汲盡松風意未塵)

이 노래는 조오가 일찍이 본원사에서 미타정토의 인연을 맺고 있었지만 선문으로 옮겨서 활발한 정신생활에 들었던 결과, 다인으로서 다미와 선미는 동일미인 것을 깨닫고, 선차(禪茶)를 만끽하여 마음으로부터 청정하게 되어서 한 점 티끌의 더러움도 없다는 것을 밝힌 것이다.

조오는 고지(弘治) 원년(1555년) 10월 29일 나이 54세로 병사하였다. 그의 사인에 대하여서는 여러 가지 속설이 있다. 일설에는 노부나가가 초대하였지만 이에 응하지 않았기 때문에 독살당했다고 전하고 있지만, 이것은 연대적으로 볼 때 믿기 어렵다. 조오가 죽었을 때는 노부나가가 22세로 아직 게이키(京畿, 천황이 사는 궁전 주변)에 진출하지 않았다. 노부나가는 조오의 죽음과는 아무런 관계가 없다고 보는 것이 맞다.

4) 명문주의(名聞主義)와 고담주의(枯淡主義)

선은 원래가 고담주의이다. 고담(枯淡), 그 자체라고 해도 좋다. 대덕사의 개산 다이토국사와 같은 분은 고담 그 자체로 선종의 종지에 전념해간다는 것이 근본으로, 불조(佛祖)의 은혜를 느끼고 보은사덕(報恩謝德)을 위해 참된 불법을 설하는 것이 유일한 신조였다. 고귀한 사람들의 귀의를 받고, 명문[44]을 좋아하거나, 큰 절을 세워서 현영(顯榮)을 좋아하는 마음은 조금도 없었다. 그런데 그 당시는 아시카가씨 시대가 되어, 아시카가씨의 현영을 좋아한다는 것은 아니지만 귀의를 받아 자연히 그 방향으로 나아간 것이 오산(五山)의 선승이었다.

이것은 유명한 이야기이지만, 다이토국사의 심부름으로 제자인 가이간 료기(海岸了義)가 남조(南朝)의 요시노(吉野)에 갔다. 도중에 아시카가씨의 부하에게 붙잡혀 오산 사람이나 천룡사의 사람이라고 말하면 그곳은 허용되기 때문에 그렇게 말하도록 명을 받았으나,

---

44) 명문(名聞): 세상의 평판

가이간은 법계(法系)의 일을 거짓으로 말할 수 없어 다이토의 문하라고 완강하게 말하여 끝내 참수되었다는 것이다.

이와 같이 다이토의 문하는 법을 위해서는 확고한 신념를 가지고 있었다. 그 근성의 완강함은 다이토의 손자인 겐가이 소추(言外宗忠)에게도 있었다. 많은 사람 가운데 앉아 있는 쇼군 요시미쓰(義滿)에게 홀로 찾아간 이야기가 있다. 또한 그 손자 잇큐화상은 한두 가지 버릇과 성깔이 있던 사람으로, 명문이나 권세에는 조금도 미련이 없었다. 생각한 것은 바로바로 말하고, 해야 할 일은 거침없이 했기 때문에 명문주의의 법형 요소 소이(養叟宗頤)와는 항상 의견이 맞지 않고 충돌뿐이어서 견원지간이었던 것도 유명한 이야기이다.

대덕사가 남파, 북파로 나뉘었던 시대에도 고가쿠와 다이린은 고담주의로, 역시나 일반인에게 대중화된 종풍이었다. 그 당시의 사카이는 명(明)이나 남만(南蠻)과의 무역항 겸 상업도시로 조닌의 세력이 대단하여 문화를 꽃피울 조건이 갖추어져 있었다. 반면 부호의 사치도 절정이었으므로 북파 고담주의의 선풍을 불어넣기 위해서 남종사라는 근본도량이 만들어진 것이다.

그전에도 잇큐화상이 사카이의 부호에게 '사치를 하지 말라, 사치를 하는 자는 선에는 볼일이 없다, 참선을 허락하지 않고 절교한다'는 시가 잇큐화상의 『광운집(狂雲集)』 가운데에 나와 있다.

그 뒤 고가쿠과 다이린 등의 명승 때도 사치를 금하고, 간소하고 고담하여 명문을 좋아하는 것을 피하고 있었다. 그러나 묘한 것은 명문을 피하여 현영을 좋아하지 않았기 때문에 오히려 부귀한 사람들이 사모하였고, 권세 있는 사람들이 접근해 사원을 세우고, 회향을 의뢰했다. 또한, 차와 친하다 하여 사원에 참석하고, 명승(名僧)을 상견(相見)했으며, 풍류풍아의 도를 즐기게 되었다.

명승이 있는 곳에는 주변이 자연스럽게 그와 같은 풍으로 되어갔기 때문에 북파에 명승이 많이 배출되었고, 이것을 그 번영의 이유로 보지 않으면 안 된다.

5) 조오(紹鷗) 차의 성격

조오는 매우 관유(寬裕)하고 온후하며, 시인풍의 담아한 사람이었던 것으로 전해진다. 조오는 허당선사(虛堂智愚, 1185~1269)의 묵적을 두 폭이나 구하여 차에 사용하고 있었다. 주코가 원오선사의 묵적을 잇큐화상으로부터 받아서 그것을 차의 정신으로 삼은 것은 유명하다. 원오선사는 『벽암록(碧巖錄)』의 저자이며 또한 『원오심요(圓悟心要)』를 비롯하여 많은 저서가 있다. 허당선사도 마찬가지로 『허당록(虛堂錄)』이라는 저서가 있다. 또한 허당선사는 원오선사의 7세손에 해당되며, 이 사람의 밑에 일본의 다이오국사가 입송하여 법을 받았고, 그 법을 다이토국사가 받아서 대덕사에 법을 열었다. 말하자면 허당선사는 다이토국사의 조부에 해당되는 사람이기 때문에 실로 중요한 사람이라고 할 수 있다. 잇큐화상도 허당선사를 숭배하여 자신의 글에 '허당 칠세손 잇큐'라고 서명하였을 정도다. 때문에 조오가 이 허당선사의 묵적을 두 폭이나 소지하고, 그것을 차와 관련하여 사용한 일은 주목해서 볼 필요가 있다.

앞에 말했던 것처럼 조오는 부호의 집에서 태어나 다도구도 실로 훌륭한 것을 소지하고 있었다. 그럼에도 불구하고 선의 고담한 다도에 친하여, 주코를 숭상하고 주코의 차 정신을 살리는 데 마음을 다하였다. 『산상종이기(山上宗二記)』에 '구(鷗)는 당세에 아주 통달한 사람(堪能), 지도자(先達), 중흥(中興)'이라고 하고 또한 '모든 다탕풍체(茶湯風体)는 선(禪)'이라고 하여 조오 차의 성격을 선이라고 단언하고 있다. 또한 조오는 선의 성격을 나타내기 위해서 주코의 차에 대해 철저하게 개량해야 할 부분은 개량하고, 면목을 일신하려고도 하였다. 이것은 『남방록』에도 주코에 관해서

> 다다미 네 장 반 넓이의 다실은 주코의 설계이다. 정식의 손님 방으로 도코노마에는 매끄러운 고급 벽지를 바르고, 삼나무 널판의 테두리 없는 천장, 얇은 널판 조각으로 지붕을 이어 보형(寶形)으로 지은 한 칸 마루이다. 소중히 간직하고 있던 원오의 묵적을 걸어 다이스를 장식했다.[45]

라고 하고, 조오에 대해서는

> 조오에 이르러 다다미 네 장 반 다실의 여기저기가 고쳐졌다. 도코노마에 발랐던 고급 벽지는 흙벽으로 하고, 나무 격자 대신에 소박한 대나무 격자로 바꾸었다. 미닫이의 아랫부분에 대는 널판도 떼어냈다. 마루의 칠을 엷게 하거나 또는 칠하지 않는 원목으로 하였다. 이런 다실을 조오는 초암의 다실이라고 했다.[46]

라고 말하고 있다. 조오는 거처를 교토 4조로 옮기고, 다다미 네 장 반의 다실에 후쿠로다나(袋棚)[47]를 창의하고 유유자적하게 다사를 즐긴 것이다. 그 교토의 저택 옆에 에비스도(惠比壽堂)가 있었기

45) 박전열, 『남방록 연구』(이른아침, 2012)에서 인용
46) 박전열, 위의 책
47) 후쿠로다나(袋棚): 다도에서 쓰는 찻장의 하나

때문에, 거처를 다이코쿠안(大黑庵)이라고 이름 하였다. 그리고 자신이 창의했던 후쿠로다나에 대해 교카(狂歌)[48]를 불렀다.

> 내 이름을 다이코쿠안(大黑庵)이라고 하니까 후쿠로다나(袋棚)야말로 비사(秘事)가 깃들어 있는 것이다.

라고 하고 훗날에는 후쿠로다나를 '조오다나(紹鷗棚)'라고도 하였다. 조오의 제자 리큐는 이에 관해서

> 조오 선생이 후쿠로다나를 만들 때 명언이 있다. "후쿠로다나에 어떤 것을 칠하고 어떤 것은 금, 은가루로 표면에 무늬를 넣고, 짜 맞추는 것을 하지 말 것, 있는 그대로 판자로 두고, 그렇게 하는 곳에 모노스키(物數寄)가 있다"라고 말씀하신다. 대체로 '물(物)한다'라는 것은 거칠면서 깨끗하고 빈틈없는 것을 말하며, 짜 맞추어 치장하는 일은 스키도(數寄道)에는 사용하기 어렵다.(野村宗覺宛, 『리큐전서(利休伝書)』)

라고 하여 이 모노스키(物數寄)는 일체의 장식을 배제하고 단지 물(物) 본래의 아름다움을 자연의 모습으로 나타낸 것으로, 그러한 마음의 자세는 선의 태도와 일치하는 것이며, 선의 정신이 그대로 조오의 다도에 들어가 살아났다고 해야 할 것이다.

---

48) 교카(狂歌): 풍자와 익살을 주로 한 짧은 노래

6. 다도의 완성

1) 조오(紹鷗)와 리큐(利休)

조오는 후쿠로다나(袋棚)를 창작하였다. 그 밖에 토후로(戶風爐), 나츠메(棗形) 차이레, 목지(木地)의 미즈사시(물항아리) 등도 창작하여 와비의 양식을 더욱 구체화하였다. 순수하고, 주의 깊으며, 뽐내지 않는 것, 사치나 교만하지 않는 것을 '와비'라고 하였다. 즉 조오가 리큐에게 준『와비(侘)의 글(文)』에

> 와비라는 말은 옛사람도 여러 노래에서 읊고 있지만, 근간에는 정직하고 조심하며 깊이 겸손하며 뽐내지 않는 모양을 와비(侘)라고 한다.

라는 구절이 있다. 이 와비는 '말주변이 없어 말할 수 없지만 마음에 들어서 즐기고 있다'라고 하는데, 이 와비의 마음이 다도의 극의(極意)라고 말하게 되었던 것은 리큐에 의해서 더욱 구체적으로 추진되었다고 말할 수 있다.

그래서 리큐에 이르러 다도는 완성되었다고 하는데 그 근원은

스승 조오에게 있다. 또한 후세에는 사람에 따라서는 리큐보다도 조오를 존경하는 사람도 있다. 가령 노부나가(信長)의 동생 오다 우라쿠(織田有樂)과 같은 사람과 혼아미 고에쓰(本阿彌光悅) 같은 사람이 대표적이다.

혼아미 고에쓰는 리큐의 손자 소탄(宗旦)과 서로 터놓고 차의 친구가 되었지만, 리큐가 다기를 지나치게 즐기고, 신분에 맞지 않는 고가의 진기를 사용하는 기풍으로 향했던 것은 '리큐의 가르침이 좋지 않았기 때문이다'라고 하였고, 나아가 『본아미행상기(本阿弥行狀記)』에

> 여독은 계속 끊이지 않을 것입니다. 아무리 세상에 널리 알려진 명인일지언정 이와 같은 실수는 있는 법입니다. 차를 즐기되 그릇에 마음이 이끌려서는 안 됩니다. 도구는 그저 도구일 뿐, 그러나 혹여 기예가 탁월한 사람은 그 역량에 걸맞게 도구를 사용해야 한다는 조오의 소중한 가르침이 있었습니다.

라고 하여 고에쓰의 만년은 자신의 비장의 진기(珍器)를 친척, 지인에 나누어주고, 자신은 이름도 없는 새 그릇으로 다도를 즐겼다는 유명한 이야기가 있다.

2) 리큐 차의 계보(茶系)

센노 리큐는 사카이에서 생선가게 창고업을 하는 부모님 밑에서 태어났지만 조부는 쇼군 요시마사의 도보(同朋) 센 아미(千阿彌)였다. 어릴 때 이름은 요시로(與四郎)이며 17세 때 기타무키 도친(北向

道陳)에게 가서 차를 배웠다. 도친은 조오와 함께 본원사와 관계가 있었던 사람이지만, 남종사의 다이린화상과도 함께 참선하여 스키의 도에 친했다. 『계수기자구실(堺數寄者口實)』에 의하면

> 도친과 조오의 스키에는 선암(禪庵)의 마음(선의 마음)도 버리기 어렵다고 하며, 이 두 사람이 통하는 인연에 끌려서 무라사키노(紫野) 다이린이 그 무렵 사카이에 머물고 계셔서 불법을 소망했다.

라고 말하고 있다. 다도에서는 두 사람의 사상적 차이가 있었던 모양이지만, 그들은 좋은 친구이며 서로 선차의 도를 연마했던 사람이다. 리큐는 처음에 도친을 스승으로 삼았고 도친의 소개로 19세 때에 조오를 만나 그의 차를 배웠다. 그는 그때 소에키(宗易)로 이름을 고쳤다. 여기에 리큐가 이어받은 차의 계보를 표시하면 다음과 같다.

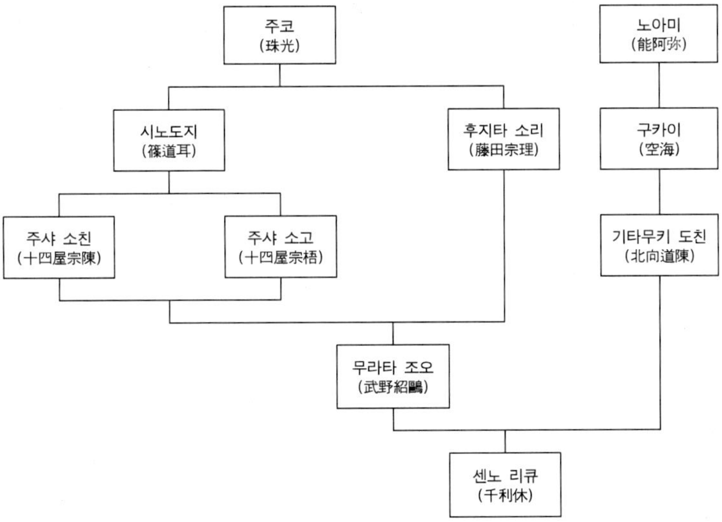

기타무키 도친은 구카이(空海)의 제자이다. 구카이는 노아미(能阿彌) 문하이며 성은 시마(島) 이름은 샤쿄(左京)로 중판(中板)을 창작했던 사람이라고 한다. 처음으로 사카이에 정착하여 사카이의 신흥시민에게 다도를 가르쳤다. 그 가운데에 기타무키 도친도 가세하여서 마침내 다도로 이름을 얻었다. 기타무키란 본원사의 북향을 위해 일했기 때문에 붙여진 이름이고, 북향이란 렌준(蓮淳)의 사녀(四女) 게이주인(慶壽院)이다. 게이주인도 다도에 친하고, 손친(尊鎭) 법친왕(法親王)과도 특별한 사이였다. 그런데 앞에 말했던 조오는 본원사에 관계가 있었기 때문에 도친과도 같은 종파의 관계이고, 거기에 다도에서도 친해져 서로 빈번하게 왕래하게 되었으며, 두 사람의 사이에서 다성 리큐가 육성되었던 것이다.

조오는 주샤 소고(十四屋宗梧) 및 주샤 소친(十四屋宗陳)에게 사사했을 뿐만 아니라 후지타 소리(藤田宗理)에게도 사사했다. 소리를 주코의 제자라고도 하고 주코의 제자인 인세쓰(引拙) 밑에 두는 계보도 있다. 주코, 인세쓰, 조오 세 사람은 함께 후세 차의 명인으로서 존경을 받았다. 한때 인세쓰도 이름을 날렸던 사람이었고, 인세쓰가 죽은 뒤에는 소리가 차의 대표자로 거론되고 있었기 때문에 조오는 그 문하를 방문하였을 것이다. 이리하여 조오라고 하는 명인 아래에 센노 리큐라는 걸물이 나타나게 된 것이다.

리큐가 조오의 문하를 방문하였던 일이 도친의 소개인 것은 앞에서 설명하였다. 이 일은 『계수기자구실(堺數寄者口實)』에 다음과 같이 나와 있다.

> 사카이 미나미소이마이치(南庄今市)에는 센 요시로(千與四郎)라는 선조가 오랫동안 살았다. 이 사람은 17세부터 차노유에 마음이

끌려, 도친에게 왕래하며 도를 익혔다. 19세 때 도친이 요시로(與四郎)를 조오에게 이야기할 기회가 있었는데, 요시로가 다탕에 관심을 보이며 공손하게 우리들이 있는 곳으로 왔다. 차를 내는 것도 보기에 거북하지 않고, 상담에서 말을 조금 하는 것도 좋아 보여 조오에게 이야기하니까 차를 마시게 하자고 말했다. 도친의 양자 요지로(與二郎)에게 이 요시로를 도신[49]으로 해서 조오에게 보냈다. 이는 사월 풍로를 좋아하여 차를 정중히 내려주시니 그 마음이 좋았다. 이번 겨울에 또 이로리의 차를 허락해주셨다.

센 요시로는 리큐를 말한다. 이것에 의하면 도친이 본 리큐는 '차를 내는 것도 보기에 좋았고, 상담에서 말을 조금 하는 것도 좋다' 라고 말하고 있다. 여기서 상담(相談)이란 여러가지 일에 대한 담합(談合)으로 사사로운 일에 왈가왈부하지 않고, 시시한 말은 하지 않았던 것이 젊은 날 리큐의 모습이라고 볼 수 있다.

그런데 리큐를 어떻게 보았을까? 조오는 명인이 명인을 보는 눈으로 리큐에게 와비의 정신을 전하고 있었다. 즉, 앞에 들었던 『와비의 문』 1절에서 조오는

차를 나눈다 함은 속세에서 조용히 물러나 유유자적을 즐기는 곳에 오랜만에 반가운 지인께서 찾으시면, 차와 다과를 정성껏 내어 대접하며 어떻게든 아름다운 꽃 몇 송이라도 마련해서 평안히 위로하는 모습입니다. 제 스승께서 "일심을 벗어난 행위란 없다. 이 또한 마음과 마음이 통하지 않는 바로써 그 이루고자 하는 마음을 본성이라고 한다면 이는 자신도 모르게 설령 그 뜻한 바를 이루어 바람직하다고

---

49) 도신(同心): 하급 관리

> 할지라도 실로 기묘한 일이라고 해야 할 것이다."라고 말씀하셨습니다. 그대(리큐)는 범상한 사람이 아닙니다. 이미 다도에 관한 사리판단과 안목 그리고 다도의 본질을 다 꿰고 있으므로 틀림없이 명덕(明德)과 같습니다.

라고 말하며, 이미 이 무렵 다인으로서 성장하고 있었던 리큐를 조오도 특별한 눈으로 보고 있었던 것을 알 수 있다.

또 조오는 특히 '와비'라는 일을 리큐에게 전수하고 있었다. 그 이전 다도에는 '사비'라는 것이 있었다. 즉 주코의 '근경청적(謹敬淸寂)' 가운데 적(寂)은 '사비'이다. 쓸쓸하고 적적함, 고고(枯高), 유현(幽顯)의 의미가 담겨 있다. 그것을 거듭 '와비'라고 하여 조오는 리큐에게 와비가 가지는 의미를 다음과 같이 가르치고 있다.

> 천하 와비의 근원은 저 옛날 천조어신(天照御神)으로 일본의 군주이며 금은보화를 아로새겨 넣고 궁전을 세우심에 누가 있어 감히 마다할 리가 있겠습니까만, 비록 소박한 억새 지붕과 거친 흑미밥 공양 등 그 외 하나에서 열까지 삼가 정성을 다해 모신 일과 같이, 이는 세상에 뛰어난 다인의 경우도 마찬가지입니다. 옛것을 함부로 버리지 않고 또한 새것을 애써 구함이 없는 경지가 무엇보다 중요합니다. 작금도 옛것을 구하여 보물로 삼고자 하는 풍속이 만연하고 있습니다만 참으로 한탄스러운 일입니다. 세월이 흘러 그 자취와 흔적은 사라지며 한낱 장사꾼의 비천한 업이 될까 이는 자못 슬픈 일이 아닐 수 없습니다. 와비라고 하는 글자를 두고, 옛적 고매한 공법사께서도 수일간 사유하였으나 깨닫지 못하였습니다. 본래 무소유의 사람은 늘 자신의 수중에 넣기 힘든 법입니다. 송구스럽기만 합니다.

3) 리큐와 대덕사(大德寺)

리큐는 처음 다이린화상에게 입문하여 가르침을 받았다. 스승 도친, 조오가 모두 다이린화상에게서 참선을 하고 있었기 때문에 리큐 또한 처음에는 다이린화상에게 가르침을 받았던 것으로 보인다. 다음에는 다이린화상의 제자 쇼레이(笑嶺)화상에게 입문하여 가르침을 받고, 또 그 제자 고케이화상의 밑에서도 참선을 했지만 이것은 차를 함께하는 친구로서 친했던 것으로 생각된다. 여기서 대덕사에 있는 다이린화상 이후의 법계 가운데 유명한 사람을 소개해보고자 한다.

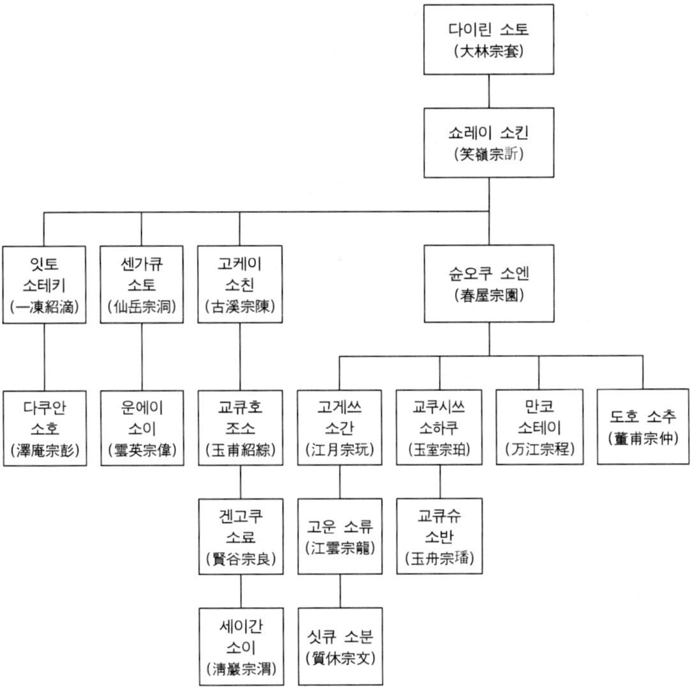

쇼레이 소킨은 에이로쿠(永祿) 원년(1558년) 10월 17일 칙명에 의하여 대덕사에 입사해, 에이로쿠 3년 4월 재주개당(再住開堂)을 한다. 에이로쿠 9년 미요시 나가요시(三好長慶)의 아들인 의계(義継)가 망부(亡父) 나가요시의 명복을 빌기 위해 취광원(聚光院)을 창건하고 쇼레이(笑嶺)를 개산조로 하였다. 노부나가, 히데요시의 귀의도 후하여 본능사(本能寺)의 변 이후 노부나가 법회(法要)의 도사(導師)[50]를 수행한 것도 쇼레이화상이었다. 문하에 사신족(四神足)[51]이 있고, 북파로 하여금 뛰어난 인재가 많이 있게끔 한 명승이었다. 센노 리큐도 이 스승에게 입문하여 가르침을 받았다. 덴쇼(天正) 10년(1582년) 11월 29일 79세로 입적하였으며, 오기마치천황(正親町天皇)에게서 조심본광(祖心本光)선사의 호를 받았다.

슌오쿠 소엔(春屋宗園)은 에이로쿠 12년(1569) 3월 28일 칙허를 받아서 개의하고, 4월 18일 남종사에 관해서 개첩(開帖), 겐키(元龜) 2년 4월 1일 재주개당(再住開堂), 삼현원(三玄院), 용광원(龍光院)을 창건한다. 많은 공가무인(公家武人)의 귀의를 받고 그 당시의 선계(禪界)에 왕자의 관록을 나타냈다. 덴쇼 14년(1586년) 오기마치천황(正親町天皇)으로부터 명원천진(明源天眞)의 호를 받는다. 나가요시(慶長) 5년(1600년) 고요제이천황(後陽成天皇)에게서 대보원감(大寶圓鑑)의 국사(國師) 호를 받았고. 게이초 17년(1612년) 2월 9일 나이 83세로 입적하였다.

고케이 소친(古溪宗陳)은 덴쇼 원년(1573년) 정월 17일 칙명에 의하여 대덕사에 입사, 덴쇼 10년(1582년) 히데요시가 총견원(總見院)을 창건하여 노부나가의 공덕을 비는 곳으로 하고, 고케이화상을

---

50) 도사(導師): 법회 때 중심이 되는 승려

51) 사신족(四神足): 제자 중에 특히 뛰어난 제자를 신족이라 한다.

개산조로 하였다. 그는 센노 리큐의 스승이자 또 차를 함께 하는 벗으로서도 가장 친하였다. 한때 대덕사의 산문에 리큐의 목상(木像)을 세운 것이 문제가 되어 하카다(博多)로 쫓겨났지만 뒤에는 사면되었다. 나가요시 2년(1597년) 정월 17일 66세 입적하였다.

교쿠시쓰 소하쿠(玉室宗珀)는 게이초 12년(1607년) 2월 19일 칙명에 의하여 대덕사에 입사하고 방춘(芳春), 태원(太源)을 창건한다. 겐나(元和) 6년(1620년) 고미즈노오천황(後水尾天皇)에게서 직지심원(直指心源)선사의 호를 받았고, 간에이(寛永) 6년(1629년) 막부(幕府)의 종법(宗法)에 저촉되어 오슈 아카다테(奥州赤館)에 유배되었다. 간에이 9년에 사면되고 간에이 8년(1641년) 5월 14일 70세에 입적한다.

다쿠안 소호(澤庵宗彭)는 나가요시 14년(1609년) 3월 4일 칙명에 의하여 대덕사에 입사하고 6년 자의출세(紫衣出世)의 사건에 관계되어 우슈(羽州) 가미노야마(上山)에 유배되었다. 그는 간에이 9년에 사면되어 이에미츠(家光)의 귀의를 받고, 시나가와(品川)에 동해사(東海寺)를 열었다. 고미즈노오천황도 다쿠안화상에 법을 듣고 국사호를 주려고 하였지만 사양하고 대덕사 제2세 뎃토우(徹翁)화상을 주청했던 것은 유명한 일이다. 검(劍)의 대명(大名) 야규다지마노가미 무네노리(柳生但馬守宗矩)와도 친교가 있었다. 쇼호(正保) 2년(1644년) 12월 11일 73세로 시적(示寂)하였다.

고게쓰 소간(江月宗玩)은 사카이의 대다인 쓰다 소규(津田宗及)의 아들로 나가요시 5년(1610년) 11월 15일 태어나 나가요시 17년(1612년) 10월 6일 봉칙재주(奉勅再住)하고, 간에이 2년(1625년) 고미즈노오천황에게서 대량흥종(大梁興宗)선사의 호를 하사받았다. 간송(看松), 촌송(寸松), 고봉암(孤蓬庵) 등을 창건하고 본산의 법당도 세운 공적이 있는 사람이다. 간에이 20년(1643년) 10월 1일 70세에 입적하였다.

세이간 소이(淸巖宗渭)는 간에이 2년(1625년) 10월 10일 칙명에 의하여 대덕사에 입사한다. 간분 원년(1661년) 고사인천황(後西院天皇)에게서 청정본연(淸淨本然)선사의 호를 받았다. 센 소탄의 스승이며 다쿠안이 죽은 뒤 시나가와(品川)의 동해사(東海寺)에서 살았다. 간분 원년(1661년) 11월 21일 71세로 입적하였다.

4) 리큐의 전반생(前半生)

리큐거사의 호는 덴쇼(天正) 13년(1585년) 9월 7일 금중소어소(禁中小御所)의 어차회(御茶會) 때 칙사(勅賜)된 이름이다. 즉 히데요시가 오기마치천황의 어전에서 궁중다탕(禁中茶湯)을 집행하려고 할 때 소에키(宗易)로는 어전(御前)에 나갈 수 있는 자격이 없기 때문에 거사호를 붙여서 어전의 차탕을 집행하게 된 것이다. 고케이화상으로부터 '리큐'라는 거사호를 받았다는 사정을 전하고 있다. 소에키라는 이름도 선승으로부터 받았으며, 그 외에도 후싱안(不審庵)이라든가 호센사이(抛筌齋)라고 부르는 것이 모두가 선어에서 비롯된 이름으로, 리큐의 마음도 여기에서 읽을 수가 있다.

리큐는 고지(弘治) 원년(1555년) 4월 34세 때 스승 조오를 정객(正客)으로 하여 다회를 열었다. 그 해 10월에 조오의 타계를 만나고 이후 다도자 소에키로서의 사회적 지위가 해마다 향상되어갔다. 그의 선배 격에 해당하는 쓰다 소다츠(津田宗達)와 텐노지야 소칸(天王寺屋宗閑)을 초대하기도 하고, 초대받기도 하였으며 이마이 소큐(今井宗久), 쓰다 소규(津田宗及) 등과도 가까이하며 서로 다도를 연구해나갔던 것이다.

그런데 이 시대에는 '영웅의 차'라 하여 무가(武家)가 진중(陣中)에서 다사를 하는 일이 유행이었다. 거기에 다두(茶頭)로서 차를 내거나 혹은 성내에 다옥을 건축하여 다회를 할 정도로 다도 본래의 입장에서 본다면 나쁜 일은 아니지만 거기에는 권세로 다가가려는 기풍이 싹튼 점에 크게 주목할 필요가 있다.

리큐가 노부나가에게 접근한 것은 선배 격의 이마이 소큐의 소개로 보이는데 겐키(元龜) 원년(1570년) 4월 2일 처음으로 노부나가를 만난 것으로 알려져 있다. 그때 리큐의 나이 49세였다. 『신장공기(信長公記)』에 의하면 덴쇼(天正) 3년(1575년) 10월 28일 교토 묘광사(妙光寺)의 신장공어회(信長公御會)에 '다도자 소에키(茶道者 宗易)'로 나와 있기 때문에 이 무렵부터 노부나가에게 임용되어 아즈치성(安土城) 안에도 다옥을 건축하여 다회를 열고, 와비의 차에 작의(作意)를 넣었던 것으로 보인다.

그리고 노부나가의 사후에 히데요시가 대신하자, 히데요시가 차를 좋아하는 것에 대해서 리큐는 먼저 무엇보다도 와비차를 추천하였다. 종래는 다다미 네 장 반의 자리를 다다미 두 장의 작은 자리로까지 줄였다.

다다미 네 장 반이라는 것은 한 장(一丈) 사면(四面)으로 방장(方丈)이다. 유마거사(維摩居士)의 거실이 방장이었다라는 것에서 유명하다. 거기에서부터 다다미 네 장 반의 다실이 선호되고, 그 토벽에 계란색(담황색) 백지를 바르고 그 위에 그림을 그렸는데 주코는 그것을 거칠게 하였다. 그는 그림을 그리지 않고 무지를 좋아하였는데 이는 간소의 의미를 나타내었다고 한다. 나아가 토벽 상태 그 자체로 좋다는 리큐는 '황폐한 벽에 족자를 걸어서 즐겁다'라고 말했다고 『송옥필기(松屋筆記)』에 기록되어 있다.

하여튼 리큐는 주코 숭배자로 많은 다회에서 주코 향로를 장식하고, 주코 다완으로 차를 내기도 하였다. 또한 주코가 인가로써 잇큐화상에게서 받았던 원오선사의 두루마리를 족자에 사용했던 일은, 리큐가 얼마나 주코를 존경하고 선과 친숙하여 다선일미의 와비 생각에 가득 차 있었는가를 알 수 있다.

또한 '마음이 이르는 곳은 초암의 작은방[52]보다 더 나은 것은 없다'라고 스승 조오에게 이야기한 후 다실을 다다미 두 장으로 만들었던 것이다. 여기에 관해서는 『남방록』의 서두에

> 소좌부의 차노유는 먼저 제 일을 부처님의 가르침으로 하여 수행득도하는 일이다. 화려한 가옥에서 진수성찬을 즐거워하는 일은 세속의 일이다. 집은 비가 새지 않는 정도면 족하고, 식사는 배가 고프지 않을 정도에 만족하는 것이다. 이것이 부처님의 가르침이고 차노유의 본의이다. 물을 긷고 나무를 하고 탕을 끓이고 차를 내어서 부처님께 바치고 사람들에게도 베풀며 나도 마시고 꽃도 꽂고 향도 피우는 것 모두 불조의 행을 배운 후에 배우게 된다.

라고 말하고 있어 모두 선으로부터 드러난 심경의 모양을 보여준다.

또한 『남방록』 '멸후(滅後)'의 글에는

> 소에키는 그의 법식을 방편으로 삼아 좀 더 높은 곳에도 오른다는 뜻을 가지고 대덕사, 남종사 등의 스님들께 열심히 참선을 배운다. 아침저녁으로는 선림의 청규를 기본으로 하여 그의 서원 결구의

---

52) 작은방(小座敷): 다다미 네 장 이하의 좁은 다실

> 대자 양식을 간략하게 하고, 노지의 한 경계, 정토의 세계를 열며, 다다미 두 장 자리에 한거하여, 땔감을 하고 물을 길어 나르면서 수행한다. 이래서야 겨우 한 잔의 차에 진미가 있는 것을 어렴풋하게 느낄 수 있다.

라고 말한 것은 어떻게 리큐의 차가 선으로부터 나왔는지를 말하기에 충분하다. 덴쇼 10년(1581년) 8월 히데요시가 조슈야마사키(城州山崎)에 성을 쌓을 때 그곳의 묘희암(妙喜庵) 안에 유명한 대암(待庵)이라는 다다미 두 장의 작은 다실을 만들게 하고, 거기서 와비의 다사를 하여 히데요시에게 차를 권했다. 또 그 이듬해 오사카성(大板城)을 지을 때에도 야마자토마루(山里丸)의 한정(閑靜)한 곳에 다다미 두 장의 스키야(數寄屋)를 리큐가 지도하여 만들었으며, 그 이듬해에, 즉 덴쇼 12년 5월 3일 아침에는 스키야를 열었던 일도 유명하다. 그리고 그 전후에 히데요시를 중심으로 하여 다회를 여러번 열렸지만, 모두 이마이 소큐, 쓰다 소규 등과 함께 다두를 맡아 다사 일체의 일을 지배하였던 것이다.

5) 리큐의 후반생(後半生)

리큐가 처음으로 리큐거사라고 호를 붙인 것은 덴쇼 13년 9월 7일 궁중다탕을 맡았던 때부터다. 이 일은 『종야주수기(宗野主水記)』에도 다음 같이 나와 있다.

> 교토에는 수길공사태갑(秀吉公沙汰甲)되시어 궁중에 다탕이 있다. 비록 그 사례는 없지만 당시 히데요시가 다도에 열심이었기 때문에

소에키를 리큐거사로 만들어 궁중에서 다도를 하게 하였다.

이것에 의해서 리큐라는 이름의 유래도 알 수 있다. 그리고 그 무렵부터 리큐는 다도에 있어서 천하제일의 종장(宗匠)으로서 스스로도 인정하고, 다른 곳에서도 추대되었던 것이다. 즉 천하일(天下一)이라는 것은 제례장려(諸禮奬勵)를 위해서 노부나가가 허가한 칭호라고 하지만, 히데요시도 이에 따라서 제례에 걸쳐서 천하일의 기분을 내었기 때문에 차에서는 리큐가 천하제일로 불리었던 것이다. 그리고 히데요시는 궁중에 입궐할 때도 리큐를 동반하고 다사를 행하게 했으며, 그가 말하는 것이라면 무엇이라도 채택하였다. 또한 리큐도 히데요시에게 정치적인 것과 외교적인 것에서도 여러 가지를 진언했던 것 같다. 그래서 '리큐가 아니고는 관백양(關白楊), 히데요시에게 한 마디도 말씀을 드리는 자가 없다'라는 말조차 하게 되었다.

다두 여덟 사람의 첫째로서 불과 삼천 석의 녹봉밖에 받고 있지 않았지만 리큐의 권세는 실로 대단한 것이었다. 그것 때문에 여러 대명(大名)들도 모두 리큐 아래에 모여서 다사를 익히고 차의 정신을 배우는 일에 전념했다. 즉 후루타 오리베(古田織部)를 비롯하여 리큐 문하의 칠철(七哲)이라고 하는 호소카와 산사이(細川三齊), 가모 우지사토(蒲生氏鄕), 아라키 무라시게(荒木村重), 오다 우라쿠(織田有樂), 후루타 우콘(古田右近), 시바야마 겐모쓰(芝山監物), 사쿠마 쇼겐(佐久間將監) 등의 걸출한 사람을 들고 있지만, 그 외에도 고바야카와 다카카게(小早川隆景), 도요토미 히데나가(豊臣秀長), 마키무라 효부(牧村兵部), 세타 가몬(瀨田掃部)이 있고 이마노우에 소지(山上宗二), 난보 소케이(南放宗啓), 스미요시야 소무(住吉屋宗無), 모즈야 소안(万代屋宗安), 주소호(重宗甫), 히사다 소에이

(久田宗榮) 등의 다인들도 더해져서 실로 많은 수의 문하를 거느리게 되었던 것이다.

그래서 리큐의 차는 명인의 영역에 도달하게 되어 후세에서는 다성으로 추앙받는 지위까지 얻게 된다. 또한 거기에는 차 위에 선미를 품고 있으며 차의 정신이라 할 수 있는, 말할 수 없이 존귀한 것이 있다. 그것은 다이린화상에게 입문하여 가르침을 받고, 쇼레이 화상에게 가르침을 받았으며, 나아가 고케이화상에게도 입문하여 가르침을 깊게 받아 삼십 년의 긴 시간을 보냈기 때문이다. 선에 있어서 '고결한 식견'을 갖추고, 권세도 어떻게 할 수 없는 선의 '저 한 물건(那一物)'을 확실하게 자기 것으로 만든 것이다. 때문에 이것을 세속적인 말로 하자면 패기만만하여 호곡과단(豪穀果斷)한 누구도 꺼릴 게 없는 풍정(風情)이 되어 마침내 독재자 히데요시와 정면충돌하는 시기가 도래하게 된다.

리큐가 가장 가깝게 스승으로 모시고 있던 고케이화상이 어떤 사건으로 히데요시의 분노를 사게 되고 규슈에 유배당하는 몸이 되었다. 그를 송별하는 다회가 1588년 9월 4일 주라쿠(聚樂)의 리큐 저택에서 개최되었다. 손님으로 슌오쿠(春屋), 고케이, 교쿠호(玉甫) 세 화상을 초대하였고, 그때 걸었던 족자는 허당선사(虛堂禪師)의 묵적(墨蹟)으로 알려져 있다. 그러나 그것은 리큐의 것이 아니었다. 히데요시로부터 표구 수리를 부탁받았던 귀중한 물건을 아무렇지도 않게 걸었던 리큐의 태도는 정말로 대담함의 극치였다.

이 하나의 일을 보아도 리큐의 기골은 도저히 상상을 할 수 없는 것이었다. 후일 마침내 히데요시의 노여움을 사 할복을 명령받았던 직접적인 원인인 대덕사 산문 누각 위에 안치한 리큐 목상의 사건도, 그 일의 유래나 진상을 알 수 없다 하지만 그 외면에 나타난 사실만으로도 선의 살불월조(殺佛越祖)적인 면을 충분히 엿보이는 것으로 생각된다.

아무리 리큐가 훌륭한 천하 제일의 차의 종장이라고 해도 칙사(勅使)로부터 관백(關白)[53] 이하의 지체 높고 이름 난 사람만이 통과하는 산문의 누각 위에 설도(雪蹈)를 신고 지팡이를 든 무위의 인간 목상을 만들어둔다는 것은 허용하기 어려웠다. 그 이유로 덴쇼 19년(1591년) 2월 13일 리큐는 향리의 센슈 사카이에 칩거 근신할 것을 명령받는다. 그는 그날 안에 사카이에 돌아와 15일 동안 그곳에서 지냈다. 그 사이 리큐의 목상은 대덕사의 산문 누상 위에서 끌어내어져 주라쿠(聚樂) 대문(大門)의 모노리바시(戾橋)에서 사지가 찢기게 된다. 목상의 책형(磔刑)이란 이전에도 이후에도 없는 일이었다.

그래서 이에 관계했던 고케이화상 등도 사지가 찢기는 처벌을 받게 되는 것을 히데요시의 생모 오오만도코로(大政所) 등의 간청에 의해서 간신히 구명되었다. 그런데 리큐도 오오만도코로로부터 관백에게 간청하라는 밀사를 여러 번 받았지만 리큐는 완고하게 그녀의 말을 듣지 않았다. 부녀자의 중재로 죽음을 모면하는 것은 후세에 가서 들으면 좋지 않다고 하여 오오만도코로의 청을 완고하게 물리치고 같은 달 28일에 조용히 최후의 다사를 연 뒤 그곳에서 자결하였다. 마이타아 와지노카미(蒔田談路守)가 개착[54]하였고, 그는 그때의 임종게로서 다음과 같은 말을 남겼다.

인생칠십 (人生七十)
아! (力口希咄)

---

53) 관백(關白): 천황을 대신해서 정치를 행하는 직책
54) 개착(介錯): 목을 쳐주는 일

나의 보검 (吾這寶劍)

조사도 부처도 함께 죽인다 (祖佛共殺)

이 게 가운데 '力口(りきい)'란 힘(力)과 구(口, 力)를 두 자로 나눈 것으로, 본래는 배를 출항시킬 때 위세 좋게 내는 'かけ聲'(장단소리, 성원소리)이다. '희(希)'는 희(晞)로 곡에 가까운 고함을 치는 소리, '돌(咄)'은 비탄의 소리, 호통치는 소리이다. 즉 우리들도 칠십 년이라는 인생의 긴 시간을 보내왔지만 지금 생사의 강가에 서면 아무것도 없다. 미오(迷悟)도 없고 범성(凡聖)도 없다. 양쪽머리를 한꺼번에 자르는 데는 서슬 푸른 한 칼이다. 아아! 조불(祖佛)도 같이 끊어버리고 일여절대(一如絶代)의 나일물(那一物)에 들었다는 정도의 의미일 것이다.

마지막으로 깨달은 참으로 훌륭한 점은 선승보다 더하지만 뒤지는 바가 없다는 것이다. 향년 70세로 그의 묘는 연고가 있는 세 곳에 나누어져 있다. 그 하나는 고향인 사카이 남종사(南宗寺), 다른 하나는 대덕사 취광원(聚光院), 또 하나는 대덕사 방장 안의 조촐한 보탑에 있다.

6) 다성(茶聖)으로서의 리큐

히데요시가 리큐에게 죽음을 내렸던 이유는 여러 가지 설이 전해지고 있다. 그중 리큐가 도쿠가와 이에야스와 내통하여 히데요시를 독살시키려고 한 계획이 알려져 처벌된 것으로 보는 설도 있다. 오카쿠라 덴신의 『차의 책』 끝 편에 리큐의 최후의 차노유 장면이 매우 잘 묘사되어 있는데 여기서 그가 히데요시를 독살하려 했다는 증거가 되는 사료는 아무것도 찾을 수 없다.

또한 히데요시가 리큐의 소박맞은 딸을 원했지만 리큐가 이에 완강히 응하지 않았던 데 대해 히데요시가 노해서 죽음을 명령했다든가, 리큐가 천주교 신자였기 때문에 처벌당했다든가 하는 설이 있지만 이러한 설도 도무지 믿을 수는 없다. 단지 대덕사 목상 사건이 직접적인 원인이며, 그 간접적인 원인으로 보이는 것은 리큐의 기골이나 완고함으로, 독단적이고 성급한 행동이 많은 히데요시에게 조금도 꺼릴 것 없이 자신의 생각을 말하고, 해야 하는 것은 주저하지 않고 행하는 리큐의 행동이었다. 즉 앞에서도 다룬 것처럼 고케이화상의 유배 때에 공공연하게 주라쿠의 저택에서 송별회를 열고, 다사를 한 것과 같은 태도가 그것이다. 또한 리큐는 예도가 뛰어나서, 그가 좋아하는 도구는 인기가 높고 고가로 매매되었다는 점도 있다. 가령 리큐가 조지로(長次郎)가 만든 라쿠야키(樂燒) 다완을 즐겨 사용하면 바로 평판이 매겨져 리큐가 좋아하는 다완이라 하여 높은 가격이 형성되었다. 히데요시는 이와 같은 현상을 두고 리큐가 다탕의 도구를 부당한 가격으로 매매하고 감정을 했다고 하며 그를 비난하고 궁지에 몰아넣으려고 했다. 리큐의 다완이 인기 있고 비싼 것은 부정적 행위가 아님에도 불구하고 반대하는 다른 사람의 입으로부터 말이 나오면 여러 가지 비난의 구실이 되어 결국에는 리큐의 몸이 멸망하는 사태가 되었던 것이리라.

후세에는 리큐가 마지막에 무언가 변명을 하였다면 좋았을 것이라든가, 용서를 구했다면 죽음을 피했을 것이라는 의견도 있지만 리큐의 기골은 그것을 허락하지 않았다. '아아 그런가'라고 단호히 죽음을 받아들이고, 비장하게 최후를 장식한 것이, 다성으로서 오늘에 이르기까지 그가 추앙받는 까닭일 것이다. 리큐는 보통의 다인이 아니다.

차에 모든 정신을 쏟아 넣은 다성이다. 실로 훌륭하고 위대하다.

리큐의 차는 여러 가지의 점에서 스승 조오 시대의 것과 구별되고 있다. 그것은 리큐 의도의 새로움을 가리키는 것으로, 그 제자가 썼던 『산상종이기(山上宗二記)』와 난보 소케이(南放宗啓)가 쓴 『남방록』에 의해서 충분히 알 수가 있다. 그중에서도 특히 『남방록』은 선에 있어서 『벽암록』에도 필적하는 차의 경전어록이다. 난보 소케이는 사카이의 남종사 탑두 집운암(集雲庵)의 주인으로 소케이(宗慶, 宗啓로 개명)라고도 한다. 그는 리큐로부터 배웠던 일들을 필기해 놓고, 언젠가 그것을 리큐에게 보여주었다. 리큐는 그것을 보고 '이는 후세를 그르치는 것이므로 공공하게 세상에 나와서는 안 된다'라고 제지하며, 스미하키(黑引)[55]시켰기 때문에 소케이는 아쉬워하며 그대로 자신의 궤짝에 깊이 비장(秘藏)했던 것이다.

그런데 분로큐(文祿) 2년(1593년) 2월 28일 리큐의 3회기(回忌)를 끝내고 소케이는 남종사를 떠났으며, 이후 행방은 알 수 없어 그가 죽은 곳도 알지 못한다. 그러나 그 이듬해 지쿠젠(筑前) 사람으로 다치바나 지쓰잔(立花實山)이라는 사람이 그 글을 발견하여 『남방록』으로 이름을 붙이고 세상에 공표한 것이다. 『남방록』「멸후」에

> 와비차의 본의는 청정무구한 부처의 세계를 나타내는 것이기에 이로지 초암에 이르러서는 세속의 먼지를 털고, 손님과 주인이 함께 직심(直心)을 나눈다면, 규구촌척(規矩寸尺)[56] 등은 반드시 말해야만 하는 것은 아니다. 불을 피우고 찻물을 끓이고 차를 달여서 마시기

55) 스미하키(黑引): 비밀스러운 구절이 누설되지 않도록 이미 기록된 사항을 먹으로 칠하여 지워버린다는 뜻

56) 규구촌척(規矩寸尺): 규제나 차도구를 배열하는 치수, 차를 달이는 법식

까지의 일일 뿐이다 그 밖의 것이 있어서는 안 된다. 이것은 바로 불심이 드러나는 곳이다. 작법이나 인사에 구애받아, 여러 가지 세속의 뜻에 떨어지거나, 손님은 주인의 허물을 발견하여 비판하고, 주인은 손님의 잘못을 찾아내어 비웃는 일은 안 된다. 이와 같은 이치를 자세하게 습득하고 깨달은(悟了) 사람을 기다림에는 때가 없다. 조주를 정주(亭主)로 하고, 달마대사를 손님으로 하고, 휴거사와 내가 로지의 먼지를 터는 일을 할 수 있다면 진실된 차노유의 일회(一會)가 될 것이다.

라고 하여 와비의 본의(本意)는 소규모이면서 세상에 청정무구의 불토를 실현하고, 일시적인 모임, 소수의 사람이지만 거기에 이상사회를 만들고자 하는 마음이 나타나 있다. 또한 차노유의 본의를 『엽은(葉隱)』 제2권에서 다음과 같이 말하고 있다.

차의 탕의 본의는 육근(眼耳鼻舌身意)을 청정하게 한다. 눈으로는 족자와 꽃꽂이를 보고, 코로는 향을 맡고, 귀로는 탕 끓는 소리를 듣고, 입으로는 차를 맛보고, 손과 발을 가지런히 하고, 오근청정이 될 때 마음은 스스로 청정하게 된다. 이는 필경 마음을 맑게 하는 바이다. 나는 26시 가운데 차노유 마음이 떨어지지 않아, 결코 위안거리가 아니다. 또 도구는 대나무만을 상응하는 것이다.

7) 리큐의 차의 완성

리큐는 히데요시의 명령에 따라 참으로 비장한 최후를 맞았지만, 이것도 관점에 따라서는 리큐의 일생을 장식했다고 볼 수 있다.

리큐가 보통의 다인이 아닌 것을 실제 사건을 통해 유력하고 구체적으로 보인 것 같은 결과가 되었다.

히데요시는 당시 차노유의 큰 비호자(庇護者)였다. 다도의 실질적인 창시자이며, 완성자이기도 한 리큐를 마음으로부터 숭배하고, 그가 궁중에 입궐할 때도 동반하여 차에 관하여 듣고, 다기의 감정도 부탁하였으며, 그것을 수집하는 것도 리큐가 맡아서 하도록 했다. 적어도 '리큐라면 믿을 수 있다'고 히데요시는 생각하였다. 그래서 그는 리큐 일파가 주창하는 다도의 정신을 이해하는 것도 가능했을 것이다. 언젠가 리큐의 다회에서 히데요시는 다음과 같은 노래를 리큐에게 보인 적이 있다.

밑바닥을 알 수 없는 마음속 죄다 퍼내었더니
고작 차 한 잔뿐이었음을 비로소 깨달았네[57]

히데요시는 물론 무인이지만 차노유를 좋아한 점에서는 대단히 열의를 쏟았던 것으로 보인다. 그것 때문에 온 나라의 여러 대명까지 모두 다도를 좋아하게 되었던 것이다.

그래서 리큐가 창의(創意)한 취향으로 종래의 다실, 다도구의 종류에 이르기까지 달라졌다. 스키야의 다실이 완성되어 다다미 네 장 반 외에 다다미 세 장, 두 장, 한 장 반이라는 자리가 창의되었다. 다실의 출입에 있어서도 종래는 고귀한 손님은 기닌구치(貴人口)로 출입하고, 함께 온 하인은 니지리구치(躙口)라는 다실 특유의 작은 문으로 출입하던 것을, 신분의 고하를 불문하고 모두 '니지리구치'로 출입하는 것으로 정했다. 또한 다실에 부속된 작은 정원을 로지(露

57) 안수현 연구원 옮김

地)라고 칭하고 이를 완성했다.

로지에 있어서 조즈바치[58], 도비이시[59], 고시가키[60], 고시카케[61], 마치아이[62], 셋친[63] 등도 마련하여 조즈바치의 물 같은 것도 주인이 몸소 긷는다. 그 행동의 경우 선의 깊은 의미가 담겨 있어 참으로 그윽하고 품위가 있다.

또 다사를 할 때의 가이세키요리도 선원(禪院)의 가이세키를 기본으로 하여 와비풍으로 궁리되어, 국 한 그릇과 반찬 두 가지라는 매우 간소한 음식 대접에 입안에서 맛을 음미하는 모습이었다. 다도구는 중국 다완을 쓰지 않고, 오히려 고려, 세토야키(瀨戶), 이마야키(今燒), 라쿠야키(樂燒)의 것이 선호됐다. 차샤쿠(茶杓) 등 와비도구도 모두 죽제(竹製)나 목제(木製)가 사용되었으며, 그것이 도리어 당물보다 상위로 사용되고 고가인 것으로 인식되었다.

또한 도코노마에 걸었던 족자는 다사의 전체 분위기를 연출해내는 존귀한 것으로, 다실에 들어와서 제일 먼저 보게 되는 것이 바로 도코노마의 족자이기 때문에, 선승이 쓴 것으로 어딘지 모르게 깔끔하고 소탈하며, 탈속하여 속기가 없는 것을 걸어두게 되었다. 원오선사, 허당선사와 같은 중국 명승의 족자가 존중되어 일본에서는 '대덕사의 물건'이라 칭하며 대덕사의 개산 다이토국사를 비롯하여 역대 조사의 정말로 담박하고 산뜻한 것, 어딘지 모르게 기품이 높은 족자를 감상하게 되었다. 그러나 특별히 선승의 족자로 제한한 것은

---

58) 조즈바치(手水鉢): 손 씻는 물을 떠놓은 그릇
59) 도비이시(飛び石): 디딤돌
60) 고시가키(腰垣): 낮은 울타리
61) 고시카케(腰掛): 걸터앉는 걸상
62) 마치아이(待合): 대합실
63) 셋친(雪隱): 화장실

아니다. 와카나 하이쿠[64]도 좋다. 그러나 연가(戀歌) 등은 아니고, 자연의 풍아풍류를 맛볼 수 있는 것이면 좋다. 어쨌든 대자연 가운데 인간 본래의 정신을 살려 소좌부의 가운데에 차를 내고, 대자연과 합일하는 것을 목적으로, 선의 경지를 차의 정신 위에 살린 것이 바로 리큐 차의 완성으로 볼 수 있다.

리큐는 '화경청적(和敬淸寂)'을 말했다. 이것을 사규(四規)라고 하고, 나아가 칠칙(七則) 또한 설명하고 있다.

1. 차는 마시기 좋게 끓인다.
2. 숯은 물이 끓을 정도가 좋다
3. 겨울을 따뜻하게, 여름은 서늘하게 한다.
4. 꽃은 들에 피어 있는 것처럼 꽂는다.
5. 정해진 시간보다 좀 일찍 마친다.
6. 비가 내리지 않을 때도 우산을 준비한다.
7. 자리를 함께한 손님에게 마음을 쓴다.

이는 차노유 수행의 주의점을 간결하고 요령 있게 잘 나타낸 것으로, 여기에서 별로 바뀐 것은 없다. 자연스럽게, 무리가 없는 것이 차노유의 정신이다.

64) 하이쿠: 일본의 첫 구가 독립된 5.7.5의 3구 17자로 된 짧은 시

7. 다도의 유파

1) 다인의 계보

다인의 계보에는 여러 가지 이본(異本)이 있어서 모두 같지는 않다. 옛날 것에는 덴포(天保) 3년(1832년) 스즈키 마사미치(鈴木政通)가 정리한 『고금다인계보(古今茶人系譜)』가 있고, 새로운 것으로는 다이쇼(大正) 12년(1923년)에 나고야(名古屋)의 시바야마 준코(柴山準行)가 저술한 『다인계보대전(茶人系譜大全)』이 상세하다. 나아가 최근의 것은 스에무네 히로(末宗廣)의 『다도요람(茶道要覽)』, 구와다 다다치카(桑田忠親)가 편찬한 『다도사전(茶道辭典)』의 부표(附表)에도 계보가 나와 있다.

먼저 리큐의 제자로서 유파를 열었던 사람으로 리큐의 장남 센 도안(千道安)과 차남 센 소안(天少庵)의 계보는 별도로 기술하고, 그 외의 사람으로는 다음 네 사람이다.

1. 호소카와 산사이(細川三齊, 三齊流祖)
2. 오다 우라쿠(織田有樂, 有樂流祖)
3. 후루타 오리베(古田織部, 織部流祖)

4. 야부노우치 조치(藪內紹智, 藪內流祖)

그 가운데 호소카와 산사이는 가인무장(歌人武將)으로 이름이 높은 호소카와 유사이(細川幽齊)의 장남이자, 리큐 문하 칠철(七哲)의 한 사람이다. 유명은 요이치로(與一郎)이며 휘(諱)는 다다오키(忠興)이다. 아버지 유사이도 조오 문하의 다인이었지만 산사이는 리큐에게 사사하여 다도에 친했다. 호는 소류(宗立)이며, 노부나가의 부하로 아케치 미쓰히데(明智光秀)가 외삼촌이었지만 본능사(本能寺)의 변에는 응하지 않았다. 그는 히데요시의 부하가 되어 부젠노쿠니 고쿠라한(豊前國小倉) 사십만 석의 대명(大名)이 된다. 리큐의 생전에는 리큐를 자신의 가마에 태우고 자신은 도보로 가마 옆에서 따랐다고도 전하고 있다. 또한 리큐가 죄를 지어서 사카이의 고향으로 돌아갈 때도 다른 사람은 히데요시를 두려워하여 아무도 전송하지 않았는데, 산사이와 후루타 오리베만은 이별을 아쉬워하며 리큐를 나루터까지 전송했다는 것은 유명한 이야기이다.

또 리큐의 장남인 도안(道安)이 리큐가 자결한 후 여기저기 유랑하고 있는 것을 자신의 영내 후고쿠 야마지기(豊國 水崎)에 삼백 석을 주어서 만년을 그 지역에서 지내게 했다고 한다. 리큐가 죽은 뒤 센케(千家)를 위해 보이지 않게 힘을 실어주고 재흥에 마음을 쏟았다고 전하고 있다.

또한 리큐로부터 받았던 석등롱(石燈籠)을 여행 중에 항상 지녔다고 한다. 그 등롱을 묘표로 세우라고 유언하여, 지금도 묘소인 대덕사 탑두의 고동원(高桐院)에 묘표로 되어 있다. 쇼호(正保) 2년(1645년) 12월 2일 82세로 히고노쿠니(肥後能本)에서 죽었다. 저서로 『세천삼제다탕서(細川三齊茶湯書)』 5권, 합본(合本) 2책이 있고,

고동원에 그가 좋아했던 다실 송향헌(松向軒)이 남아 있다. 산사이류의 유조(流祖)이지만 특별히 리큐가 창도한 것과 바뀐 것이 없다고 한다. 제자로는 이치오류(一尾流)의 유조인 이치오 이오리(一尾伊織)가 있다.

이치오 이오리는 이름을 미치나오(道尙), 소세키(宗碩)로 칭했고, 이치안(一庵), 데쓰사이(徹齊), 소안(照庵) 등으로도 불렸다. 다도에 통달하여 하나이레, 차샤쿠 등도 만들며 한편으로는 비파에도 재능이 있었다. 그는 겐로쿠(元祿) 2년(1689년) 3월 13일에 88세로 죽었다. 산사이가 이오리에게 다도를 전수할 때 다음과 같이 말했다고 한다.

> 다도는 유의(流儀)가 있되 유의(流儀)가 없다. 나는 리큐의 정전(正傳)을 가지고 사지(私智)를 섞지 않고, 도를 얻는다 해도, 세상 사람들은 이것을 산사이류라고 말한다. 너에게 리큐의 요지를 남김없이 전수하니 지금 이후부터 이오리류(伊織流)라고 칭하여 후진에게 전하라.

다음의 오다 우라쿠(織田有樂)는 노부나가의 동생이며, 유명은 겐고로(源五郎), 휘는 나가마스(長益)이고, 리큐 칠철의 한 사람으로 우라쿠사이(有樂齊), 조안(如庵)으로 불렸다. 히데요시의 부하가 되어 관관원(關關原)의 사건 후 이에야스로부터 삼만 석을 받는다. 오사카 겨울 전투 이후 교토 건인사(建仁寺)의 정전원(正傳院)에서 은둔 생활을 하며 오로지 다도에 정진하며 지냈다. 겐나 7년(1621년) 12월 13일 70세의 나이로 죽었다.

우라쿠의 문하에 오다 노부나가(織田信長)의 2남 노부카츠(信雄)

가 있는데 그를 쓰네사와(常眞)라 한다. 노부나가의 아들이기 때문에 이에야스는 일국의 대명으로 봉했지만 완강히 사양하고 받지 않았다. 그래서 다료(茶料)로 육만 석을 내려주었다. 간에에 7년(1630년) 4월 그믐날 72세에 죽었다. 또 노부나가의 손자 사다오키(貞置)가 있어 모옹(茅翁), 삼과노인(三過老人), 황작헌(黃雀軒) 등의 호가 있으며, 히데타다(秀忠)의 부하가 되어 천 석을 받았다. 우라쿠가 죽은 후 사다오키류(貞置流)라고 했지만, 그 수법에 있어서는 달리 바뀐 것이 없다. 사다오키가 89세로 죽은 해는 간에이(1624년) 6월 2일이다.

2) 오리베류(織部流)와 엔슈류(遠州流)

다음에 후루타 오리베는 리큐 문하 제1의 실력자로, 유명을 좌개(左介), 휘를 중연(重然)이라 하였다. 그는 원래 미노(美濃) 출신의 무사였는데, 노부나가가 사이토(齊藤)를 상대로 승리한 후 미노를 평정했을 무렵 그의 부하로 들어갔다. 노부나가가 죽은 후에는 히데요시의 부하가 되었다. 후루타 오리베는 야마사키(山崎)전투, 시즈가타케(賤賤嶽)전쟁 등 소목(少牧)의 직책에 공로가 있어서 조슈니시오카(城州西岡)에 삼만오천 석의 봉토를 받고 직부정(織部正)에 서임(敍任)되었다. 그는 히데요시가 죽은 후 이에야스의 부하가 되어, 후시미(伏見)성 내의 오리베 저택에서 빈번하게 다사를 하였다. 리큐가 죽은 뒤 명인으로 일컬어졌으며, 대덕사의 슌오쿠 소엔(春屋宗園)에 입문하여 가르침을 받아 김포(金甫)라는 도호(道號)도 받고, 법휘(法諱)를 종옥(宗屋), 별호(別號)를 인사이(印齊)라고 했다고 한다.

게이초(慶長) 15년(1610년) 9월 에도에 내려와 쇼군 도쿠가와 히데타다에게도 점다의 무법(式法)을 전수하여 그의 사회적 지위 또한 크게 인정받기에 이르렀다. 그러나 게이초 19년(1614년) 10월 오사카 겨울 전투가 벌어지자 그는 이에야스 편에 속해 참전하여 유탄을 맞아 머리에 부상을 당할 정도로 분전했지만, 이듬해 여름 전투가 끝난 직후 막내아들 구하치로(九八郎)가 도요토미 히데요리(豊臣秀頼, 히데요시의 아들)의 시동(小姓)을 맡아 오사카성 내에 있었던 것 때문인지, 그의 애정에 끌려서 오사카 편과 내통하였다고 알려졌다. 겐나(元和) 원년(1615년) 6월 11일 73세 때 결국 그 죄를 물어 할복하여 최후를 맞았다.

이와 같이 오리베의 생애는 무장으로서는 불운하였지만 다도에서는 리큐 문하 가운데에 있어서도 특히 뛰어났다. 『직부백개조(織部百箇條)』는 리큐 상전(相傳)의 목록을 조술(祖述)한 것이지만 별도로 초심자를 위해서 기술했던 비법의 글도 있다.

리큐는 기발하다기보다는 사랑스러운 솔직함이 있었고 침착하며 안정된 아름다움을 자랑했던 반면, 오리베는 새로운 견해가 풍부한 사람으로 아름다움을 돋보이게 표현하고자 힘썼다. 리큐의 정중(靜中)의 미에 대하여 오리베는 동중(動中)의 미를 구하려고 하였으며, 거기에 무인으로서의 자신의 본질을 나타낸 것으로 보인다. 오리베가 좋아한 다실, 로지, 오리베 다완, 다도구 하나하나가 그의 특징을 나타내고 있다. 오리베의 문하로서 걸출한 사람은 고보리 엔슈(小堀遠州)이다. 혼아미 고에쓰와도 교류가 있었다.

혼아미 고에쓰는 유명을 지로사부로(次郎三郎)라 하고, 혼아미 코신(本阿彌光心)의 사위이다. 그는 도검(刀劍) 감정의 가업 외에도 차, 꽃, 향, 제도(製陶) 등 그 외 여러 예술 분야에도 밝았다. 라쿠호쿠

(洛北) 다카가미네(鷹峰)의 지역을 이에야스에게서 받고, 여기에서 적정(靜寂)한 예술적 생애를 보낸다. 차에 관해서는 오리베의 지도를 받아 그 심경이 실로 선차와 일치하여 무심, 그 자체였다. 그래서 걸식소탄(宗旦乞食)이라고 불렀던 리큐의 손자 소탄과도 사이가 좋았다. 소탄이 그의 장남 소세쓰(宗拙)와 사이가 나빴을 때 고에쓰(光悅)가 소세쓰를 다카가미네에 맡아서 돌보았다는 이야기도 있다. 그는 간에이(寬永) 14년(1637년) 2월 3일에 80세의 나이로 죽었다.

다음에 고보리 엔슈는 오미(近江) 사람으로 사카타군(坂田郡) 미나미고리무라(南鄕里村)의 고보리라는 곳에서 태어났다. 아버지는 신스케 마사쓰구(新介正次)이며, 히데요시의 부하가 되어 보청봉행(普請奉行)이라는 직책을 맡았다. 유명을 사쿠스케(作介)라 하고 자기 이름을 마사카즈(政一)로 불렀다. 게이초(慶長) 9년(1604년)에 아버지가 병사했기 때문에 그는 26세의 젊은 나이로 아버지의 영지(所領) 빗추쿠니(備中國) 마쓰야마(松山) 일만이천 석의 대명이 되었다.

엔슈는 다도 외에 가도(歌道), 서도(書道)에도 뛰어났다. 먼저 차는 오리베에게서 모든 것을 배웠고 호는 종포(宗甫), 고봉암(孤蓬庵), 전합암(轉合庵) 등이 있다. 게이초(慶長) 13년(1608년)에 원강수(遠江守)에 임명되어 아버지의 보청봉행을 잇고 궁중의 작사봉행(作事奉行)이 되어 만년에는 조정봉행(造庭奉行)이 되었다. 다실 건축, 다정의 창조에 이르러서 엔슈는 특별한 솜씨를 연마하고 있었다. 대덕사 용광원(龍光院)의 밀암(密庵), 고봉암(孤蓬庵)의 망전(忘筌)과 산운상(山雲床), 남선사(南禪寺), 금지원(金地院)의 팔창(八窓)의 자리(席) 등은 유명하다.

엔슈라고 하면 세간에서는 '아름답다(奇麗)'라는 말을 하지만,

그가 좋아한 도구는 직부와 달리 자태가 잘 갖추어진 높은 기품이 있다. 모든 것에 오리베와 같은 호방함이나 예리함은 없지만, 온건하고 화려하지 않고 침착한 우아함이 총체적으로 나타나 있다. 게다가 고보리 엔슈는 쇼군 이에미쓰의 다도 사범이 되어 그 명성이 더 높아졌다. 또한 다쿠안화상, 고게쓰화상(江月和尙)과도 교류가 있어 문하에는 고보리 오세츠(小堀蓬雪), 고보리 소초(小堀宗兆), 다키노모토보(龍本坊) 쇼카도(松花堂)가 있다.

쇼카도 소조(松花堂昭乘)는 낙남(洛南, 교토 시내의 남쪽 지역)의 이와시미즈 하치만구(石淸水八幡宮)의 사승(社僧)으로서 다도와 서도뿐만 아니라 시가에도 뛰어나서 모든 면에서 원주와 그 취향이 잘 맞았다. 가타기리 사다마사(片桐石州)와 사쿠마 쇼겐, 고노에 오잔(近衛應山), 이타쿠라 시게무네(板倉重宗) 등과 교제하였다. 팔번궁 용본방의 경내에 다다미 세 장의 다실 한운헌(閑雲軒)을 짓고, 또 송화당도 한 채 지어서 만년에는 그곳에서 살았다. 그래서 일반적으로 쇼카도라 부르고 있지만 호를 소조(昭乘)라 하고 속명(俗姓)은 나케누마시키부(中沼式部), 세이세이오(惺惺翁)로도 부르고 있다. 나라(奈良) 일승원(一乘院)의 방궁(坊官) 나카무네 사쿄(中沼左京)의 동생이다. 일설에는 관백(關白) 히데츠구(秀次)의 서출이라고도 한다. 그는 간에이 16년(1639년) 9월 18일에 죽었다. 그의 나이 56세였다.

엔슈는 쇼호(正保) 4년(1647년) 2월 6일 후시미(伏見, 교토 남부)에 있는 자신의 집에서 조용히 69년 생애의 막을 내렸다.

그때의 임종게로서 다음과 같은 것이 있다.

어제라고 말하지만 문득 살아보는 것도

이 임종게는 지금도 여전히 고봉암에 남아 있다. 엔슈류는 호가 종경(宗慶)인 고보리 마사유키(宗慶政之, 고보리 엔슈의 차남), 마사유키의 장남으로 호가 정실(宗實)인 고보리 마사츠네(政恒), 호가 종서(宗瑞)인 고보리 마사호사(政房, 마사츠네의 4남), 호는 종향(宗香)인 고보리 마사미네(宗香政峰, 마사츠네의 6남), 호가 종우(宗友)인 고보리 마사미치(政方), 호가 종중(宗中)인 고보리 마사야스(正優), 호가 종본(宗本)인 마사카즈(政和), 호가 종유(宗有)인 마사카이(政快), 호가 종명(宗明)인 마사노리(正德), 호가 종경(宗慶)인 마사아키(正明)에 이르기까지 끊어지지 않고 계속되고 있다. 또한 엔슈류의 분가분류(分家分流)도 있다.

3) 소와류(宗和流)와 야부노우치류(藪內流)

소와류는 가나모리 소와(金森宗和)의 차이지만 이것은 오리베 문하로도 알려져 있고, 게다가 엔슈류와 리큐 장남의 도안류까지 가미하여 일파를 열었다고 한다. '걸식소탄(乞食宗旦)'에 대해서 '히메소와(姫宗和)'로 나란히 칭해진다. 소와는 본래 히다(飛驒) 다카야마한(高山藩)의 성주 출운수(出雲守) 가나모리 아리시게(金森可重)의 장남으로 시게치카(重近)라 했지만, 친자 다툼에서 의절을 당한 뒤 어머니와 함께 교토로 나와 다인이 되었다. 대덕사의 소인화상(紹印和尙)에게 입문하여 가르침을 받고, 당상공가(堂上公家)의 사람들에게 차를 권하였다. 그의 다도는 부드럽고, 상품(上品)으로 섬세하며, 여성적인 면이 있었기 때문에 '히메소와'라고 했던 것으로 보인다. 고노에 오잔이나 이치조 아키요시(一條昭良)를 통하여 궁중에 출입하며 고미즈노오, 메이쇼(明正), 고코묘(後光明), 고사인 등 역대의 천황에게 봉사했다고 하고, 또한 금각사 봉림화상(鳳林和尚)과도 친교가 있었다고 전한다.

소와가 좋아한 다실 중 현재까지 남아 있는 것은 대덕사 진주암의 정옥헌(庭玉軒), 금각사의 석가정(夕佳亭) 등이 유명하다. 또 흥복사(興福寺) 대승원(大乘院) 내의 육창암(六窓庵) 다실도 소와가 좋아한 것으로도 알려져, 지금은 도쿄 우에노공원에 있는 도쿄국립박물관에 옮겨져 있다.

소와는 만년에 그 명성이 천하에 널리 알려져 가가한(加賀藩) 제삼세(第三世)의 마에다 도시쓰네(前田利常)가 소망하여 번(藩)의 다두로 초대를 받았지만 사양하고 가지 않았다. 그 대신 외아들 시티노스케(七之助)가 간에이 2년(1625년) 불과 15세의 어린 나이에 천오백석을 받고 다두가 되었다. 소와는 메이레키(明曆) 2년(1656년) 12월 16일, 73세로 세상을 떠났다. 그가 죽은 후 그의 유파는 궁중에 받아들여져 점차 궁정화되었고 나아가 한층 높은 다도가 되어, '히메소와'라는 이름에 부끄럽지 않는 훌륭한 것이 되었다.

소와류는 궁정 외에 가가한에도 전해지고 또한 소와의 고향 히다의 다카야마와 그 밖에 기시와다(岸和田), 나고야에서도 한때 번창하였다.

다음에 야부노우치(藪內)류는 야부노우치 조치(藪內紹智)가 열었던 일파로, 오늘에 이르기까지 면면히 이어져 12대에 걸쳐 번창하여 센케(千家)와 다른 독자적인 부분이 있다. 센케는 교토의 위쪽에 있기 때문에 '상류(上流)'라고 하고 야부노우치가는 아래쪽에 있기 때문에 '하류(下流)'로 부르고 있다.

유조(流祖) 조치는 리큐 문하라고 하지만 여기에는 다른 견해가 있다. 또한 조치의 아버지를 야부소하(籔宗把)라고 하기도 하고, 소하(宗巴)라고 쓰기도 하지만 아마도 동일한 사람일 것이다. 이 소하는 대덕사의 슌오쿠 소엔화상에게 참선하여 '촌제(寸齊)'라는 도호를 받은 것이 춘옥의 『일묵고(一默稿)』라는 어록에 나와 있다. 소하(宗把)는 자식이 없었기 때문에 사카이의 수탄정(藪彈正)이라는 사람의 아들을 간청하여 뒤를 잇게 하였는데 이 사람을 조치라고 한다.

이 조치라는 사람도 대덕사의 슌오쿠화상에게 입문하여 가르침을 받았으며, 검중(劍仲)이라는 도호를 받고, 리큐의 알선으로 후루타 오리베의 딸과 결혼을 하였다. 이름은 소인(宗胤), 자는 시테키(子的)로 호는 소추사이(藪中齊), 엔란(燕庵), 인사이(隱齊) 등으로 불렸다.

야부노우치류는 고풍한 유파로 조치 이전에 야부노 소와(藪內宗和)라든가 도와라는 사람이 있었다. 이들과도 관계가 있었을 테지만, 야부노우치라는 성도 공가(公家)의 야부씨(藪氏)로 갈라졌다고 하고, 당시 리큐와 동격의 다계(茶系)로 훌륭한 사람이었다고 생각된다. 그는 리큐와 마찬가지로 세간에는 그다지 나가지 않았는데 이는 오히려 다행으로 여겨진다. 리큐가 죄를 얻었을 때 야부노우치에게 '귀하의 생활이 부럽습니다'라고 써서 보냈기 때문에 야부노우치가에서 리큐의 글(文)은 '부러움의 문(文)'으로 전해지고 있다.

야부노우치류의 2세를 신오조치(眞翁紹智)라고 하고, 겐오(劍翁), 겐케이(劍溪), 치쿠신(竹心), 치쿠인(竹陰), 치쿠오(竹翁), 치쿠이(竹猗), 치쿠로(竹露), 치쿠스이(竹翠)를 거쳐서 제11세 도게쓰사이 치쿠소(透月齊竹窓)에 이른다. 그리고 대대로 조치의 이름을 세습하고 있다.

4) 센 도안(千道安)의 유파와 세키슈류(石州流)

센 도안(千道安)은 리큐의 장남으로 어머니는 리큐의 전처이다. 처음 이름은 조안(紹安)이었지만 뒤에 도안(道安)으로 고쳤고, 호를 면옹(眠翁), 가휴제(可休齊) 등으로 하였다. 차에는 독창적인 부분이 있었지만 리큐가 죽은 뒤 호소카와 산사이의 비호를 받고 그의 영지에서 삶을 마쳤던 것으로 보인다. 때는 게이초 12년(1607년) 2월 17일로 그의 나이 62세였다고 한다.

도안의 문하에는 구와야마 소센(桑山宗仙)이라는 뛰어난 다인이 나왔다. 소센은 기슈(紀州) 와카야마(和歌山) 사만 석의 대명, 구와야마 시게하루(桑山重晴)의 아들로 좌근위대부(左近衛大夫)에 임명되었다. 소센은 센케의 직계 도안에게 배우고, 대명풍의 와비차를 전하여 그의 문하에 가타기리 세키슈(片桐石州)가 나와 세키슈류 일파를 열었다.

세키슈는 처음에 사다토시(貞俊)라 하고 뒤에 사다마사(貞昌)로 고쳤다. 간에이 원년(1624년) 20세 때에 석견수(石見守)에 임명되었기 때문에 석견수를 약칭하여 세키슈(石州)라고 했다. 세키슈의 가계를 말하자면, 유명한 가타기리 가쓰모토(片桐且元)의 동생 주선정(主膳正) 사다타카(貞隆)의 아들로 아마토(大和) 고이즈미(小泉)의 성주 일만육천 석의 대명이었다. 차를 구와야마 소센에게 배우고 다우로서는 가나모리 소와와 쇼카도 소조가 있으며, 거기에 고보리 엔슈 등의 거장과도 교류하여 다도를 연마했다. 더욱이 대덕사의 교쿠슈화상에게 참선하여 충분히 선의 오도까지 꿰뚫어 당시 리큐의 화신(再來)이라고도 추앙을 받았다.

간분(寬文) 5년(1665년) 강호에 초빙되어 쇼군 도쿠가와 이에쓰나(德川家綱)의 소망에 의해서 다도의 사범을 맡고, 유명한 『석주삼백개조(石州三百箇條)』를 써서 진상하였으며, 유영(柳營) 다사의 규격을 정하였다. 만년에는 자기 영내인 고이즈미에 자광원(慈光院)을 세우고 교쿠슈화상을 초대하여 개산으로 하였으며, 거기에 삼첩대목(三疊台目)의 스키야를 증설하여 이것을 자광원의 본석(本席)으로 삼았다. 엔포(延寶) 원년(1673년)의 11월 20일에 69세의 생애를 마쳤다.

그런데 세키슈류는 리큐, 도안, 소센, 세키슈라고 하는 순서로 되어 있지만, 그 다도는 대명풍이며 귀족차이다. 와비차라고 해도 단순한 와비차가 아니며, 걸식소탄과 같은 은자풍의 와비차는 아니었다. 따라서 세키슈 취향이라는 특별한 분야가 있어 모든 방면에 그 취향이 나타나 있다.

야마토(大和) 당마사(當麻寺)의 중지방(中之坊)에 세웠던 다실 및 야마토 고이즈미의 자광원에 지어진 다석 같은 것이 세키슈의 대표적인 취향이다. 로지의 취향도 외로지(外露地)와 내로지(內露地)로 나누고, 짓는 방법, 돌을 놓는 방식까지 꼼꼼하게 정성을 들이며, 세밀한 부분까지 궁구한다. 또한 다석에 거는 족자 등에는 특히 마음을 쓰는데 대개는 선승의 담박한 것을 걸었던 것으로 보인다. 중국의 것으로는 고림선사(古林禪師), 무준선사(無準禪師)의 묵적을 사용하고, 일본의 것으로는 잇큐화상, 다쿠안화상, 교쿠시쓰화상 등 명승의 것을 족자로 걸었다. 세키슈는 족자의 표구에도 마음을 쏟았는데 세키슈만큼 취향을 음미한 사람은 없었다고 한다.

가타기리 세키슈 문하에는 사람이 많았다. 그러나 대부분이 대명으로 있었던 것도 주의해 봐야 한다. 직계로서는 장남 노부타카(信隆)가 있으며 그는 대대로 쇼군의 다도 사범으로서 중책을 맡았다. 그 계보를 유조부터 순서대로 살펴보면 다음과 같다.

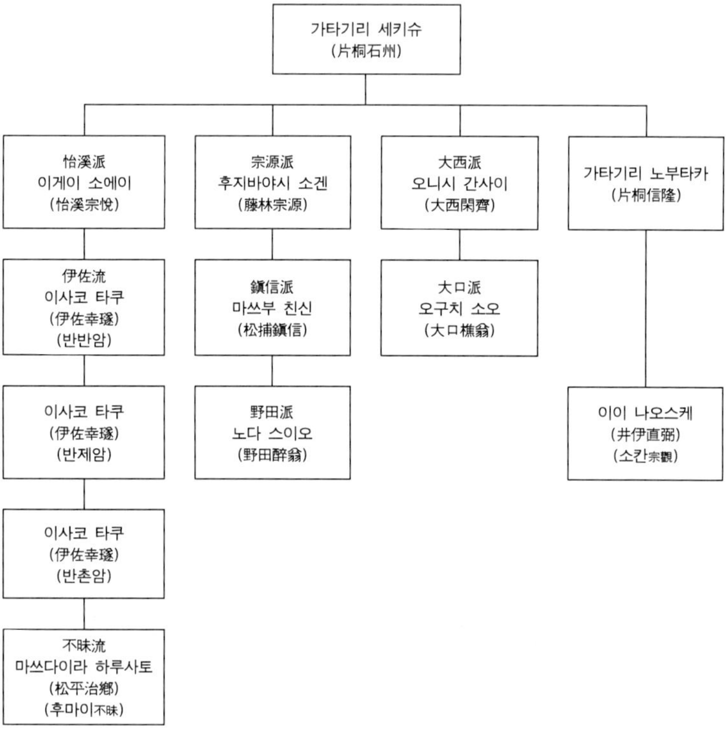

이와 같이 세키슈류는 유파가 많다. 유조 세키슈는 호를 종관(宗關), 돈제(頓齊), 송은제(松隱齊), 고림제(高林齊), 부표헌(浮瓢軒), 능개암(能改庵) 등이라 하였다. 그 문하의 소겐파(宗源派)에서 후지바야시 소리(藤林宗理), 시노다 소레이(條田松嶺), 고노 소오(河野宗鷗), 혼조 소케이(本庄宗敬), 혼조 소인(本庄宗伊), 혼조

소운(本庄宗云), 이코마 소주(生駒宗壽), 이노우에 소겐(井上宗玄), 하시모토 소비(橋本宗美), 혼조 소케이(本庄宗慶), 혼조 소센(本庄宗泉)의 순서로 오늘날까지 전해지고 있다.

또한 소겐(宗源) 문하의 마쓰부 친신(松捕鎭信)은 히젠 히라도한(肥前平戶藩) 5세로서 이치오 이오리(一尾伊織), 야마가 소코(山鹿素行) 등과 교류하며 선에도 입문해 가르침을 받고, 차에서도 기품이 있는 유파를 열었다. 또한 '세키슈 문하'라고도 불리고, '소겐 문하'라고도 불리는 이케이화상은 대덕사 254세에 해당되며 시나가와(品川) 동해사(東海寺) 고원원(高源院)의 개산이다. 세키슈가 에도에 머물렀을 때에 다도를 배워 『이계화상다설(怡溪和尙茶說)』이라는 저서를 남겼다. 그 문하의 이사류(伊佐流)는 대대로 코타쿠(幸琢)의 칭호를 가지며 이어가고, 3대째 반촌암(半寸庵)의 제자에 유명한 세키슈류 후마이파(不昧派)의 마쓰다이라 후마이가 나와 있다.

마쓰다이라 후마이는 유명(幼名)이 쓰루타로(鶴太郎)로 이름은 치향(治享), 좌도수(佐渡守), 출우수(出羽守)를 역임하고, 운슈마쓰에한(雲州松江藩) 6세 마쓰다이라 데와노카미 무네노부(松平出羽守宗衍)의 차남이다. 젊을 때부터 산사이류의 다인 무사암(無事庵) 시무라 산큐(志村三休)의 문하에서 배우며 오랫동안 반촌암 행수에게 사사받았다. 한편 에도의 아자부(麻布) 천진사(天眞寺)의 대전화상(大顚和尙)에게 참선하여 『무문관(無門關)』의 백장야호(百丈野狐)의 공안을 뚫어 거기에서 불매인과(因果)의 불매(不昧)라고 호를 한 것이다. 또 만년에는 가마쿠라 원각사의 세이세쓰화상(誠拙和尙)에게도 입문하여 가르침을 받고 선의 오의(蘊奧, 학문과 기예가 깊고 오묘함)를 참구하였다. 그가 은퇴하고 세자 나리쓰네(齊恒)에게 주었던 글에는

> 내가 19세가 되어 선에 뜻을 두고 천진사의 대전화상을 스승으로 하여 6년의 시간을 보낸 뒤 본래 면목을 얻었다. 생사를 떠나서 대자재(大自在)를 얻고, 또 젊을 때부터 즐겨 다선일미임을 말한다.

라고 전하고 있다. 그리고 호법(護法)에 열심인 사람으로, 대전화상의 『군습록(捃拾錄)』, 고케이화상의 『포암고(蒲庵稿)』, 나란히 세이세쓰화상의 스승인 게쯔센화상(月船和尙)의 『무계집(武溪集)』 등 선승의 어록 출판에도 관여하고 있었다. 후마이의 별호는 일한자(一閑子), 미앙암(未央庵), 일일제(一一齊), 종납(宗納) 등이라 한다.

또한 20세 때 『췌어(贅語)』라는 다도 수필을 썼으며, 『석주삼백개조(石州三百箇條)』의 주석 및 『일첩반극비(一疊半極秘)』 등의 비서(秘書)도 있다. 그 외 『세토도기(瀨戶陶器) 감상』, 『다초(茶礎)』, 『불매송다탕심득(不昧公茶湯心得)』 등은 모두 후마이 다도를 알 수 있는 좋은 자료이다.

후마이의 전반생은 수신제가 치국평천하를 이상으로 하였다. 다도에 있어서도 소박함을 지향하여 도구차를 낮추어 보고 있지만 후반생은 그 치업(治業)이 번창하여 번정(藩政, 자기 영지 내에서 펴는 정치)이 풍부하게 됨에 따라 명기다도구(名器茶道具)를 사 모았으며 『고금명물류취(古今名物流聚)』 18권까지 쓰고, 다실도 많이 세웠다. 에도의 오사키(大崎)에도 독락암(獨樂庵), 위락암(爲樂菴), 송명(松暝), 송하(松荷) 등 유명한 다석을 설치하였다. 분세이(文政) 원년(1818년) 4월 24일 68세에 명을 다했다.

또한 세키슈류 가타기리 소엔(片桐宗猿)의 문하에서 다도를 배우며, 선은 히코네(彦根)의 보리사(菩提寺)와 청량사(淸凉寺)의 선영화상(仙英和尙)에게 입문하여 가르침을 받아 다선일미의 심경을 얻은 이이 소칸(井伊宗觀)이 있다.

이름은 나오스케(直弼)이며, 자는 고슈(江州), 히코네(彦根) 성주(城主)로 응향(應鄕), 주로헌(澍露軒), 매목사(埋木舍), 유왕사(柳王舍) 등을 호로 하였다. 안세이 5년(1852년) 막부의 다이로가 되었지만 때마침 내외 많은 일에 강곡과단(剛穀果斷)의 정치를 취했기 때문에 지사들의 노여움를 받게 되어 끝내 만엔(万延) 원년(1860년) 3월 3일 막부에 입궐하는 도중에 사쿠라마치 문밖에서 변을 당하여 죽었다. 당시 그의 나이 46세였다. 저서로는 『입문기(入門記)』, 『일회집(一會集)』, 『한야다화(閑夜茶話)』 등이 있다. 그중에 특히 『일회집』이 유명하다. 그 처음에

> 대저 다탕의 만남(交會)는 일기일회(一期一會)라고 하여, 가령 몇 번 같은 주객이 만나더라도 금일의 만남이 다시 돌아오지 않는 일이라고 생각한다면 실로 나의 일생에 단 한 번의 만남(一會)이 된다. 떠날 때에 주인은 만사에 마음을 쓰고 미련이 남지 않도록 친절하고 성실한 마음을 다한다. 손님도 오늘과 같은 이 모임은 다시 만나기 어렵다는 것을 알고 주인(亭主)의 취향 및 무엇 하나도 소홀함이 없음에 감탄하며, 성실한 마음으로써 만나야만 한다. 이것을 '일기일회'라고 한다. 필시 주객이 다 같이 소홀히 해서는 한 모금 차도 마시기 곤란할 것이라는 것이 일회집의 극의가 된다.

라고 하며 이것은 조오의 말로 『산상종이기』에 나온 '일기에 일회의 만남'이라고 한다. 하지만 그 심경은 이이 다이로(井伊大老) 독자의 것이었다고 보지 않으면 안 된다.

5) 센 소안(千少庵)의 유파

센 소안은 리큐의 후처 소온(宗恩)이 데리고 온 아들(의붓자식)로, 유명은 시로사에몬(四郎左衛門)이며, 이름은 무네쿄(宗淳)이다. 처음에는 소안(松庵)이라 했지만 뒤에 소안(少庵)으로 고쳤다. 리큐의 장남 도안은 사정이 있어 가문을 잇지 않고 소안이 대신하여 계승하였지만, 부친 리큐의 자결 후에는 오랫동안 가모 우지사토의 곁에서 몸을 의지하였다. 뒤에 도쿠가와 이에야스, 마에다 도시이에(前田利家) 등의 주선으로 센케(千家)를 재흥하는 일을 허락받아 몰수되었던 리큐의 다도구 등을 하사받았다. 또한 무라사키노에 채지(采地) 오백 석이 주어져 부친의 옛집에 살면서 다도와 친해졌고, 만년은 마쓰오의 서방사에서 세상일에 관여하지 않고 은거하였다. 게이초 19년(1614년) 9월 7일, 그는 69세의 나이로 세상을 떠났다. 이후 그가 머물렀던 곳의 상남정이라는 다석도 유명한 유적이 되었다.

소탄은 소안의 아들이다. 자는 원숙(元叔), 원백(元伯)이며 호는 돌돌제(咄咄齊), 한운(寒雲)이라고 한다. 불심암(不審庵)을 계승하였고, 금일암(今日庵)의 개조이다. 조부 리큐가 자결할 때에는 그의 나이 14세로, 대덕사 슌오쿠 소엔화상의 문하에서 갈식(喝食)[65]으로 있었다. 슌오쿠화상의 『일묵고(一黙稿)』에 의하면 '단소년(旦少年)'으로서 어린 날의 소탄의 일이 나와 있다.

아버지 소안이 사면되어 교토에 돌아왔을 때에는 아버지의 부름을 받아들여서 부친이 서방사에 은거한 후 센케를 계승하였다. 선은 대덕사의 세이간화상에게 입문하여 가르침을 받았다.

세이간화상은 자소(自笑), 혹은 고루(孤陋), 핍도(乏道)라고 하

---

65) 갈식(喝食): 선간에서 대중송경 후 대중에게 큰 소리로 식사를 알리는 역할을 하는 승려

여, 당시 차와도 글에도 그 도가 군림하고 있었다. 이 명승에게 소탄이 찾아가서 선을 착실히 쌓고 수행하여 정말로 몹시 가난한 것과 같은 걸식소탄의 면목을 발휘했고, 와비차와 사비차에 투철하였다. 이 사람만큼 실행하고 면밀하게 실천을 한 사람은 없을 것이다.

선에서는 고매한 식견과 면밀한 행지를 설한다. 타인은 무엇인가 비평하려고 하지만 자기는 자기대로 확고한 식견을 가지는 것이다. 게다가 그 식견이 높아 살불월조(殺佛越祖)라 하여 어떤 불조도 그 식견 앞에는 다 죽이는 바가 되므로 곧 자기의 존엄을 지니고 자기의 이상을 관철함을 설한다. 반면에 면밀한 행지를 행하는 것, 세밀한 점까지 마음을 배려하여 한 방울의 물도 새지 않을 만한 주의력이 필요하다. 즉, 일거수일투족이 부처의 행지이고 실천이다. 실천에 옮기는 그 실행력, 이것을 소탄은 가지고 있었다.

조부 리큐의 자결이 그에게는 무상의 교훈이 되어 한평생 벼슬을 하지 않았다. 그는 야인이 되어 소박하고, 고독하고, 적정한 차의 제호미(醍醐味)와 친했다. 그의 제자 스기키 후사이(杉木普齊)가 전하는 『다도혹문(茶道或問)』에 소탄이 소개되어 있는데. '나는 일생 이 숲 가운데서야말로 즐겁다'라고 하며 숲 속의 자택에 살면서 세상에 나오려 하지 않았다. 그 빈핍한 생활에 관해서는 같은 책에서 '오래 보존되어 전해 내려온 그릇에 오히려 청빈을 즐긴다'라고도 말하고 있다. 또한 그는 아들이 세상에 나갈 것을 권해도 동의하지 않았다.

> 소세쓰(宗拙), 소슈(宗守), 소사(宗左)는 소탄의 친아들로 소탄이 쇼군의 명을 따르지 않는 것을 한탄하며, '이런 시절에 응하는 것이 좋은데 고후(江府)에 내려와 일가를 위해 그 여력을 어째서 쓰지

않는가' 하며 눈물을 흘리며 말했다. 하지만 소탄은 마음을 바꾸지 않았다.

라고 『다도혹문』에 나와 있다. 이를 보아, 소탄의 완고함으로 쇼군의 뜻에 응하지 않았던 심경은 실로 선에서 말하는 살불월조의 실행이며 위대함인 것 같다.

'음덕(陰德)이 있으면 양보(陽報)가 있다.'

소탄은 그 음덕의 실행자이기도 했다. 그렇기 때문에 그의 아들은 모두 세상에 나왔다. 게다가 그의 자자손손이 산센케(三千家)로서 오늘날까지 끊임없이 이어져 왔던 것이다.

장남 소세쓰(宗拙)는 사정이 있어 사이가 좋지 못했고, 이남 소슈는 무사코지(武者小路)에 관휴암(官休庵)으로 칭하여 집을 지었기 때문에 삼남 소사에게 불심암을 물려주고 자신은 금일암을 지어서 그곳에 은거하였으며 나아가 금일암을 사남 소시츠(宗室)에게 넘겨주었다. 만년에는 산슈 요시다(三州吉田)의 소립원후(小笠原侯)에게 초대받았지만 노년이란 이유로 제자 야마다 소헨(山田宗徧)을 대신 가도록 하고, 일생을 야인으로 살면서 세상에 나가지 않고 생을 마쳤다. 만지 원년(1658년) 12월 19일 당시 81세의 나이로 죽었다. 그의 저서로는 『종단전수(宗旦傳授)』, 『종단시유(宗旦示遺)』 등이 있다.

그의 문하로는 센산케 이외에 사천왕(四天王)으로 거론 되는 사람이 네 사람이 있다. 바로 후지무라 요켄(藤村庸軒), 스기끼 후사이(杉木普齊), 야마다 소헨, 미야케 보요(三宅亡羊)이다. 그 가운데 요켄(庸軒)은 요켄류의 유조이지만 이 사람은 교토 사람으로 야마사키 안사이(山崎闇齊) 등과 교류하였다. 후루타 오리베 문하에서 차를 배운 연장자였지만 취향이 맞지 않아 다시 소탄이 있는 곳으로 와서는 다른 유파에 보이지 않는 좋은 것을 깨달았다고 하며 기뻐하였다. 그는 『다화지월집(茶話指月集)』(久須見疏安 기록)을 통해 '팔십을 지나서 하루도 화로를 놓지 않았다'라고 말했다고 한다.

스기키 후사이는 이세(伊勢) 사람으로 15세 때 교토에 와서 소탄의 문하에 들어가 차를 배웠으며 후사이류의 유조가 되었다. 이 사람도 소탄을 닮아 세상을 떠나서 차와 친하였으며, 고귀한 풍격으로 일화도 많이 가지고 있다.

야마다 소헨은 교토 장덕사(長德寺)의 승려로 있었지만 환속하여 소탄의 문하에 들어갔고, 이후 차로써 입신을 하여 소헨류(宗徧流)의 유조가 되었다. 산슈 요시다의 소립원후 밑에서 벼슬을 했지만 뒤에 에도에 나와서 리큐 정전의 차를 넓혔다. 저서로는 『다도편몽초(茶道便蒙抄)』, 『다도요록(茶道要錄)』 등이 있다.

6) 센산케(千三家)

센산케는 소탄의 세 아들이 각각의 일가를 열었다. 이남 소슈는 관휴암을 열어 무사코지케(武者小路家)로 불리고, 삼남인 소사는 불심암(不審庵)을 계승하여 오모테센케(表千家)라 호칭했으며, 사남 소시츠는 금일암(今日庵)을 계승하여 우라센케(裏千家)라고 호칭하였다. 이것을 합해서 '센산케'라고 한다.

이남 소슈(宗守)는 다사를 가지고 산슈(讚州) 다카마츠한(高松藩)에서 벼슬하였지만 늙어서는 관을 사임하고 교토 무사코지에 관휴암이라 부르는 다실을 세웠다. 그리하여 자신을 관휴암 일세(一世)로 칭하고 거기에 다사를 열었다. 그는 속명을 심우위문(甚右衛

門)이라 하고, 호를 일옹(一翁), 사휴암(似休庵), 관휴암, 한옹(閑翁) 등이라고 하였다. 엔포 3년(1675년) 12월 19일 그는 83세의 나이로 세상을 떠났다. 그로부터 분슈쿠 소슈(文叔宗守), 세이세이사이 신하쿠(靜靜齊眞伯), 지키사이 겐소(直齊堅叟), 잇토츠사이 큐오(一啜齊休翁), 고코사이 진오(好好齊仁翁), 이신사이 젠도(以心齊全道), 이츠시사이 잇소(一指齊一叟), 유코사이 소슈(愈好齊宗守) 등과 같이 9세 연면(連綿)으로 이어지고 있다. 지금은 10세 우린사이 소슈(有隣齊宗守)이다.

삼남 소사(宗左)는 리큐로부터 전해온 불심암을 이어받았다. 호를 고신(江岑), 봉원제(逢源齊), 감소헌(堪笑軒) 등이라 하고, 기슈 제후 도쿠가와 요리노부(侯德川賴宣)에 벼슬하여 이백 석을 받았다. 아버지 소탄이 쇼호 5년(1648년) 71세에 은거하여 불심암을 소사에게 넘기고 그 저택의 북편 안쪽에 별도로 작은 암자를 지어서 '금일암'이라 칭하고 그곳에서 살았다. 소우의 자손은 대대로 기슈케(紀州家)에 벼슬하였지만 그 계통을 오모테센케라고 칭하였다.

소사는 간분(寬文) 12년(1672년) 10월 27일에 54세의 나이로 죽었다. 이후 양자인 즈이류사이 료큐(隨流齊良休, 히사다 소젠의 동생)가 뒤를 잇고, 그의 조카 가쿠카쿠사이 겐소(覺覺齊原叟, 소젠의 아들)가 이를 계승하여 오모테센케의 중흥조가 되었으며, 문하에 야마나카 오오쿠(山中道憶), 호리우치 센카쿠(堀內仙鶴) 등의 뛰어난 인재를 배출하였다. 겐소의 다음에 조신사이 덴넨(如心齊天然), 소츠타쿠사이 우오(啐啄齊吽翁), 료료사이 코세츠(了了齊好雪), 규코사이 소오(吸江齊祥翁), 로쿠로쿠사이 즈이오(碌碌齊瑞翁), 세이사이 소사(惺齊宗左), 소쿠추사이 소사(卽中齊宗左)의 순서로 오늘날까지 계속되고 있다.

또한 오모테센케는 즈이류사이 료큐(隨流齊良休)의 친형 히사다 소젠이 있어 히사다류(久田流)를 열었다. 소젠의 아버지는 소리(宗利)이며 조부는 소에이(宗榮)이다. 이 소에이는 호타이코(豊太閤)의 기타노(北野) 다회에도 나와 있는 다인이다. 소리는 소탄의 딸과 결혼하고, 소리의 동생은 후지무라케(藤村家)의 양자가 되었다. 바로 요켄류(庸軒流)의 유조 요켄(庸軒)이다. 때문에 히사다케(久田家)는 센케와 깊은 관계가 있으며 그 유파는 지금도 전해지고 있다.

또한 앞에서도 거론한 호리우치 센카쿠의 일가도 센케와 깊은 관계가 있다. 즉 센카쿠의 양자와 깊은 관계가 있는 것이다. 곧 센카쿠의 양자 소신(宗心)은 오모테센케 덴넨 소사(天然宗左)의 문하로, 이 무렵 오모테센케는 기슈후(紀州侯)에게 벼슬하여 일반적인 실습을 하지 않았기 때문에 그 문하에 들어가려면 모두 히사다케나 호리우치케의 제자가 되었던 것이다.

사남 소시츠(宗室)는 소탄 사후에 금일암을 이어받아 우라센케로 명칭하였다. 처음에는 겐시츠(玄室)로 칭하였지만 뒤에 소시츠로 고쳤다. 호는 센소(仙叟)라고도 하고 로게쓰안(臘月庵)이라고도 한다. 그는 소탄이 은거한 후에 정말로 세련된 점전(点前)을 상속했다고도 전하고 있다. 또한 소시츠는 다사를 가지고 가가한슈(加賀藩主) 마에다케(前田家)에 벼슬하고 이백 석을 받았다. 같은 곳에서 겐로쿠 10년(1697년)[66] 정월 23일에 76세의 나이로 수명을 다하였다. 그의 아들 후쿠사이 조소(不休齊常叟)가 상속받고, 그때 가가한으로부터 이요(伊予) 마쓰야마한(松山藩)으로 옮겨 거기에서 자자손손 상속하여 마쓰야마한의 다두에 종사하였다. 즉 조소(常叟) 다음에

---

66) 원서에는 겐로쿠(元綠) 10년(1677년)으로 되어 있으나 이는 겐로쿠 10년(1697년)의 오류로 보임-역자 주

릿칸사이 다이소(六閑齊泰叟), 지쿠소 소켄(竺叟宗乾), 유겐사이 잇토(又玄齊一燈), 후겐사이 잇토(不見齊石翁), 닌토쿠사이 하쿠소(認得齊栢叟), 겐겐사이 세이추(玄玄齊精中), 유묘사이 지키쇼(又妙齊直叟), 엔노사이 뎃추(圓能齊鐵中), 단단사이 세키소(淡淡齊宗室)의 순서로 오늘까지 이어지고 있다.

그 가운데에 겐겐사이(玄玄齊)는 기슈(紀州) 도쿠가와케(德川家)에서도 벼슬을 하고, 다야스케(田安家)의 총애를 받았으며 좋아하는 도구도 매우 많았다고 한다. 또한 메이지유신의 대개혁 시기를 만나서 이 다사 위에 결정적인 개량을 가했던 것도 우라센케였다고 한다. 엔노사이 뎃추와 같은 사람은 궁중에도 출입하여 북백천궁능구친왕(北白川宮能久親王)으로부터 엔노(圓能)의 호를 받고, 유서천궁치인친왕(有栖川宮熾仁親王)으로부터 뎃추(鐵中)의 호를 공손하게 받았다고 한다.

7) 에도센케(江戶千家)와 기타

오모테센케 7대 조신사이 덴넨(如心齊天然)의 문하에 가와카미 후하쿠(川上不白)라는 사람이 있다. 후하쿠는 원래 기슈케의 신하로, 기슈케에 벼슬을 했던 센케와 인연이 깊었다. 기슈한(紀州藩) 미즈노코(水野侯)에게 벼슬하고 에도에 살게 되었으며, 료타(蓼太) 등에게도 사사하여 하이카이[67]의 도에도 통달했다. 가메조로(龜次郎)라 하고, 고봉(孤峰), 종설(宗雪), 원돈제(圓頓齊), 정정제(亭亭齊), 묵뇌암(黙雷庵), 연화암(蓮花庵) 등 호가 많았다. 그는 분카(文化) 6년(1809년) 10월 10일에 93세로 죽었다. 그 자손들이 계승하

---

67) 하이카이(俳諧): 유머러스한 와카(和歌)

여 에도센케(江戶千家)로 이어지고 있다.

그 외에 마쓰오류(松尾流)가 있다. 유조를 마쓰오 소지(松尾宗二)라고 있는데, 소탄의 문하이다. 통칭은 심조(甚助), 호를 물제(物齊)라고 하고, 락지헌(樂只軒)의 호는 소탄으로부터 받았다고 한다. 이 소지의 조부가 쓰지 겐사이(辻玄哉)로, 조오의 수제자로 있으면서, 다도구의 감정에는 밝지 않았지만 마음의 깊이를 가진 사람이라고 전하고 있다. 리큐에게 다이스를 전한 것도 이 겐사이였다고 한다. 마쓰오 소지는 메이레키(明曆) 4년(1658년) 5월 24일 80세의 나이로 죽음을 맞았다. 이 소지의 유파 마쓰오케(松尾家)도 지금에 이르기까지 상속되고 있다.

8. 결말

1) 차의 세계

차만큼 일본인에게 사랑받았던 것은 없다. 일반 사람들의 일상생활에 없어서는 안 되는 것이 바로 차이다. 다도는 주코에게서 시작되어 조오에게 이어지고, 리큐에 의해서 대성하여, 우아하고 심오한 예도(禮道)를 갖추게 되었다. 이것이야말로 국수예술(國粹藝術)의 꽃이라 해도 과언이 아니다.

먼저 다실은 풍류, 풍아한 건축이 되고, 로지(露地)는 고요하고 차분한 정원이 되며, 다실의 내부에는 선미가 가득한 족자가 걸려 있고, 화기에는 한 송이의 꽃이 있으며, 화로에는 솥과, 물항아리가 있다. 다도구 하나하나는 어디에나 있는 보통의 것과는 다르다. 또한 다실에 사용되는 히바치(火鉢, 화로), 연초분(煙草盆), 그리고 밥상, 식기에 이르기까지 다도구는 다인 취향의 정수(멋)를 모은 것으로, 어딘가 특별한 것으로 여겨져 사비의 예술품으로 다뤄지고, 혼연한 미의 전당으로 여겨지며, 미가 극도에 도달된 와비의 완전한 모습이라 할 수 있다.

주코 이전의 차는 중국에서 들여온 물건을 으뜸으로 치며, 값이 비싸고 화려했다. 그것이 일본풍의 취향으로 나아가면서 서원의 응접실에서 초암의 작은방으로, 호동(胡銅)의 화병에서 대나무의 화통(花筒)으로, 천목다완에서 신소(新燒)의 락다완(樂茶碗)으로 바뀌는 것같이, 일본화되고 있었던 것이다. 그리고 거기에는 불법(佛法)적인 관점이 있어 선적인 생활태도가 밑바탕이 되어 부처님을 섬기는 것과 같은 행사를 했다. 다인이 직접 물을 긷고, 땔감을 마련하고, 탕을 끓이고, 꽃을 꽂고, 향을 사르고, 차를 내어 부처님 앞에 공양하고, 남은 것은 손님과 함께 즐겁게 마신다는 점에서 차의 바른 도를 창조한 것이라 할 수 있다.

나아가 그것을 심오하고 깊게 파고들어 생각해보면, 부처님을 중심으로 하여 손님과 주인이 한없이 서로 즐거워한다고 말해도 좋다. 손님과 주인이 부처님에게 차를 공양한다는 것 또한 부처님으로부터 받은 하늘의 은혜라고 느껴지고, 그것을 삼가 고맙게 받아서 서로의 삶을 기뻐하고, 오늘을 기뻐하며, 일기일회를 기뻐한다고 보아도 좋을 것이다.

넓게 말하면 다다미 네 장 반 자리의 다사만이 아니다. 모든 사람들이 모두 화경(和敬)의 정신을 가지고 있다면, 모두 다사를 영위하고 청적(淸寂)의 정신이라면, 전부 부처님의 마음에 통하여 고요하고, 온화하며 화목하고 고맙게 차를 받아서 그 민족, 민중을 위해 서로 행복을 즐거워하는 것이 가능해질 것이다.

2) 선심(禪心)의 차

요즘 사람들은 투쟁이라는 단어를 자주 쓴다. 사람과 사람의 관계는 투쟁이다. 가령 부모 자식 사이도, 부부 사이도 어떤 의미에서는 투쟁이다. 하지만 단순한 투쟁만으로는 결말이 나지 않는다. 세계의 평화나 인류의 행복을 말한다면 지금 이 다도의 정신에 대해 한번 잘 생각해보는 것이 좋다.

차는 마음을 즐기는 것이다. 『석주(石州)와비의 문(文)』에도 '마음을 즐기는 수기자야말로 참된 수기자라고 해야 한다'라고 하고, 이이 다이로(井伊大老)의 『입문기(入門記)』에도 '애당초 끽다도(喫茶道)는 마음을 수행하는 술(術)이며 그리하여 만법 위에 새는 것이 없다'라고 말한다. 즉 쓸데없이 남과 투쟁하는 것이 아니라 다탕(茶湯)의 도에 의해서 거기에 다소라도 자신을 생각하고, 진실한 마음의 낙처(落處)를 아는 것이, 인생의 행로 가운데 마음을 닦는 기술이며, 이것이 바로 만법보편(萬法普遍)의 진리와도 통하는 길이다. 정치를 하는 사람도, 상업에 종사하는 사람도, 또한 힘든 노동을 하는 사람도 모두 똑같이 차노유를 알아야 한다. 차노유는 단지 탕을 끓이고 차를 다려서 마시는 것뿐이지만, 차 한 잔에 마음을 가라앉히고, 마음의 여유를 두어 진정한 자신의 모습을 볼 수 있는 '선심의 차'를 존중하는 법을 배울 수 있다.

선심의 차란, 선에 입문하여 종교적인 깨달음의 경지를 얻은 사람의 차노유이다. 따로 선심의 차라고 하여 특별한 것이 있는 것은 아니다. 단지 차의 탕을 끓이지만 차노유에 집착하지 않는 것이다. 차의 도구를 모아도 그 도구에 집착하여 구애받지 않는 것이다. 다회를 열고 유흥을 하는 것처럼 보여도 거기에 아만과 아집이 없고, 마음이 깨끗하고 남김없이 말끔하며 조심성이 깊은 것을 말한다. 그 때문에 주코나 조오도 부유한 신분이었지만 주코는 '도에서 제일 나쁜 일은 마음의 아만, 아집이다'라고 훈계하고, 조오는 '조심성이 깊어 교만하지 않는다'라고 말하였다. 또한 리큐의 와비의 마음도,

그 본질은 선심의 수행득도(修行得道)에 있다고 하고, 소탄이 다의(茶意)와 선의(禪意)를 일체로 보고 '선미(禪味)을 알지 못하면 다미(茶味)도 알지 못한다'라고 말한 것도 모두 선심의 차를 나타낸 말이다.

3) 다도의 극의(極意)

하카다의 센가이화상이 쓴 『다도극의(茶道極意)』라는 단편이 있다. 그 처음에

> 무릇 다도는 마음에 있고 기술에 있지 않다. 그리고 기술에 있고 마음에 있지 않다. 마음과 기술을 나란히 잊어버리는 곳에 일미(一味)는 항상 나타난다. 그것이 차노유의 묘도(妙道)이다. 모든 분수를 아는 것이 제일이다.

라고 말하고 있다. 이는 선심의 차라고 해도 반드시 마음만을 주체로 하는 것은 아니며, 결국 차노유의 기술에 도달하지 않으면 안 된다는 것으로 보여준다. 게다가 이 마음과 기술이 일체가 되어서, 거기에 구애되지 않는 것이 불도의 깊은 뜻을 얻는 길이다. 여기에는 '분수를 안다'라고 하여 모든 것이 분수에 맞게 하는 것이 중요하다. 즉, 그 사람의 신분에 맞게 차를 즐긴다는 것이다. 다도구, 식사, 그 외 여러 가지가 모두 그 사람의 분수에 맞게 갖추어져 차를 즐기고, 손님을 맞이하여 '주객의 가운데 시비를 찾아내지 말고, 손님은 주인을 돕고, 주인은 손님을 도와 자타의 간격이 없이 하나가 되어 차의 모임을 즐기는 일이다'라고 센가이화상은 맺고 있다.

또한 센가이화상과 같은 겟센(月船) 문하의 선승으로, 가마쿠라 원각사 중흥의 세이세쓰화상(誠拙和尙, 1546~1620)도 불고암(不顧庵)이라고 하여 마쓰다이라공(松平不昧公)과는 차와 선의 위에서 친교가 있었던 사람이다. 그의 『다무차(茶無茶)』에서는 다음과 같이 말하고 있다.

불고(不顧)가 차는 무차이고 유차(有茶)에 대한 무차(無茶)는 아니다. 그러면 무차라고 말하는 것은 무엇인가? 만약 사람이 무차의 가경(佳境)에 들어가면 무차는 바로 대도가 된다. 도에 생사미오(生死迷悟), 시비취사(是非取捨)가 없다. 갖추는 것이 없는 곳에 이른 것은 무차의 도이다. 갖추는 것이 없음을 알아서 행함은 무차의 덕이다. 그렇다면 무차의 도보다 귀한 것은 없고, 무차의 덕보다 아름다운 것은 없다. 이에 하나의 이야기가 있다.

어떤 승려가 조주(趙州)화상의 거처에 도착했다.
조주가 말했다.
"일찍 도착했는가?"
승려가 말했다.
"일찍 도착하지 않았습니다."
조주가 말했다.
"차나 마시고 가라!(喫茶去)"
또 어떤 승려가 도착했다.
"일찍 도착했는가"
조주가 말했다.
승려가 말했다.

"일찍 도착했습니다."

조주가 말했다.

"차나 마시고 가라(喫茶去)!"

일찍 와도, 일찍 오지 않아도 똑같이 '차나 마시고 가라(喫茶去)'라고 말한다. 뜻은 어느 곳에나 있다. 이들의 취지를 깊이 알면, 조주화상의 깊은 뜻에 들어 다미의 쓰고 달고 짠 것을 알게 된다. 그 무언가가 울리는 것 같다.

요컨대 차노유의 세계는 주객(主客)의 마음가짐이 기본적 요소이다. 오늘의 다회는 자칫하면 고가의 다도구를 진열하고 그것을 감상하는 경우가 많고, 사람보다도 도구가 주체가 되는 듯하다. 물론 도구 없이는 다회를 열 수 없지만, 도구의 가치는 2차적인 것으로, 그것을 보여주고 장식하는 것으로 얻으려는 것은 소위 아만과 아집을 더할 뿐이다. 이것이 차의 사도(邪道)인 것은 더 말할 것도 없다. 그래서 매우 신중하지 않으면 안 되는 것이다.

앞에서도 반복하여 말하였듯이, 차노유는 어디까지나 도구가 본위가 아니고 대인관계가 주가 되어, 한 개인이 한 자리의 사람들과 대응하는 상호관계를 중심으로 한 그 오의(奧儀)를 말하는 것이다. 차노유의 본의는 불조(佛祖)의 행을 익히고, 차를 준비하고, 불조에 공양하고, 그것을 많은 사람에게 베풀고, 나도 마신다는 것, 이것을 엄숙하게 행하는 것이다. 선종에서는 '전점법(煎点法)'으로 부르고 있지만 이것은 엄숙한 예법인지라 즐기는 것도 아니며 유흥도 아니다. 그러나 차노유는 그것을 일반적이고도 서민적이면서, 신분의 차이를 뛰어넘고, 빈부의 구별을 잊고, 서로 삶을 기뻐하며, 그 일기일회를 즐기는 것을 차의 정도(正道)로 한다. 그것이 역사적으로는 주코, 조오, 리큐를 거쳐서 소탄에 이르러 점차 그 이념을 뚜렷하게 만들어왔다고 할 수 있다.

4) 차를 즐기는 사람을 위해서

마지막으로 차노유를 즐기는 사람을 위해 그 마음가짐으로서 소탄의 말을 인용하니 잘 읽어보기 바란다.

> –차노유를 행하는데 사람들에게 칭찬받고, 훌륭하게 보이려고 무리하게 꾸미는 것은 만들어진 거동이므로 좋지 않다. 오직 곧은 마음과 성심 하나로 차노유를 지키며, 있는 그대로 하는 것이 좋다. 필시 흥미를 끌려고 하면 재미가 없다. 흥 없이 편안한 게 오히려 낫다.
>
> –스승 없이 오직 차노유 하는 것을 보고 능력이 좋다고 하지만 그것은 함부로 하는 사람을 말하는 것이다. 옛날의 차노유 모습은 위에 또 위가 있을 정도였다. 어쨌든 스승이 전하는 것이 없다면, 일단 들을 때는 재미있어 보이지만 바른 도는 아니다. 일단은 유행한다고 하더라도 일상적인 것이 아닌 것은 대체로 천리에 맞는 도와 비교했을 때 머지않아 이상하게 될 것이다.
>
> –사실 배우지 않고 하는 차노유는 없다. 젊은이는 노력해야 하고 늙었다 하더라도 무시해서는 안 된다.
>
> –차노유는 조금이라도 계략을 버리고, 명리를 싫어하며, 마음을 닦아 사람을 원망하는 마음이 없게 하는 것이다.
>
> –세간의 차노유는 부귀하여 요란스럽고, 빈천하면서 조용한 일이 없다. 이것은 차노유와 관련된 생각조차 없는 일이다. 마음이 고요해

지면 몸도 편안해진다.
—차노유 하는 사람이 어떤 일에 관하여 물을 일이 있어도, '나의 차노유가 얕다고 생각하지 않을까' 하여 묻지도 않고, 누군가 물어온다면 '이 정도의 일을 모르는가'라고 생각한다. 내 이름에 부끄러워하며 묻지 않고, 늙어서는 나이를 부끄러워하며 묻지 않으며, 모르고도 안다고 그 자리만 넘길 뿐이다. 그러므로 마음의 의심이 거두어지지 않게 된다.
—지금 세상은 오로지 도구의 진위를 분간하는 일만 하는데, 사람의 선악을 분별하는 일도 갖가지 어려운 게 많아 잘 분별하여야 한다. 얼굴이 마음에 들어서 마음을 용서해야 하는 것이 아니고, 사람과 친구의 마음은 선덕(先德)을 보고 공경의 마음으로 해야 한다.
—뛰어난 품성을 가진 사람은 배우지 않아도 능하고, 중간 정도의 사람은 배워서 잘하고, 낮은 품성의 사람은 배워야 하는 마음조차 갖지 않는다. 극히 악한 사람은 도리를 듣고도 반대로 행하는 사람이다.
—나의 분수를 아는 일이 매우 중요하다. 분수를 모르는 사람은 가난하면서 외양만 꾸미려 하고, 남의 물건 빌리기를 좋아하며, 부귀한데도 이익을 탐하여 손해 입는 것을 먼저 생각하고 이로 인해 아끼는 마음이 깊어져 몸을 힘들게 한다. 사사로운 집착을 버리고 힘차게 앞으로 나아가야 한다.
—학습(稽古)이란 평생 배우는 것을 말한다. 즉 옛것을 생각한다는 의미이다. 배움을 간절히 원하여 수행을 하더라도 힘쓰지 않는다면 효과가 없다. 차노유에는 습에 젖어 자기식(我流)을 배워야 할 이유가 없다.
—아는 것을 안다고 하고 모르는 것을 모른다고 하라. 모르는 것을

아는 척하는 것은 수치이다. 잘 모르는 것은 말하지 말아야 한다.

−악한 사람이 스승이 되어서는 안 된다. 그것은 스스로 악도(惡道)에 떨어지는 일이다. 스승이 사법(邪法)이 되는 것은 많은 제자에게 잘못 가르치기 때문에 큰 잘못이 된다.

−스승이 거짓말하는 것은 많은 사람을 잘못되게 하는 일이다. 작은 일이라고 허용하면 끝에 가서는 큰 잘못이 된다.

−스키샤(數寄者)는 항상 마음으로 육근(六根)을 버리기 때문에 마음이 풍족하다.

−어리석은 자는 항상 마음이 육근에 따라서 자기를 움직인다.

−부귀를 부러워하지 않고, 남을 모방하지 않고, 바라고 구하는 마음도 없고, 상스럽거나 천박하지 않고, 미천하지 않고, 편안하게 '이것도 좋다'라고 즐기는 것을 와비 차노유라고 하여, 최상이라고 한다.

이상 소탄의 이야기 가운데 중요한 부분을 뽑아보았다.

제2부

다선동일미(茶禪同一味)의 음미

다선동일미

『다선동일미』는 센 소탄(千宗旦)의 유서를 센소(仙叟), 잇토(一燈) 두 사람이 보충했다고 한다. 분세이(文政) 11년(1828년) 스하라야모헤에(須原茂兵衛)에서 출판한 것으로 『다도대감(茶道大鑑)』에도 수록되어 있다. 또한 다이쇼(大正) 8년(1919년) 모리다이쿄(森大狂)거사의 『근고선림총담(近古禪林叢談)』 센 소탄 부분에도 수록되어 있고, 또 「다도월보(茶道月報)」의 다이쇼 14년(1925년) 2월호에도 그 전문(全文)을 소개하고 있다. 내용은 5장으로 나누어 '다도와 선은 동일미(同一味)이다'라고 하여 선차(禪茶)의 진수를 나타낸 것으로서 매우 귀중하게 여기고 있다.

또한 이 『다선동일미』에 보충하여 10장으로 차의 정신을 나타낸 것에 『선차록(禪茶錄)』이 있다. 분세이 11년 무자 중춘(戊子仲春)에도 스하라야모헤에에서 출판하고 그 저자는 자쿠안 소다쿠(寂庵宗澤)으로 되어 있다. 최근에 이 책에 대해서 논의가 많아 자쿠안 소다쿠는 어떤 승려인가, 다쿠안화상의 제자인가, 다쿠안화상이 다인에게 보인 것을 필사한 것이 『선차록』인가 등 여러 가지 말이 있지만 현재로서는 확실하지 않다.

여기에 『다선동일미』를 들어서 다섯 장의 내용을 해설하는 것은, 이 책이 소탄의 저작이라 하여 그 내용이 참으로 다도의 진수를 나타낸 것이라고 생각하기 때문이다.

소탄은 '걸식소탄(乞食宗旦)'으로 알려질 정도로 고담(枯淡)하고, 영리(榮利)를 좋아하지 않았다. 흥이 날 때에는 다우(茶友)를 초대하여 다사를 하고, 흥이 다하면 혼자 앉아 진실로 '독좌대웅본(獨坐大雄峰)'의 선공안(禪公案)에 전념하였다. 차에 대해서 물으면 '차는 본래 선에 의한 것이기 때문에 나아가 보여야 하는 도(道)도 없다. 단지 우리가 늘 말하는 바의 옛사람의 다화(茶話)를 가지고 달을 가리킨다고 한다면 저절로 차의 일도 얻는 바가 있을 것이다'라고 했다. 또한 노래를 지어서 '차노유란 입으로 전하고 눈으로 전하고 마음에 전해 일필(一筆)도 없다'라고 하였는데 이것이 소탄의 참마음일 것이다.

1) 다사(茶事)는 선도(禪道)를 근본으로 하는 일

끽다(喫茶)에 선도를 주(主)라고 하는 것은 무라사키노(紫野)의 대덕사 잇큐선사를 기원으로 한다. 그 이유는 남도 칭명사의 주코가 잇큐선사의 법제자이기 때문이다. 주코가 다사를 좋아하여 날마다 행하는 것을 잇큐선사가 보시고, 차는 불도(佛道)의 묘처(妙處)에 들어맞는 것으로, 차를 달이는 점다(点茶)에 선의(禪意)[1]를 옮겨서 중생을 위해 자기의 심법[2]을 관(觀)[3]하게 만드는 다도와는 부합된

1) 선의(禪意): 선도의 의취(意趣)를 말하는 것. 심원한 선의 묘지(妙旨)를 말한다.
2) 심법(心法): 일심의 이법(理法)을 말하는 것. 사람들이 태어나면서부터 가지고 있는 본심본성, 혹은 불성으로 말하고, 영성(靈性)으로도 말하는 것으로 『임제록』에

다고 하셨다. 그러므로 본조(本朝) 다조(茶祖)로 칭하는 자는 주코에서 시작한다. 그 뒤 다케노 조오는 대덕사 고가쿠선사, 센슈 사카이의 남종사 후즈선사(普通禪師)에게 참선하였다. 센노 리큐도 대덕사의 고케이선사에게 입문하여 가르침을 받았다. 이는 세상 사람들이 잘 아는 바이다.

이 1장은 '다사는 선도를 근본으로 하는 일'이라고 하여 다도의 근원을 제시한 부분이다. 차는 유희가 아니다. 위유완락(慰遊翫樂)의 기예(技藝)로서 배우는 것이 아니다. 사실 차는 마음을 닦기 위한 것으로 이것을 선으로 말하면 본심본성(本心本性)을 깨닫는 것이다. 저 조동대매(曹洞大梅) 문하의 선에 입문하여 가르침을 받아서 비로소 차의 진의(眞意)를 깨달은 우라쿠류(有樂流) 다인 세세암설동(洒洒庵雪洞)은 『다도철퇴집(茶道鐵槌集)』에서 '지금의 다인은 전혀 선의 마음이 없고 오로지 기교만 생각하면서 차의 대의를 물으면 단지 예(禮)를 으뜸으로 말한다'라고 하여 예법을 몸에 익히기 위해서 차를 배운다고 생각하지만 실제로는 그렇지 않음을 꼬집었다. '다도는 법이 없고, 무법의 법 이것이 다법'이다. 법은 본래 공이다. 즉, 허공과 같은 것이다. 법도 없는 가운데에 천지만물색상(色像)이 포함되어 있다. 이것을 천하의 이치라고도 하지만, 무법 중의 법, 법 중의 무법을 깨닫는 것이기 때문에 '일찍 선에 참여하여 이 이치를

는 '심법은 형상이 없어 시방에 관통한다. 눈이 있어 본다고 하고 귀로 듣는다고 하고 코가 있어 냄새를 맡고 입으로는 담론을 하고 손으로는 집착(執捉)하고 발로는 운분(運奔)하나 본래 이것은 하나의 정명(一精明)을 나누어 여섯 화합(六和合)으로 한다'라고 기록되어 있다.

3) 관(觀)하게 만든다는 것은 마음으로 깊이 꿰뚫어 보는 것 혹은 고요하게(靜寂) 마음을 집중시켜 오묘한 진혜(眞慧)를 가지고 사구(思求)하여 관찰하고 비추어 보는 것을 말한다.

깨달아야 한다'라고 설하고 있다.

물론 차는 예법이지만 예법이라는 틀에만 사로잡혀서는 안 된다. 그 예법의 근원을 끝까지 파고들어서 본래 공의 진리에 전념하고, 거기에서부터 출발하여 차를 점하지 않으면 안 된다. 점이란 선의 용어로서, 점다(点茶), 점심(点心) 등으로 쓰인다. 점은 가라앉히는 일, 멈추는 일이다. 점다는 차센을 사용하여 차탕을 휘젓는 것이고, 점심은 음식을 가지고 공복을 채우는 것이다.

지금 점다하는 것은, 마음을 고요하게 가라앉혀 일체의 번뇌 망상을 멈추어 자기의 본심본성을 안정시키는 것이다. 즉, 본래의 청정무구로 돌아가는 것으로, 그것을 두고 소탄은 '자기의 심법을 깨닫게 만드는 다도'라고 말한 것이다. 차는 결코 단순한 오락이나 위안의 기예가 아니다. 이는 도로서, 교양으로서, 인간의 완성으로서 많이 배워야 하는 것으로, 거기에 다선동일미의 진수가 있다.

'다사는 선도를 근본(宗)으로 한다'라고 말한다. 종(宗)은 종지(宗旨), 종취(宗趣)라고 하여 그 제일의(第一義)로 하는 것을 말한다. 즉 차는 선의 제일의를 심득하지 않으면 진실한 것은 얻을 수 없다는 것이다. 차는 모양새가 아니며, 근성, 정신, 마음과 같은 알맹이를 채우기 위해서는 선의 도가 필요하다는 것이다. 다조 주코는 잇큐선사를 따라서 수행하고, 조오는 고가쿠선사와 다이린선사를 따라서 참선하였다. 고가쿠선사는 대덕사 북파의 선조 다이세이국사이며, 사카이에 암자를 지어서 남종암이라 칭하고, 그 법사 후즈국사, 다이린 소토는 미요시 나가요시의 귀의(歸依)를 받고 남종암을 확장해 대선원을 조성한 후 남종사라고 칭했다. 거기에서 조오는 참선하여 다도의 진수(性根玉)를 넣었다. 리큐는 다이린화상, 소레이화상, 고케이화상에게 30년의 긴 세월에 걸쳐서 참선하고 다도의 완성에 힘을 기울였다. 또한 소탄도 어릴 때부터 엔칸국사(圓鑑國師), 슌오쿠 소엔 문하에서 가르침을 받고, 성장하여서 세이간 소이(淸巖宗渭) 화상에게 참선하여 걸식소탄이라고 일컬어질 정도로 고담하게 와비차에 심취하였다. 그 외에 예를 든다면, 후루다 오리베는 대덕사 슌오쿠 소엔화상에게, 야부노우치 조치(藪內紹智)도 마찬가지로 슌오쿠 소엔에게, 고보리 엔슈는 대덕사의 다쿠안화상과 고게쓰화상에게, 가타기리 사다마사는 대덕사의 교큐슈화상에게, 마츠다이라 후마이는 대전화상, 세이세쓰화상에게, 이이 소칸은 선영화상에게 모두 참선하여 각각 선을 궁구하고, 심법을 깨달아(觀) 다도의 정신을 닦아서 이름을 이루었다.

> 일체 다사에 사용하는 것은 모두 선도(禪道)와 다르지 않다. 무빈주(無賓主)의 차, 체용로지(体用露地), 스키(數寄), 와비 이것들의 명의(名義)을 비롯해서, 그 외 하나하나가 선의가 아닌 것이 없다. 상세한 일은 생각하여 도리를 분간할 줄 알아야 한다.

이 부분은 다사에 사용하는 대표적 명사(名辭)를 들고 있는데, 이것은 모두 선어에서 나왔다고 한다. '선의 묘미를 드러내어 다도에서도 다미의 깊은 곳은 선어의 원래 의미와 연결시켜 생각하여 깨달아라'라고 설한 것으로, 다선동일미라고 하는 것은 이런 곳으로부터 앎에 이르지 않으면 안 된다.

먼저 '무빈주의 차'란 주객이 함께 무심이 되어 행하는 차의 법식을 말한다. 무빈주는 선어이다. 임제선사는 사람들을 위한 방편으로서 '사빈주(四賓主)의 설(話)'을 말했다. 하나에 빈중빈(賓中賓), 둘에 빈중주(賓中主), 셋에 주중빈(主中賓), 넷에 주중주(主中主)이다.

빈(賓)은 도중왕래(途中往來)의 객, 주(主)는 귀가은좌(歸家穩坐)의 주인공으로도 말한다. 반주상견(賓主相見)해서 참된 일인자다운 주인, 주인 중의 주인이라 할 만한 것을 인득(認得)해서 무빈주의 심경을 뚫는 것을 설한 것이다. 무빈주란 최종에는 빈주일체(賓主一體)가 되어서 융합하는 극지(極地)를 가리킨다. 즉, 주객일체가 되어서 무위무작을 행해야만 하는 것이 '무빈주의 차'이다.

사빈주는 『임제록』에 나타난 선지식(師家)와 학인(雲水)의 상견문답(相見問答)을 나타낸 것이지만 거기에 사빈주의 이름을 부여한 것은 임제선사의 법손인 풍혈연소(風穴延沼, 896~973)[4]로부터 시작된 것이라고 알려져 있다. 사빈주의 내용에 대해서도 이설(異說)이 있으며 주와 빈에 대해서도 여러 가지 견해가 있다. 처음에는 주를 사가(師家), 빈을 운수승(雲水僧)이라고 보고 주객문답으로 보았지만, 뒤에는 주를 오(悟), 객을 미(迷)에 비유하거나, 혹은 주를 체(体), 빈을 용(用)으로 보기도 했으며, 미오불이(迷悟不二), 체용불리(體用不離)를 무빈주라고 말한 것도 있다. 상세한 것은 송나라 회암지조(晦岩智照)의 『인천안목(人天眼目)』과 송나라 희수소담(希叟紹曇)의 『오가정종찬(五家正宗贊)』 등에 나와 있다.

다음에 '체용로지'에 관해서 말하면, 이것도 선어이다. 로지는 『법화경』에 '삼계의 화택(火宅)을 나와서 로지에 앉는다'라고 하고, 그것을 『법화경문구』 제5에 '견혹을 제거해도 누군가에게 사혹(思惑)이 있다면 오히려 로지라고 이름 붙이지 않는다. 오직 삼계의 사혹을 다한 것만을 로지라고 이름한다'라고 설명하고 있다. 또한 이는 백로지(白露地)라고도 하는데 백은 청정의 뜻이 있어 청정무구의 심경을 가리킨 것이다. 다음 체용이란, 체는 본체에 있어서 진공인

4) 책의 886년은 896년의 오류로 보인다.-역자 주

것, 용은 현상에 있어서 묘유(妙有)인 것이지만 양자는 일체불리의 관계이다. 이것을 항상 진공묘유의 곳이라 하고, 청정무구의 깨달음의 곳, 우리들의 본심 본성이 드러난(露) 곳(地)이라고 하는 것이다. 즉 천지간에 본체는 아무것도 없는데 그것이 연에 따라서 모든 것으로 나타나는 실로 불사의(不思義)한 곳을 진공묘유, 체용불리의 곳이라고 한다.

차도 그 마음은 진공이다. 그러므로 마음에 티끌 하나라도 있어서는 안 된다. 게다가 무아무심으로 그때그때에 응하여 동작을 옮겨 행하는 것을 묘유의 진수라고 한다.

스키(數寄)는 여러 가지 설명이 있다. 먼저 스키는 좋아하는 것이다. 만엽가명(万葉仮名)의 음(音)에서 온 것으로 특히 풍류문아의 도를 좋아하는 것을 스키라고 한다. 두 번째로, 스키의 글자 뜻으로 말하면, '여러 가지 많은 마음을 의지한다'라는 것도 되기 때문에 와카와 하이쿠, 이 다도 등에 마음을 의탁하는 것을 '스키'라고 말한다. 세 번째, 스키의 기(寄)를 기(奇)라고 하여, 수가 나누어지지 않는 기수로 있어 불완전한 것, 불균제한 것, 반단(半端)의 다도구에, 묘미를 다하지 않는 것을 말한다. 혹은 부족한 것에 만족하는 것을 나타내기도 하는데 이와 같이 여러 가지 의미가 있다. 네 번째, 스키야(數寄屋)를 공가(空家)라고 하여 스키는 공을 의미한다. 본래공, 본래무일물의 선어를 통해 여기에 깊은 의미를 가지고 스키의 묘미를 설명하는 것도 있다.

다음에 '와비'는 타(詫)라고 쓰고 사물이 모자라는 부족한 상태를 나타내는 말이다. 선어로는 '지족(知足)'이라 하고 사물이 부족한 것에 오히려 만족하고, 만족을 알고 즐기는 것을 말한다. 대명차(大名茶), 귀족차(貴族茶)에 대해서 홀로 간소하고 청적을 즐기는 차를

‘와비차’라고 한다. 조오의 『와비의 문』에는 ‘정직하게 삼가 깊은 마음을 이야기한다’라고 설명하고 있다.

> 이것을 가지고 시구(詩句)[5]의 다미(茶味)와 선미(禪味)를 깨달아 체득하는(知量) 뜻을 말하는 것으로 이는 실로 격언이다. 그렇다면 신기한 물건이나 진귀하고 비싼 보물을 좋아하고, 술과 음식이 잘 차려진 것을 고르거나 혹은 다실을 짓고, 정원의 나무나 돌을 감상하며, 오락을 즐기는 모임을 추구하려고 하는 것은 다도의 본래 뜻에 어긋난다. 오로지 선차에 만족하여 수행하는 것이야말로 우리 도를 숙원하는 것이다. 점다는 완전히 선법으로 자성을 깨달아 체득하는 공부이다.

이 대목은 다미에 선미를 더하여 차의 형식에서 선의 정신으로 들어가는 것을 가르친 것이다. 만약 정신이 수반되지 않고, 단순한 형식을 시행하는 것만으로는 전혀 의미가 없다. 때문에 그 정신인 자기의 본심, 본성을 깨닫는 것이 중요하다.

그래서 훌륭한 다실을 짓고, 정원에 수목천석(樹木泉石)을 설치하여 다도구를 즐기고, 명기진보를 널리 드러내 보여주며, 술과 음식에만 탐닉하는 것은 진실한 차의 도가 아니라 차의 사도(邪道)이다.

---

5) 시구(詩句)란 대덕사의 주지이며 사카이의 남종사 개산인 다이린 소토(大林宗套)선사가 다케노 조오화상에게 썼던 찬게(讚偈)에 다음과 같이 설하고 있다. ‘증결미타무애인(曾結彌陀無礙因), 일찍이 미타법신의 무애 자재한 씨앗과 인연 맺고, 종문갱전활기윤(宗門更轉活機輪), 선법의 종문에서는 또다시 살아 있는 지혜의 법륜을 굴렸다. 료지다미동선미(料知茶味興禪味), 다미와 선미가 같음을 깨달았으니, 흡진송풍의불진(吸盡松風意不塵), 송풍을 남김없이 들이마셔도 마음이 더렵혀지지 않는다. 이 시구가 『산상종이기(山上宗二記)』(본권 6권 수록, 珠光一紙目綠) 중에는 ‘소구미기운(紹鷗末期云) 양지다미홍선미(量知茶味興禪味), 흡진송풍불의진(吸盡松風不意塵)’으로 되어 있다.

그보다는 와비의 차라고 하여, 그 정신으로는 화경청적, 일기일회의 행동과 심득을 가지고, 기거동작에 하나하나 마음이 담아 고담하고 검소하게 다사를 하는 것이다. 저 유명한 이이 다이로의 『일회집』에도

> 주인과 객이 더불어 차회를 마치고 여정(余情)과 잔심(殘心)을 나누어 자리에서 물러나오는 인사를 마치면, 손님도 로지를 나갈 때 높은 소리로 이야기하지 않고 조용히 뒤돌아보고 나와서 간다. 정주(亭主)는 말할 것도 없이 손님이 보이지 않을 때까지 배웅한다. 그 뒤 다실 앞뜰의 중문, 입구의 나무 문 등 문과 미닫이를 서둘러 닫아버리는 것은 불흥천만(재미없기가 짝이 없다)이며 절대 삼가야 한다. 이는 하루의 향응이 물거품이 되어버리는 일이다. 손님이 돌아가는 뒷모습이 보이지 않더라도 결코 정리를 서두르지 않는다. 자못 조용히 다석에 되돌아가 자리 위에 오른 뒤 화로 앞에 혼자 앉아 '잠시 동안 좀 더 이야기를 나누었다면 좋았을 텐데', '지금쯤 어디까지 가셨을까' 하고 오늘의 일기일회를 끝내면서 다시 돌아올 일 없는 것을 생각해보거나 독복(獨服)하는 것이다. 이것이 일회의 극의의 익힘이 된다. 이때 적막하여 말할 수 있는 것으로는 솥 하나뿐이며 그 밖에는 아무것도 없다. 이것이야말로 참으로 자득하지 않는다면 이르기 어려운 경계가 된다.

라고 말하고 있다. 이것은 다미에 선미를 더했던 경계로, 참선을 하여야 비로소 얻게 되는 독자(獨自)의 경계이다. 이는 말로도 글로도 미칠 수 없는 바로 실지(實地)이자 실수(實修)이고, 자기완성을 위한 도(道)로서의 훈련이다. 이를 두고 소탄은 '점다는 완전히 선법으로서 자성을 깨닫는(了解) 공부이다'라고 말했다.

'자성요해(自性了解)'에서 자성이란 자기의 본심, 본성을 가리킨다. 우리의 분별망상이 사라진 것을 가리키고, 그것을 요해하는 것이 선법의 깊은 깨달음(悟道)이다. 때문에 점다의 비결은 자성을 깨닫는 것으로, 모든 분별망상을 버리고 오직 다도와 일심이 되어 차삼매에 들지 않으면 안 된다.

> 석존께서 49년 동안 설법하신 경의 가르침은 심외무법으로 모든 세계의 중생을 위하여 본분을 개발하도록 한 의미가 있다. 그것은 여러 가지 인연(因緣), 비유(譬喩), 언사(言詞)로서 방편으로 설시(說示)하신 것이다. 다도 또한 방편 지견을 본떠서 차를 달이는 일(점다하는 행위)에 의탁하여 본래면목을 증득해가는 관법이다. 이는 모두 제불(諸佛)의 교화(敎化)와 다름 아니다.

이 부분은 석존의 교화에 본분과 방편의 두 종류가 있음을 설명한 것이다. 본분은 본래의 분수(分際)라는 것으로, 참된 것이라는 의미이다. 불교에서는 진제(眞諦)라든가 제일의제(第一義諦)라고 말하고 있다. 방편이란 방편수단으로 방도이다. 참된 것을 얻기 위한 수단방법이다. 이에 응해서 취해야만 하는 방도이다. 석존 49년의 설법은 모두 방편이다. 미혹한 중생을 교화하기 위해 여러 가지 수단방법을 생각하여 상대방이 알도록 설하신 것이다. 어떤 때는 과거의 인연 이야기를 가지고 나오기도 하고, 어떤 때는 오묘한 비유를 들어서 설명한다. 그것을 '인연, 비유, 언사로 방편을 보여주신 것'이라고 소탄은 말하고 있다.

『법화경』에는 법설, 비유설, 인연설을 가지고 친절하게 법을 설명한다. 즉 법 그 자체를 바로 설명한 것, 법을 오묘하고 능숙하게 빗대어 설명한 것, 나아가 과거 생의 깊은 인연이 있어서 지금 이 법을 만나는 것이 가능하다고 하는, 길고 긴 인연 이야기를 설명한 것으로 나눈다. 그리고 법설은 상근상지(上根上智)의 사람만이 깨닫고, 비유설은 중근중지(中根中智)의 사람이 깨닫고, 인연설은 하근열지(下根劣智)의 사람까지 남김없이 모두 깨닫는다는 것 때문에 비유인연은, 법 그 자체를 위해서는 방편설시라고 하지 않으면 안 된다. 그런데 실제로 법 그 자체는 입으로 설명할 수가 없다. 단지 마음과 마음을 통해서 수긍할 뿐으로, 선에서는 '이심전심(以心傳心)'이라 하고 '교외별전(教外別傳)'이라고도 한다. 점다의 소작도 그것과 같은 의미이다. 그때그때 상황에 따라서 행동하고, 일정의 형식에 의하여 배우는 것만으로, 판에 박은 듯 그대로 따라하면 그것으로 충분하다는 의미는 아니다. 형식에 잡혀서 자신을 죽여서는 안 되는 것이다.

어디까지나 자신이라는 것을 살리고, 차의 방편설시만으로 만족하지 않고, 나아가 그 심오함에 있는 차의 정신, 진실의 제일의제(第一義諦)를 깨닫지 않으면 안 된다. 즉 차의 정신을 살리는 것이다. 차의 본래의 분수를 체득하는 것을 소탄은 '다사 또한 방편지견을 본떠 점다하는 태도에 의탁하여 본분을 증득해야 할 관법(觀法)이다'라고 말했다.

여기에는 '석존 49년'라고 되어 있지만 실제로는 45년이다. 즉 석존은 35세에 성도하고 그로부터 45년을 설법, 80세에 입멸하신 것이 지금의 이야기이다. 그러나 옛날에는 30성도, 49년 설법이라는 설도 있었기 때문에 그것에 의한 것일 것이다.

또한 '심외무법(心外無法)'이라든가 '삼계는 오직 한마음으로 마음밖에 다른 법은 없다(三界唯一心, 心外無別法)'라는 말의 요약으로, 모두 다 마음에서 만들어져 나오기 때문에 마음을 떠나서는 어떠한 방법도 없다는 절대적 유심론의 입장을 말한다.

> 그런데도 불구하고 요즘 다도를 배척하는 책이 세상에 많이 나와, '예가 아닌 예를 행하는 것이다'라는 등 온갖 표현을 써서 비난해도, 그것은 선의(禪意)가 매몰되어 이상한 태도로 바뀌어버린 것으로, 끝을 취하여서 비난하는 것이라면 무방하다. 만약 본래의 면목을 만난다면 어째서 반드시 비방하는 말이겠는가. 특히 선차에는 예를 능가하는 중요한 길이 있다. 그러므로 예만을 집착하는 것은 한쪽에 치우치는 견해이다. 예를 가지고 부처의 묘법에 비교한다면 대천세계의 하나의 섬과 같다. 예는 지엽(枝葉)이다.

예법은 차의 방편으로, 이 차의 예법으로부터 나아가 불(佛)의 묘법을 깨닫지 않으면 안 된다. 불의 묘법을 깨닫기 위해서 차의 예법, 예의를 행하려는 것이기 때문에 결코 다도가 배척해야 할 것은 아니다. 최근 다도를 배척하는 책이 많이 나오는데, 다도의 선의가 매몰되어 이상하게 변한 결과만을 보고 비방하는 것으로, 이는 피상적인 견해이다. 그것보다는 다도의 진정한 정신을 생각해야 할 것이다. 즉 다도의 진정한 정신은 본래 면목의 이치를 깨닫는 것에 있으니 다도만큼 뛰어난 것은 없다. 그것은 물론 선차이다. 선차에 의해서 불의 묘법을 깨닫는다고 하는데, 여기서 불의 묘법은 본(本)이며, 차의 예법은 말(末)이다. 나아가 그것을 비교하여 소탄은 '예를 가지고 불의 묘법에 비유한다면 대천세계의 하나의 섬과 같다'고 하여 묘법은 근본이며, 예법은 그 지엽이라고 맺은 것이다.

'본래의 면목'이란 자기 본래의 면목을 말하고 자신의 본래 모습을 가리킨다. 아직 인간으로 태어나기 이전의 본체(本體)이기 때문에 선에서는 항상 '부모미생이전(父母未生以前)의 본래(本來)의 면목(面目)'이라 하지만, 그 본체 또한 인간의 형을 받지 않은 이전의 것으로, 분별도 없고 망상도 없는 무아무심의 곳을 '본래의 면목'이라고 한다. 분별이라든가 망상을 생각해보면, 인간의 형을 받고부터 자아라는 생각이 일어나고, 그것에서 나와 너, 이것과 저것의 분별이 일어나고, 취사증애(取捨憎愛)의 망상이 일어나는 것이다. 그것은 말(末)의 말(末)에 대한 일로, 그런 일에 관계하지 않고 오직 본(本)의 본(本)으로 돌아가서 근본을 깨닫는 것을 '본래의 면목'이라 하며, '불의 묘법'이라고 한다.

다음에 '낙변제(落辺際)의 견(見)'이란 변제(邊際)에 떨어지는 견해로서 일방적인 생각이다. 선에는 당판한(担板漢)이라 하여 큰 판을 짊어지고 길을 걸어간다면 한 면만 보이고 다른 쪽은 조금도 보이지 않기 때문에 한 방면에만 집착하고, 다른 쪽을 잊고 있다는 견해를 말한다.

다음에 '대천세계'란 세계의 끝이 없음을 말한다. 즉 이 지구와 같은 세계를 천 개 모아서 이것을 소천세계라고 하며, 이 소천세계를 천 개 모은 것을 중천세계라고 하고 나아가 그 중천세계를 천 개 모은 것을 대천세계라고 한다. 무수한 세계라는 뜻이다. 또한 소천, 중천, 대천을 모아서 '삼천 대천세계'라는 말도 있다.

지금 묘법을 가지고 대천세계에 비유하여, 그 가운데 하나의 섬이 예법이라는 것이기에 예법은 지엽이라고 설하여, 그 근본의 묘법만 깨닫는다면 예법과 같은 말(末)의 말(末)은 저절로 깨닫는 것이 가능하지만, 그 반대로 지엽의 예법만을 집착하여 예라든가, 예가 아니라고 논하는 것은 어리석기가 짝이 없다. 비단 하나의 섬만을 알고, 대천세계의 일을 알 수 없다면 소견(小見)이며, 한쪽에 치우친 견해라고 할 수 있다.

> 금강경 주석[6]에 오직 인의예지신만을 행한다면 경(敬)을 할 수 없어 인상(人相)이라 이름 붙인 것이 있다. 노자에서 도덕을 비난함으로써 인의로 삼는 것을 성인의 잘못이라고 하는 것은 미시유물(未始有物)의 앞보다 존재하는 현현미묘(玄玄微妙)의 대도(大道)로서, 인위를 빌리지 않는 자연의 이치를 말하는 것이다. 이러한 이치를 깨쳐야만 하는 예다(선차)의 공부를 비방하는 것은 자포자기의 망인(妄人)으로, 자기 주먹을 가지고 자기의 머리를 때리는 것과 같다. 우리 문하의 사람은 삼가 신중하여 이 하나의 대의를 존중하고 받들어 모셔서 선미를 체득하는 참다운 다도를 수행해야 한다.

이렇게 선미의 진차(眞茶)를 수행하라고 끝맺고 있다. 즉 이 진차를 알려면 예다(禮茶)에서 시작해야 하고, 예다의 근원은 선미(禪味)의 진차(眞茶)이다. 여기서는 현현미묘(玄玄微妙)의 대도라고 말하고 있지만, 이것은 천지자연의 대도(大道)로, 천지미분(天地未分) 이전부터의 존재이다. 천지자연의 도리이다. 이 도리에 합치하도록 예다(禮茶)를 궁구(工夫)하는 것이기 때문에, 그것을 비웃거나 비난하는 것은 실은 자포자기가 심한 사람이라고 할 수밖에 없다. 자신의

6) 금강경 주는 금강반야바라밀경주 권상에 있다. 이 경전의 대승정종분 제 3 중의 '何以故 須菩提 若菩薩 有我相 人相 衆生相 壽者相 卽非菩提'이라는 본문에 대한 주석 중에 나오는 말이다. 반야의 미묘한 지혜에서 본다면 무상의 상을 참된 부처(眞佛)로 한다. 그러므로 아상, 인상 중생상, 수자상의 사상을 떠나지 않으면 범부이다. 즉 설령 인의예지신을 행할 수 있다고 하여도 이것은 인상에 지나지 않으며 무상의 묘상에는 비교할 수 없다는 의미이다.

주먹으로 자신의 머리를 때리는 것과 같은 것으로, 난폭한 사람이라고 해야 할 것이다. 그래서 먼저 예다를 배우고 자연스럽게 공부하여 무리 없이 천지자연의 도리에 합치하도록 하는 것, 일거수일투족이 자연스럽고 무심하게 이치와 일체가 되도록 공부하는 것이 중요하다.

여기에 조금이라도 조작을 하거나 일부러 하는 것이 있어서는 안 된다. 『금강경』[7]에서는 아상이 있고 인상이 있어 여기에 분별의 생각이 있으면, 어떤 선한 일을 해도 그것에 사로잡히게 되기 때문에 진실한 것이라고는 말할 수 없다고 한다. 노자에서도 인의를 행하여 인의에 사로잡혀, 자신은 인의를 이루었다고 생각한다면 그것은 자연의 덕을 파괴한 것으로 본다. 그래서는 진실한 성인의 동작이라고 말할 수 없다. 소위 분별이 있는 사람이다. 인위라고 하여 유심(有心)의 사람이 하는 작위(作爲)이다. 아직도 '인위를 빌리지 않는 자연의 이치'에는 합치하지 않으며, 현현미묘의 대도를 나타내는 것도 할 수 없다.

그래서 『금강경』에 아상, 인상, 중생상, 수자상이 있는 것은 진실이 아니라고 설하고 있다. 그것은 그 상에 집착하기 때문이다. 나라고 하는 모습, 다른 사람이라는 모습, 중생이라고 하는 모습에 사로잡혀서 그것에 집착하게 되고, 애증하게 되기 때문에 그것에 의해서 여러 가지의 분별망상이 일어나고 번뇌의 죄가 되는 것이다.

때문에 석존은 '무아(無我)가 되라, 무인(無人)이 되라'고 설했다. 자신이라고 하는 것을 인식하면, 자신이 인의예지신을 행했다고 말해도 거기에 자신이라는 모습을 인정하고 있는 한은, 진실로 불도

---

7) 『금강경(金剛經)』은 『금강반야바라밀경(金剛般若波羅密經)』을 말한다. 이 경은 '공'의 실천으로 미묘한 반야의 지혜(妙慧)을 설하여 무소득(無所得)의 묘한 이치를 가르치고 있다. 특히 후세에는 선종에서 중요시하는 경문이다.

의 이치에 계합했다고는 말할 수 없는 것이다. 때문에 지금 『금강경』의 주에도 '인의예지신을 행한다 할지라도 공경하지 말라, 인상이라 이름한다'라고 설한 것이다.

2) 다사수행(茶事修行)의 일

다도의 근본 뜻은 다기의 좋고 나쁨을 가리지 않고, 차를 달일 때의 자세(容體)를 논하지 않는다. 오직 다기를 다루며 삼매[8]의 경지에 들어서, 본성[9]을 보는(觀) 수행을 하는 데 있다.

여기서부터 다사수행의 일이 설명되어 있다. 즉 다기라고 해도 도구의 일을 말하는 것은 아니다. 또한 다사라고 해도 차를 준비해서 내는 방법이나 마시는 방법을 말하는 것은 아니라 오직 다기를 다루는 마음가짐(心構)을 말하는 것이다. 소위 차 삼매에 들어서 잡념을 일으키지 않고, 무아무심의 곳에 이르러 자기 본래의 모습, 정말 고요하고 깨끗한, 맑은 불심(佛心)을 드러내어 불성(佛性)을 관하는 것이 다사수행의 본론임을 나타낸 것이 이 장이다.

그런데 다사에 맡겨서 자성을 구하는 공부는 다른 것에 있지 않고

---

8) 삼매(三昧)는 범의어 Samadhi의 음역이다. 정(定), 정정(正定), 등지(等持), 적정(寂靜) 등으로 의역(意譯)한다. 마음을 일경(一境)에 머물러 산란동요(散亂動搖)을 막아 마음을 바르게 하여 망념 잡념에서 벗어난 경지를 말한다. (보통으로는 한 가지 일에 완전히 몰두하여 다른 일을 돌아보지 않는 것을 말한다.)

9) 본성(本性)이란 부처라 해도 늘어 나는 것도 아니고, 중생에 있어서라도 감소하지 않는 본래 본유의 영성을 말한다. 자기본유의 불성 즉 자성과 동의어로 말할 수 있다.

오직 주일무적(主一無適)[10]에, 일심을 가지고 다기를 다루어 삼매에 드는 것에 있다. 예를 들어 차샤쿠(茶杓)를 다룬다고 한다면 오로지 그 차샤쿠에만 순수한 마음을 쏟아부어, 나머지 일은 조금도 생각하지 않고, 시종 다루는 것이다. 또 차샤쿠를 놓을 때에도 전과 같이 마음을 깊게 모아서 놓아둔다. 이것은 차샤쿠에 한하지 않고 다루는 기물 모두에 해당한다.

여기서는 다기를 취급하는 마음이 무심인 것을 설한 것으로, 차샤쿠를 잡을 때는 잡을 때처럼, 둘 때는 둘 때처럼 마음을 움직여서 그렇게 되는 것을 '삼매'라고 한다. 즉 차샤쿠에 한하지 않고 다른 모든 동작을 조작 없이 무심하게 다루는 것을 말한다.

여기서 '주일무적'이란 오직 하나로 되는 것, 일심으로 삼매에 드는 것을 말한다. 가령 차샤쿠를 다룰 때에는 차샤쿠와 하나가 되어, 그로 인해 자기의 주체성 등이 조금도 없는 곳까지 들어가야 한다.

선어에 '순일무잡'이라는 말이 있지만 순수하고 진실한 마음으로 잡용심이 일어나서는 안 된다. 여기에서는 '순수한 마음을 넣고서 나머지 일을 조금도 생각하지 않는다'라고 설하고 있다.

또 그 다루는 기물을 제자리에 놓아두고, 손을 움직일 때도 마음은 조금도 방심하지 않고, 그다음에 다루려는 기물에게로 그대로 마음을 집중해 옮기고, 끝까지 마음이 해이해져서는 안 된다. 이와 같이

---

10) 주일무적(主一無敵)은 마음을 일점(一點)에 집주(集注)하여 다른 것에 매달리게 하지 않는 것으로, 다른 생각을 섞지 않고 외물에 마음이 끌려 빼앗기지 않는 것을 말한다.

하여 차를 달이는(点) 일을 기속점(氣續点)이라 한다. 오직 차삼매의 행위이다. 다도의 경지를 깨닫는 것은 그 사람의 뜻에 의한 것으로, 억지로 세월을 보낼 필요는 없다. 그저 한 생각을 일으켜(起一念)[11] 그 생각의 깊고 얕음이 있게 된다면 온 마음을 다하여 한결같이 다처(茶處)의 삼매수행에만 힘써야 한다.

이것도 기물의 다루는 방법을 나타낸 것으로, 기물을 차례차례로 다루는 것에 자신의 마음을 차례차례 옮기고, 거기에 마음이 조작없이 움직여야 한다. 마음이 하나의 것에 머물러 다음으로 옮기지 않는 것은 삼매수행이라고 말할 수 없다. 선어에 '마음은 만경(万境)에 따라서 움직이고 움직이는 바가 실로 능히 아득(幽)하다'라고 되어 있다. 이것은 마나라존자(摩拏羅尊者)의 전법게 가운데 앞 2구에 해당한다. 마음은 쉽게 무심이 되기 때문에 계속해서 움직인다. 마음은 한 곳에 정지하고 있는 것이 아니기에 항상 움직여야 한다. 그것은 '실로 능히 유(幽)하다'고 하여 도저히 말로는 설명할 수가 없고, 글로도 나타낼 수도 없다. 다사도 그와 마찬가지로, 차샤쿠를 사용하는 것도 무심의 동작, 차샤쿠를 세우는 것도 무심의 동작, 그다음 기물에 손을 얹는 것도 무심의 동작으로, 마음이 계속 움직이는 것이 다사의 묘미이고 수행의 안목이 된다는 의미이다.

다음에 '기속점'이란 기(氣)가 이어지고 있는 점다라는 의미로, 다사에 기를 놓아서는 안 된다. 한순간도 방심의 마음이 있어서는 안 된다. 어디까지나 엄숙한 무심의 동작이기 때문에 이 일을 터득하는 것은 상당히 어렵다.

---

11) 기일념(起一念)은 일념을 발기하는 것으로 일념의 서원심을 불러 일으키도록 격려하는 것을 말한다.

그래서 '요해'이다. 그것을 터득하고 능히 다사를 심득하는 것이 반드시 세월을 요하는 것은 아니다. 단지 그 사람의 일념에 있을 뿐이다. 일념, 그 마음을 다한다면 차삼매가 된다는 것이다.

> 삼매란 범어이다, 번역하여 정수(正受)라고도 한다. 무엇보다도 일심을 한 곳에 쏟는 것을 말한다. 원법사(遠法師)가 말하길, 삼매라고 부르는 것은 무엇인가. 사(思)를 다하여 상(相)을 고요히 하는 것을 말한다. 즉 생각을 오롯이 한다면, 뜻이 하나로 되어 흩어지지 않고, 상이 고요해지면 바로 기가 텅 비어 신랑(神郞)하게 된다. 기가 텅 비게 되면 곧 지념(智恬)에 비추고, 신랑하면 그윽하여(幽) 통하지 않는 것이 없다. 이 둘은 곧 자연의 그윽한 이치에 계합된 것(玄符)이며, 둘이지만 그 쓰임은 일치한다.

이 부분은 삼매의 설명이다. 삼매란 본래 인도의 말로 번역하면 '정수'가 된다. 또한 같은 단어에 삼마지(三摩地), 삼마제(三摩提), 삼마발저(三摩鉢底)가 있다. 번역하면 등지(等持), 등지(等至), 지식(止息), 적정(寂靜) 등이다. 즉 마음을 한 대상에 집중하여 모든 번뇌가 멈추는 바이며, 게다가 무심이면서 청정무구하기 때문에 명경같이 모든 것을 비추고 반영하여 만경을 바르게 받아들이는 것이 가능하다. 그래서 '정수'라고 말한 것이다.

다음에 '원법사'[12]로는 중국 수나라의 혜원법사(慧遠法師, 523~

12) 원법사(遠法師)는 혜원법사로, 중국 동진시대의 승려이다. 그는 여산 백연사의 조(祖)이며, 산서성 안문(雁門) 루번(婁煩)의 사람이다. 어려서 책을 좋아하여 13세에 이미 육경을 궁구하고 나아가 노장학에 뛰어났다. 21세 때 도안을 태행(太行) 항산(恒山)으로 찾아가 연마 수행한 뒤 제가 수십 명과 여산(廬山)을 지나 도우(道友) 혜영(慧永)의 힘에 의해서 동림(東林)에 방사(房舍)를 짓고 거주하며

592)를 말한다. 이 원법사의 삼매에 대한 설명은 사(思)와 상(相)으로 나누어, 사는 주관적인 것, 상은 객관적인 것을 나타낸다. 주관적인 사가 전일(專一)하면, 객관적인 상은 적정(寂靜)하여 그대로 주관에 비추어진다. 즉, 있는 그대로의 모습이 반영되는 것이다. 사와 상은 두 가지이지만 그 작용은 일치한다는 것으로, 이 주객일체의 이치를 여러 가지로 설명한 것이 신랑(神朗)과 지념(智恬)이다. 신랑이란 정신명랑(精神明朗)의 뜻으로 마음이 밝고 명랑한 것을 말하고, 지념이란 지혜허념(知慧虛恬)의 뜻으로 지혜가 산뜻하고 고요한 것을 말한다. 모든 주관적인 사가 근본이고, 사가 전일하면 뜻(志)도 전일인 것을 설명하여, 하나가 되기 때문에 객관적인 모든 상이 그대로 비추어져, 그 진상을 반영해내는 것이 가능하다. 이것을 '이 두 가지는 자연의 현부(玄符)이며, 일(事)이 둘이면서 용(用)은 일치한다'라고 말한 것이다.

또 법화경에 정실(靜室)에서 선정에 들어, 일심으로 한 곳에 앉으면 팔만사천 겁이라고 있어 일좌의 관법은 팔만사천 겁이 된다. 다장(茶場)에 들어가 삼매를 닦는 것은 일좌의 관법이다. 또 『우담보감(優曇寶鑑)』[13]의 「보왕론(寶王論)」에서 말하길, 생각을 가지고 염불삼매를 수행하는 자는 행주좌와에서도 생각을 묶어두어 잊지 않는

그의 덕을 기리는 자 수백 명과 함께 백연사를 창건하여 염불을 닦았다. 이후 30년 동안 산을 내려오지 않았다. 진(晋)의 의희(義熙) 13년(417년)에 병을 얻어 시적(示寂)했으며 그때 나이 83세였다. 당의 선종은 변각대사(辯覺大師), 송의 태종은 원오대사(圓悟大師)라는 시호(諡號)를 하사했다.

13) 『우담보감(優曇寶鑑)』의 우담은 우담대사를 말한다. 속성은 장(蔣)씨로 단양 사람이다. 어려서 여산의 동림사에 출가하고 뒤에 단양의 묘과사로 옮긴다. 원의 지대 원년에 무종의 조칙을 내려 연종(蓮宗)을 금지한다. 대사는 크게 한탄하며 이것을 부흥시키고자 연종보감 10권을 저술한다. 지순 원년(1330년)에 입적한다.

다. 설령 혼매도 생각을 묶어두고 정신을 집중하여 깨달으면 곧바로 그것을 파악한다'고 인용하고 있다 이러한 경전의 가르침을 배우고 본받아서 점다하고, 하루 종일(26시) 게으름 없이 한 곳에 현념(繫念)하여 오로지 용맹을 발하여 삼매수행에 들어가야만 한다.

여기에는 『법화경』[14]과 「보왕론(寶王論)」[15]을 인용하여 삼매수행에 대해 말한 것이다. 『법화경』에는 고요한 방에 정신단좌(正身端坐)[16]하여 좌선삼매에 들면, 가장 빨리 무아무심으로 되기 때문에 시공간의 일은 문제 되지 않는다. 일일시(一時)가 일체시(一切時)이고, 일처(一處)가 일체처(一切處)이다. 그러므로 일좌(一坐)의 관법(觀法)이 팔만사천 겁이 된다고 설한 것이다. 팔만사천 겁이라 해도 따로 숫자의 시간은 아니다. 이는 무한의 긴 세월을 가리킨다. 겁(劫)[17]이란 인도의 말로, 상세히 말하면 겁파(劫波)라고 하여

14) 『법화경(法華經)』은 묘법연화경을 말한다. 7권본과 8권본의 두 종류가 있지만 두 종류 모두 28품으로 내용은 동일하다. 석존이 출세의 본회(本懷)을 설한 경전으로 앞의 14품은 부처가 다음 세에 나타난 후의 가르침을 설한 적문(迹門)이다. 그리고 뒤의 14품은 옛날에 부처가 이미 구원(久遠) 성불했던 일을 설한 본문이다.

15) 보왕론(寶王論)에서 삼매를 수지하는 자는 행주좌와에 즈음하여 집중해서 망각하지 않고 잘 때도 역시 집중하며, 잠이 깨면 곧바로 이를 읽는다(修持一相念佛三昧者 當於行住坐臥懸念不忘 從今昏昧 亦懸念 而覺卽讀之). 잘 때(寂)도 깰 때(覺)도 염불삼매인 것을 설한 일문이다.

16) 정신단좌(正身端坐)는 몸을 바르게 하고 단정하게 앉아 있다는 의미다. 정실입선정(靜室入禪定)의 이 인용문은 법화경 제3권 화성유품(化城喩品) 제7에 나오는 말이다. '입실선정에 들어가서 일심일처좌(一心一處坐)는 팔만사천 겁(八萬四千劫)이 된다.' 참된 일좌(一坐)는 영원에 가치한다라는 의미이다. 잇큐선사의 시에 '일촌선향일촌불(一寸線香一寸佛) 촌촌적성장육신(寸寸積成丈六身) 삼십이상육십종(三十二相六十種) 자연장엄본래인(自然莊嚴本來人)'으로 말하는 것이 있다. 일촌선향(一寸線香)이란 잠깐 동안의 좌선을 의미한다.

17) 겁(劫)은 범어의 Kalpa의 음역이다. 겁파(劫波), 겁파(劫跛) 등에서 유래했다. 장시(長時), 대시(大時) 등으로 의역한다. 옛날 인도에서는 통상의 세월로는 계산할 수 없는 원대한 시간을 겁으로 나타낸다. 따라서 팔만사천 겁은 무량 무한의

그 긴 세월을 비유해서 개성겁(芥城劫), 발석겁(拔石劫)이라 한다. 개성겁이란 여기에 사방 사십 리의 성이 있어서, 그 성안에 겨자씨를 가득 채우고 백 년마다 겨자 하나씩을 끄집어내어 마침내 겨자씨가 없게 되는 때를 일겁이라고 한다. 또한 발석겁이란 사방 사십 리의 큰 돌을 백 년마다 한 번 천인이 내려와서 천의(天衣)를 가지고 스치고 지나가 마침내 거석(巨石)이 없어질 때를 일겁이라 한다. 이 비유를 통해서 겁이 얼마나 긴 세월이 되는가를 알게 해준다.

또한 「보옥론」에서는 염불일상삼매(念佛一相三昧)를 설하고 행주좌와, 어떤 때에도 염불을 칭명하여 일심일향(一心一向)이 되는 일을 나타낸 것이지만, 이들은 다 같이 점다삼매의 문헌으로써 든 것일 뿐이다. 오직 점다에만 집중하여 아침부터 저녁까지 26시 중 다사삼매에 들어 수행하라는 의미를 강조한 것에 지나지 않는다.

> 그런데 다기를 다루는 것을 가지고 본성을 관하는 것은 바로 좌선공부의 가르침이다. 좌선이라고 해서 조용히 앉아 침묵하고 있는 것만이 공부가 아니다. 그것은 암증(闇證)[18]의 좌선으로, 천태(天台)의 지자(智者)대사도 싫어하셨다. 때문에 거래좌립(去來坐立)을 모두 행하는 것이 좌선의 요법이 된다면, 다사에서도 이것과 같이 행주좌와에 게으름 없이 수행해야만 하는 것이다.

여기서는 좌선이라고 해도 단지 고요한 방에 정신단좌 하여 아무

영원한 시간을 의미한다.

18) 암증(闇證)이란 진여자성은 법계일상(法界一相), 평등일상(平等一相)이라는 불법의 지혜를 체득하지 못하여 정법의 안목이 없는 것이다. 무념무심의 심경에 몰익(沒溺) 주착하여 그 무념무심에서 지혜작용을 소생시켜 자유자애의 묘용을 수용하지 않는 고좌맹증(枯坐盲證)의 무리를 꾸짖는 말이다.

말도 않고 묵묵하게 있는 것만이 아니다. 오히려 눕지 않고 오래 앉아 있는 것은 좌선의 본의에 어긋난다고 하여, 선종의 제6조 혜능대사도 『육조단경』에

> '주심관정(住心觀靜)은 병이지 선은 아니다, 오래 앉아서 몸을 구속하는 것이 이치에 있어서 어떤 이익이 있는가.'

라고 타이르고 있다. 때문에 행주좌와 가운데 오직 일방적으로 앉아만 있다면 마음이 어둡게 되어 아무 쓸모도 없는 깨달음을 얻을 뿐으로, 그것을 '암증(闇證)의 좌선(坐禪)'이라고 한다.

이 '암증의 좌선'이라는 말은 천태종에서 선종을 비난한 말로, 천태의 제6조 형계대사(荊溪大師)의 『지관의례(止觀義例)』에 나와 있다. 그 의미는 선종은 좌선만 수행하여 교리에는 어두운 것을 공격한 것으로, 천태종은 교관이문(敎觀二門)이라 하여 교리에 의해서 불교의 도리를 알고, 관문에 의해서 실지에 선관을 수행한다고 한다. 이 교(敎)와 관(觀)은 수레의 양 바퀴나 새의 양 날개같이 중요한 것인데, 애석하게 선종은 단륜척익(單輪隻翼, 외바퀴와 한쪽 날개)으로 한쪽의 교리에 어둡다는 것이다. 여기에 '천태의 지자'라고 하여 천태종의 개조 지자대사를 가리키고 있지만, 실은 천태의 육조 형계대사의 말이다.

다음에 '거래좌립(去來坐立)을 함께 행하는 것이 좌선의 요법'이라 설시하시어 우리들의 기거동작, 행주좌와의 모든 것이 좌선 아닌 것은 없다는 의미이다. 육조 혜능대사의 제자 영가대사도 『증도가(證道歌)』에서 '행도 또한 선, 좌도 또한 선, 어묵동정에 몸이 편안하다'라고 설하고, 근대의 백은선사도 '동중(動中)의 공부는 정중(靜中)

의 공부보다 뛰어난 것이 백천만 배'라고 말하고 있다. 그러므로 좌선이라 해도 앉는 것에만 치중해서는 안 된다. 좌립거래하는 동작 위에, 자신의 마음을 가라앉히는 것이 중요하다. 즉 『육조단경』에도 좌선을 다음과 같이 설명하고 있다.

'선지식, 무엇을 좌선이라고 이름하는가. 이 법문 중 무장무애(無障無碍) 외 일체의 선악의 경계에 있어서 심념(心念)과 망상이 일어나지 않는 것을 이름하여 좌(坐)라고 한다. 안으로는 자성(本心)의 부동을 보는 것을 이름하여 선(禪)이라 한다. 선지식이여 무엇을 선정이라 이름 하는가. 밖에 상(相)을 떠난 것을 선이라 하고, 안에 어지러움이 없는 것을 정(定)이라 한다.'

다만 다사를 행함에 행주좌와의 행이 이루어질까라고 믿거나 혹은 그 반대로 의심할 수도 있으나 결국 실행해야 할 일이다. 왜 그런가 하면, 항상 다실에 들어가 점끽(点喫) 수행할 때와 마찬가지로 오로지 뜻에 집중해야 하는 일이며, 일체의 뜻을 행함에 행주좌와에 방심하지 않고 움직여야 하는 일이기 때문이다. 일상생활에서 방심하지 않고 뜻한 바대로 일을 처리한다면 사려에 힘들이지 않고 일체가 잘 조화되며, 군신이나 부자간의 인륜의 도(道)도 저절로 그 극처(極處)에 이를 것이다.

여기에서는 다사로 일체가 조화하는 것을 나타낸다. 즉 세간의 많은 사람들이 다사라고 하면 다실에서만 묵묵하게 끽다하는 작법으로 생각하지만, 결코 그렇게 단순한 것이 아니다. 끽다할 때의 마음가짐(心構)은 모든 행사에도 통한다. 군신부자 간에도, 인간으로서

이 세상에 처하는 도로서도, 모두 다사를 할 때의 마음가짐과 떨어져 있지 않다. 일사가 만사에 통하는 도리로 일즉일체(一卽一切)이다. 때문에 구도우국사(愚堂國師, 1579~1661)도 그 투기(投機)[19]의 게(偈)에

혼자 웃는 십 년 행각[20]의 일 (自笑十年行脚事)
마른 등나무로 만든 헤어진 삿갓 선문을 두드림 (瘦藤破笠扣禪扉)
원래 불법은 자질구레한 것이 없다 (元來佛法無多子)
밥을 먹고 차를 마시고 또한 옷을 입는다 (喫飯喫茶又着衣)

라고 하여 오직 무아무심으로 일상과 같이 차례차례 해가는 것에 불법의 극의가 있기 때문에, 다도의 정신도 무아무심으로 그 도의 극의에 도달하여, 그것이 일상의 행위에도 모두 나타나지 않으면 안 된다는 것이다.

특히 좌선관법은 어쨌든 무량(無量)의 염상(念想)이 떠올라서 번거로운 것이 되지만, 깊이 공부를 하면 그 공부에 압도되어 다른 생각이 일어나지 않게 된다. 그러나 원래 모양을 빌려서 행하지 않기 때문에 자칫하면 공부의 일념과 잡념에 섞여 혼란스러워질 우려가 생기기 쉽다. 그런데 다도는 온몸으로 도구를 다루기 때문에 마음을 그것에 기탁하면 다른 감정에 빼앗기지 않아 무릇 공부를 다하는 일에 어려움이 없다. 이것은 잇큐선사의 미묘한 지혜에서 나온 것으로, 실로 감탄하며 찬양해야 할 묘도(妙道)이다.

19) 투기(投機): 불교에서 끝까지 크게 깨달아 부처의 심기(心機)에 합하는 것
20) 행각(行脚): 어떤 목적을 가지고 여기저기 돌아다님

이것은 좌선관법과 다도의 비교로써, 좌선관법이 용이한 일은 아니다. 여러 가지 망념이 차례차례 다투어 일어나 순일무잡이 되기는 어렵다. 그 망념을 멈추려고 한다면, 오히려 그 멈추려고 하는 마음이 사라지지 않는다. 그런데 다도는 발을 움직이고 손을 움직이고 게다가 마음이 기탁하고 있기 때문에 망념이 일어날 틈이 없으며, 그 다사의 동작에 정신이 팔려버린다. 이른바 나를 잊고 다사삼매에 들어가게 하기 때문에 좌선관법보다는 상당히 쉽다고 할 수 있다. 이것은 전적으로 잇큐선사의 묘지(妙智)로, 이 다사삼매의 가르침은 좋은 묘도라고 감동하여 기리는 것이다.

3) 다의(茶意)에 관하여

다의는 선의이다. 그러므로 선의를 두고 달리 다의는 없으며, 선미를 알지 못한다면 다의도 알지 못한다. 그런데 세속에서 다의라고 하는 것은 하나의 취(趣, 취향 또는 의취 취미)를 세우는 것을 말한다. 그렇게 세운 취를 진정한 선차의 의미라고 인정하여 증입한(마치 한 경지를 다 깨달아 체득한 듯이 과시하는) 기색이 얼굴에 나타나 증상만이 생겨서 함부로 남을 비방하고, 세상의 다인 모두가 다의를 알지 못한다고 말하거나, 다의는 말로써 설명할 수 없고, 형식으로도 가르칠 수 없으니 스스로 터득하라고 한다. 또한, 이것을 교외별전이라고 생각하여 혼자 깨달았다는 사견(邪見)을 일으키니, 이 모두 취가 만든 업장이다.

이것은 차의 의취(意趣)를 설명한 것이다. '다의는 즉 선의이다'라고 하여 선의를 깨닫는 것이 다의를 깨닫는 것이 되기 때문에 선의를 제외하고서 다의는 따로 없는 것이다. 그러므로 '선미를 알지 못하면 다의도 알지 못한다'라고 하고, 여기에 다선동일미가 설명되어 있다. 그런데도 세간에서 말하는 다의는 선의 일을 조금도 알지 못하고 오직 차에만 하나의 유의(流儀)를 세우고, 그 유의 위에 의취(意趣)가 있는 것처럼 생각하여 자만하고 다른 유의는 열등하다든가, 다의를 모른다고 말하며 공격한다. 이것은 제멋대로 하는 논의로, 세속에서 말하는 '아류(我流)'이며, 아류로부터 설명한 사견으로, 매우 잘못된 것이다. 이른바 '자기도취의 자만심'이 있어 이를 두고 참된 다의를 알았던 사람이라고는 할 수 없다.

여기에 '증상만(增上慢)'[21]이라는 것은 세속에서 말하는 '스스로 잘났다고 뻐기다'라는 의미로, 자신만이 뛰어나다고 자만하여 거기에 깊이 집착하는 만심(慢心)을 말한다. '없는 것(無)을 있다(有)고 집착하는 일을 증상만이라 한다'라고 설명한다. 자신에게 그만큼의 다의를 얻은 것이 없는데도 얻었다고 생각하여 뻐기고 남을 비방하는 것을 '증상만의 사람'이라고 하는 것이다.

다조 주코가 그 제자 후루이치 하리마(古市播磨)에 주었던 전서(傳書) 가운데에 다음과 같은 말이 있다.

> '나쁜 일은 마음의 아만, 아집이다. 능숙한 자를 시기하고 초심자를 낮추어 보는 일은 일단 불경스러운 일과 같은 것이다.'

---

21) 증상만(增上慢)은 수승한 교법 또는 깨달음을 얻지도 못한 채 깨달음을 얻었다고 생각하여 뽐내는 것을 말한다. 이는 세속에서 말하는 자아도취(己惚)에 해당한다. 불교에서 말하는 4만인 증상만, 비하만(卑下慢), 아만(我慢), 사만(邪慢) 중의 하나이다.

이것은 다도를 하면서 가장 주의하지 않으면 안 되는 일로 마음에 아만, 아집이 있어서는 안 된다. 특히 나보다 뛰어난 사람을 질투하고 자신보다 뒤떨어진 사람을 얕보는 일은 가장 해서는 안 되는 일이다.

다음은 '교외별전'[22]이란 선어이다. 석존 일대의 교법 외에 별도로 전해진 법문이 있다. 그것은 깨달음의 법문이다. 마음에서부터 마음으로 전해진 이심전심의 법문이라고 하여, 선종의 종지이며, 다른 종지는 조금도 알 수 없는 부분이다. 즉, 다른 종지는 석존의 입으로 설했던 교법에만 의지해서 세웠지만, 선종만은 석존의 마음으로부터 제자의 마음으로 전해지고 있는 '교외별전'의 종지라고 하고, '불립문자', '교외별전'이라고도 한다.

진정한 선에 입문하여 배우지 않고, 또한 깨닫지 않고서 단지 '교외별전'의 형식만을 흉내내면서 마치 선의를 얻은 것과 같이 말하는 것은 아견, 아집의 덩어리인 것이다. 즉 '자신은 다의를 깨달았지만 말로는 설명할 수 없다'라고 하거나 '형식을 가지고 타인을 가르칠 수도 없다', '오직 자신만이 깨달아서 이해할 뿐이다'라고 하며, 어떻게 해서라도 깨달은 것같이 말하는 것은 선미처럼 생각되지만, 이는 진정한 선미는 아니라고 설한 것이다.

내가 세웠던 취와 다른 취란, 피아(彼我)의 차이를 이룬다. 때문에 사람들은 모두 다도의 정신을 알지 못한다고 조소하지만, 사실 취는

22) 교외별전(教外別傳)이란 문자의교(文字義敎)에 의지하지 않는 특별한 전승을 말한다. 즉 석존의 자내증(自內證)을 직접 전승한 것을 의미하며 선의 특이성을 표시하는 표어(標語)이다. 고래 달마(達磨) 일파(一派)의 선풍(禪風)을 나타내는 교의적인 표어로써 '교외별전(教外別傳), 불립문자(不立文字), 직지인심(直指人心), 견성성불(見性成佛)'의 사구(四句)가 사람들에게 친숙해져 널리 통용되고 있다.

사람들에게 있으면서 사람에 따라서 바뀌는 것이다. 나와 취가 다르다고 서로 비방하는 것은 분쟁의 원인으로 만심이 점점 심해지게 되어 마침내 악취의 속차(俗茶)가 우습게 되고 일체의 삿된 생각이 생기게 된다.

이것은 악취의 속차를 훈계한 것이다. 즉 차의 의취(意趣)는 본인이 원하는 대로 세워서 그것이 좋다고 말하고 있기 때문에, 다른 사람이 세운 의취와는 크게 차이가 있다. 자신이 세운 의취에 집착하여 다른 의취에 대해 '전혀 다의를 알지 못한다'라고 비난하고 조소하는 것은 잘못이다. 차의 의취는 제각각 좋은 것으로 세운 것이기 때문에, 그것에 대해 서로 시비하고 다투는 것은 그 만심이 점점 심해지는 것으로, 사실 추태라고 볼 수 있다. 그것은 악취의 속차라고 하며 삿된 생각만 늘어날 뿐 진정한 선차의 의취로부터는 멀어지기 때문에 크게 주의하지 않으면 안 된다.

무릇 취(趣)는 '이르다'의 의미로 선악의 업(業)의 인연에 의해 유정(有情)의 물건(物)을 생처(生處)에 이르도록 하는 것이다. 육취(六趣)의 미론(迷論)이란 대게 이러한 미혹함을 말하는 것이다. 그러므로 불법에서는 마음을 움직이는 것을 제일의 파계로 한다. 마음을 움직이지 않는 것이 선정의 요체라면 취를 세워서 만사를 행하는 것은 선차에서 매우 싫어하는 일이다.

이는 취를 설명한 것이다. 취란 이르는 곳, 장처(場處), 육취윤회(六趣輪回)의 장소를 말한다. 즉 선악의 업인(業因)에 의하여 육취의 과보가 생기는데 이것을 육취의 미론이라 한다. 이 선악의 업인에 대해서 육취가 생기기에 불법에서는 먼저 선업(善業)을 지으면 수라(修羅), 인간(人間), 천상(天上)의 삼선도(三善道)에 태어나고, 악업(惡業)을 지으면 지옥(地獄), 아귀(餓鬼), 축생(畜生)의 삼악도(三惡道)에 태어난다고 한다. 또한 삼선도 가운데 수라도만은 악취에 넣어 삼악도와 함께 사악취(四惡趣)라는 말도 있다. 반면 인간, 천상의 두 도는 인천(人天)의 낙과(樂果)라 하여, 육취 가운데 가장 좋은 곳으로 되어 있다.

'파계'란, 지켜야 할 법을 깨트리는 것이다. 지켜야 할 법에는 제계(制戒)와 성계(性戒)가 있다. 제계란 석존께서 지었던 것이고, 성계란 우리가 본래부터 갖추고 있었던 불성을 가리킨다. 그 불성에 위배하는 행위는 석존이 제지하지 못해도 인간이라면 당연한 계로서 지키지 않으면 안 되는 것이다. 파계에도 이 두 방면의 뜻이 있지만, 여기서는 특히 성계를 파하는 것을 이른다. 인간으로서 불성을 갖추고, 본래 불성을 가진 우리들로서는 정말로 부끄러워해야 할 행위를 '파계'라고 한다.

'선정의 요체'란 마음을 움직이지 않는 일이다. 외계의 사물에 마음을 움직여서 아타피차(我他彼此)의 분별을 세우고 취사증애(取捨憎愛)의 마음을 일으킨다면 선정이라고 말할 수 없다. 선정이란 외계에 마음을 빼앗기지 않고, 내심이 조용하고 고요하게 가라앉아 심란하지 않는 것이다. 선정은 무엇보다 마음의 안정이 중요하기 때문에, 이 선차도 무아무심으로 고요해지되, 여러 가지 아견을 세우고, 취지를 달리해서 만심을 가지고, 다른 사람과 다투는 일은 절대 금물이다.

그렇다면 그 마음을 움직이는 곳을 주의해서 다사를 하기 때문에 본래의 선기를 전도(轉倒)하게 한다. 무릇 취는 일체의 사물에 집착하여 마음을 움직여 사려작위(思慮作爲)를 사용하는 뜻이라면, 와비로써 마음을 움직이기 때문에 사치를 낳고, 기물로써 마음을 움직이기 때문에 법이 생기고, 스키(數寄)로써 마음을 움직이기 때문에 좋아함이 생기고, 자연으로써 마음을 움직이기 때문에 창의가 생기고, 만족(足)으로써 마음을 움직이기 때문에 부족한 마음이 생기고, 선도(禪道)를 가지고 마음을 움직이기에 사법(邪法)이 생긴다. 이와 같이 마음을 움직이는 것은 모두 악취의 원인이 된다.

여기서는 '마음을 움직이는 것은 모두 악취의 원인이 된다'라고 하며, 악취의 원인이 되는 것을 들고 있다. 그 악취의 원인은 아집이다. 사물에 집착하여 마음을 움직이고, 여러 가지 분별을 하여 본래(本來)의 선기(禪機)를 전도시키기 때문이다. '본래의 선기'란 무심의 활작용(活作用)을 말한다. 기(機)는 '탄력(정황, 여세)'이다. 사물에 응해서 무심하게 나타나는 활작용이다. 예를 들면, 공(毬)을 땅 위에 떨어뜨리면 그 탄성으로 튀어오르는 힘을 말한다. 조종(釣鐘)에 당목(撞木)을 치면 무심하게 음을 내는 듯한 것을 가리킨다. 거기에는 조금의 분별도 더해지지 않는다. 전광석화의 활작용으로도 말하는 것이 본래의 선기이다.

그럼에도 불구하고 지금 조금이라도 분별을 더해 집착하는 마음(執心)이 움직인다면 그것은 본심이지 활작용은 아니다. 이는 사물에 집착해 마음을 움직여서 사려작위를 사용한 것이라고 할 수 있다. 여기에 소탄은 육취를 들어 그 악취의 원인이 되는 것을 설명하고 있다. 제1은 와비로써 마음을 움직이기 때문에 사치를 낳고, 제2에는 기물로써 마음을 움직이기에 법이 생기고, 제3에는 스키를 가지고 마음을 움직이기 때문에 좋다는 마음이 생기고, 제4에는 자연으로써 마음을 움직이기 때문에 창의가 생기고, 제5에는 만족한 마음을 가지기 때문에 부족이 생기고, 제6에는 선도(禪道)로써 마음을 움직이기 때문에 사법(邪法)이 생긴다고 말하고 있다. 이것은 모두 집착을 근본으로 하여 사려작위(思慮作爲)를 하기 때문이다. 무아무심이 아니라 분별사려하기 때문에 본래의 선기가 전도하여 진실 그대로가 나타나지 않는 것이다.

가령 와비라고 하여 간소청적(簡素淸寂)을 즐기는 것은 그 도구를 모으고 그것에 애착하여 사치하는 마음으로 바뀌어간다. 스키라고 하여 풍류문아의 도를 좋아하여 그것에 마음을 의탁하고 있지만, 애착하여 선호하는 것이 차례로 생겨난다. 또한 사물은 자연이라는 것은 좋지만, 그 자연을 사랑하고 있는 사이에 자신의 창의라고 하는 것이 나타나서 궁구하는 마음이 움직인다. 또한 족하다 하여 전부 만족하는 마음이 움직이면, 거기에 족하지 않다는 부족의 마음이 생긴다. 모두 이들의 마음이 움직이면 본래의 무아무심에 등지는 것이다.

> 이것은 바로 상(常), 락(樂), 아(我,), 정(淨)의 네 가지로 전도된 생각(四轉倒)을 선호하는 것에 가깝다. 경문에도 '사람의 명은 한 호흡 사이에 있다'라고 설하고 있다. 그렇다면 명은 눈 깜짝할 사이에 끝나고, 몸은 무상임에도 항상하다고 생각하고, 기물진기를 모아서 비장(秘藏)하고, 무익한 보물을 염착하여 생애를 보낸다. 또 마음은 불락(不樂)임을 락(樂)으로 생각하여 다실과 정원에 과분한 돈을 들이고, 음식을 만드는데 좋고 나쁨을 가려서 빈객의 응접에 마음 쓰는 것을 최상의 즐거움으로 한다. 또 법은 무아인데 사람들은

제각기 자기 취향을 자랑하고, 자기가 하는 행동은 무슨 일이라도 옳다고 주장하며, 타인을 업신여기고 나를 내세워 편견에 빠지거나 일체가 부정(不淨)한 것을 정(淨)하다고 심득하고, 떳떳하지 않는 것을 즐겨 행하며 오히려 이를 떳떳하다고 생각하여 청정심을 더럽힌다. 이 모두는 세속에서 기뻐하는 다사로, 실은 사전도(四轉倒)의 악취이다.

여기에서는 사전도의 일을 설명하고 있다. 혹은 간단히 사도(四倒)라고도 한다. 미계의 중생은 명지(明智)가 없기 때문에 바른 이치에 대하여 네 가지의 전도된 망견을 일으킨다. 즉 정리(正理)란 사념처관(四念處觀)이라 하여, 첫째 몸은 무상하다고 관하고, 둘째 수(受)는 고(苦)라고 관하며, 셋째 법은 무아라고 관하고, 넷째 마음은 공이라고 관한다. 하지만 그것을 미계의 중생은 전도하여 생각한다. 몸은 상주(常主)한 것으로 집착하고, 수(受)는 즐거운 것으로 집착하며, 법은 내가 있다라고 집착하고, 마음은 있다라고 집착하여, 거기에 여러 가지 번뇌 망상을 일으키고 있다는 것이다.

지금 이 다도 위에서도 신수심법(身受心法) 위에 상락아정(常樂我淨)의 사전도를 일으키고, 거기에 애착한다. 제1에 상전도(常顚倒)를 일으켜서 이 몸의 무상한 것을 알지 못한다는 것이다. 석존도 『42장경(章經)』 가운데

부처님께서 사문에게 물으셨다. 사람의 명은 얼마 동안에 있는가. 응하여 대답하길 수일간이라고 했다. 부처님께서 말씀하시길 그대는 아직도 도를 모른다. 다시 한 사람의 사문에게 물어보시길, 사람의 명은 얼마 동안에 있는가. 응하여 답하길 밥 먹는 사이라고 했다.

부처님께서 말씀하시길 그대는 아직도 도를 모른다. 다시 한 사람의 사문에게 물어보시길, 사람의 명은 얼마 동안에 있는가. 응하여 답하길 호흡하는 사이라고 했다. 부처님께서 말씀하시길 그대는 도를 알도다.

라고 설하고 있지만 실로 호흡이 멈춘다면 이 몸은 없게 되는 것이기에 그것을 상주하는 몸으로 생각하고, 기물진기를 모아서 비장하고 무익의 보물을 애착하며, 그것을 받들어 생애를 보잘것없이 시시한 것으로 보낸다고 한다. 제2는 락전도(樂顚倒)라고 하여, 마음에 받아들이는 것은 괴로움뿐이다. 생노병사의 사고(四苦)를 시작으로 애별리고(愛別離苦), 원증회고(怨憎會苦), 구부득고(求不得苦), 오음성고(五陰盛苦) 등의 괴로움만 겹쳐서 오는 것인데, 그것을 알지 못하고 오직 다실이나 정원에 많은 돈을 낭비하여 빈객을 초대하고, 주연까지 여는 것은 더없는 어리석음이라고 말하고 있다. 제3에는 아전도(我顚倒)라고 하여, 일체만법은 모두 무아인데 자신 혼자 아집을 세워 나의 태도는 모두 맞다고 인정하면서 남의 태도는 모두 틀리는 것으로 여겨 그것을 경멸한다. 이것은 가장 나쁜 것으로, 편견도 심하다. 제4에는 정전도(淨顚倒)라고 하여, 원래 아(我)의 본심본성은 청정무구인데도 그것을 전도하여 여러 가지 분별의 파도를 일으켜서 취사증애의 생각을 왕성하게 하기 때문에, 거기에 본래 공이여야만 하는 본심 위에 망상의 유(有)를 일으킨다. 그리고 그것으로 청정심을 더럽히는 것이 세속에서 좋아하는 다사라고 하여, 그 사전도의 악취를 상세하게 비판한 것이다.

법화경 주(註)에 '어리석은 중생은 방일을 즐겨 항상 모든 고뇌를 받는다'라고 되어 있다. 무릇 일체 중생은 번뇌가 두텁고, 정이 깊어 무시 이래로부터 사물에 집착하는 번뇌에 오염되어 헤매고, 무익한 것을 즐거워하며, 갖가지 괴로움을 받아 삼계육도에 생사윤회하여, 곳곳에 생을 받기 때문에 중처(衆處)에 태어난다는 뜻을 취하여 중생이라고 한다. 만약 중생의 고뇌를 면하려고 한다면 한결같은 마음으로 신심을 일으켜서 선차의 문에 들어가 득도해탈의 공부를 수행해야 한다.

여기서는 『법화경(法華經)』을 인용하여 '어리석은 중생은 방일(放逸)을 즐기기 때문에 고뇌를 받고 있다'라고 하여, 그것을 면하려면 선차의 문에 들어서 선도를 얻어 고뇌로부터 해탈하려는 공부를 하도록 설명한 것이다. 불법에서 '우치(愚痴)'라는 단어는 삼독(三毒)의 번뇌라고 하여 탐욕, 진애, 우치를 번뇌의 근본으로 하고 있다. 그 안에 우치는 가장 주가 되는 것으로, 인과인연(因果因緣)의 도리에 어두워 무명이라고도 말하고, 명지가 없기 때문에 순경(順境)에 대해서는 탐욕을 일으키고 역경(逆境)에 대해서는 항상 진애를 일으킨다고 한다. 탐냄도 성냄도 모두 그 우치가 근본이 되어 일어난다고 설하는 것이다.

그리고 '방일(放逸)'이라는 것도 불법의 단어이다. 방일은 방탕의 의미로, 사물의 도리가 밝지 않기 때문에 자기 마음대로 행동을 하는 것이다. 여기서는 다사를 해도 자기 마음대로 아류를 내놓고, 그 아류를 자만하여 다른 유의를 경멸하는 것을 이른다.

다음 '색진(色塵)'이란 색경(色境)이라고 하여, 외계의 사물을 가리킨다. 이것은 우리의 안식의 대상을 이루는 것으로, 안식은 주관이고 색진은 객관적 존재의 사물을 말한다. 우리는 그 색진을 보고 여러 가지로 분별하여 좋고 나쁨을 선택한다. 좋은 것을 보면 갖고 싶다고 생각하고, 싫은 것을 보면 증오의 마음을 일으킨다. 이것이 마음에 관계하는 먼지(塵)라는 것으로 색진이라 이름 붙인 것이다.

다음에 '삼계육도(三界六道)'란 미혹한 세계의 총칭이다. 삼계란 욕계, 색계, 무색계를 말하고, 욕계란 우리들이 살고 있는 세계로, 모든 것이 욕(欲)에 의하여 속박되어 있는 세계이다. 음욕, 식욕, 수면욕, 명리욕(名利欲)이 그 근본이다. 육체를 인정하고 있는 선정의 세계를 '색계'라고 하고, 육체도 잊고 오직 선정삼매에 들어간 세계를 '무색계'라고 부르고 있다. '육도'란 앞에서 말한 지옥, 아귀, 수라, 인간, 천상의 삼악도, 삼선도를 말한다.

다음 '중생(衆生)'이란 수가 많은(衆多) 생물이라는 의미로, 항상 미혹한 일체의 사람을 가리킨다. 여기서는 '삼계육도에 유전(流轉)하여 곳곳에 생을 받기에 중처(衆處)에 태어난다고 말하는 뜻을 들어 중생이란 말이 된다'라고 하지만, 생물은 선악의 업에 의하여 여러 곳에 생을 받는 것이다. 선인(善因)이 있으면 인천(人天)의 낙과(樂果)를 받고, 악인(惡因)이 있으면 사악취(四惡趣)의 고뇌를 받는다고 한다. 그러한 고락승침(苦樂昇沈)이 끝이 없는 것을 중생이라 한다.

> 무릇 범부가 행하는 바는 선악이 모두 악업이 되고, 꿈속의 일은 유무(有無) 함께 무이다. 미혹한 동안의 사견은, 시비가 모두 비(非)이다. 그러므로 세속의 취를 편집하여 참된 선행이라고 말하여도 어찌 그것을 믿겠는가. 오히려 유익하지 않는 안일한 즐거움에 시간을 허비하고 부질없이 짧은 시간을 보낸다면 불타대성(佛陀大聖)의 교화에 배치되어 다도의 죄인이 될 것이다. 오직 촌음을 중시하고

> 한 찰나라도 불법을 배우는 것을 퇴전함이 없이 선차의 덕용(德用)으로써 묘도를 수행하는 것이야말로 가장 중요하다.

여기는 선차를 수행하도록 권하는 부분이다. 선차란 선도에 의하여 무아무심의 심경을 깨닫는 것이다. 아집이 있는 동안은 아무리 좋은 일일지라도 진정으로 선한 일은 되지 않는다. 이는 분별 위의 선(善)이다. 즉, 선(禪)에서는 '불사선(不思善) 불사악(不思惡)'이라는 말이 있다. 『무문관』 제23칙에 나와 있는 공안이지만, 이것은 시비선악(是非善惡) 상대의 세계를 뛰어넘은 것이다. 거기에는 아집, 아만, 아애는 조금도 없다. 그곳을 본래 면목으로도 부르고 있지만, 그것을 깨닫고 거기에서부터 전체가 작용하여 나타나는 소작이면 모든 것이 무아무심으로, 좋은 소작이다. 그것을 지금 소탄은 적극적으로 권하기 때문에 '오직 촌음을 아껴 한 찰나(刹那際)라도 퇴전하지 않고 선차의 덕용으로써 묘도를 수행하는 것이야말로 중요하다'라고 맺은 것이다.

찰나제(刹那際)란 불교 용어로, 시간의 가장 짧은 단위를 가리킨다. 혹은 생각이라고도 번역하지만 여기서는 잠시라도 방심하지 않고 정진하여 노력하는 것을 '찰나제라도 퇴전이 없다'라고 설명한 것이다.

또한 여기에 '범부'라고 말한 것은 미혹한 범용(凡庸)의 사람이라는 의미로, 우리와 같은 일반인을 가리킨다. 평범한 다인이라면 항상 분별망상 속에 살고, 이것은 좋고 이것은 나쁘다고 편집하여 자기만의 일락의 시간을 보내며, 무의미한 것에 귀중한 시간을 소비하고 있다. 하지만 그것은 모두 유심한 사람이며, 시비선악 대립의 세계에 사는 사람으로, 그 사람의 생각의 시비는 모든 것이 비(非)이다.

또 그 사람이 행한 선악은 모두 미혹 가운데의 소작에 지나지 않기 때문에 모든 것이 악이다. 그런 다사는 석존의 교화에 어긋나고, 선의 제일의(第一義)에서도 벗어나 다도의 죄인이 되며, 결국 선은 하나도 없다는 것이다.

그보다도 광음을 소중히 여기며 하루라도 빨리 선의 제일의를 깨닫고, 무아무심의 경지를 손에 넣어, 하는 일마다 자재신통, 무애삼매가 되어 선차의 묘미를 만끽해야 한다고 권유한 것이 이것의 요지이다.

4) 다기(茶器)에 관하여

선차(禪茶)의 기물(器物)은 아름다운 그릇(美器)이 아니고, 보배로운 그릇(寶器)도 아니며, 오래된 그릇(舊器)도 아니다. 원허청정(圓虛淸淨)의 일심을 가지고 그릇을 대하는 것이다. 이런 일심청정을 그릇으로 삼을 때 선기(禪機)의 차가 된다. 그렇다면 명물이라 하여 감상하는 다기는 귀하게 여길 것이 아니다. 왜냐하면 한 잔의 차를 마시기 위해 값을 정할 수 없는 비싼 그릇을 구입하여 보물창고에 비장해두고 보물로 한다고 해도, 도에 있어서는 어떠한 이익도 없기 때문이다. 소인이 재물을 가지게 되면 이따금 재해를 부르는 원인이 된다. 노자에 '얻기 어려운 재화를 귀하게 여기지 말라, 백성으로 하여금 도둑이 되게 하지 말라'고 되어 있다. 대체로 다도구의 좋고 나쁨을 논해서는 안 된다. 선악(善惡) 두 가지의 사견(邪見)을 끊고, 실상청정(實相淸淨)의 그릇을 자신의 마음에서 찾아야 한다.

이것은 다기에 관해서 설명한 것으로, 선차의 다기는 자기의 본심 청정의 그릇이지 세상에서 일반적으로 말하는 형태의 다기는 아니다. 형태의 다기에 관해서 여러 가지 선악을 논하는 것은, 선악의 분별에 떨어져 아견 아집을 더할 뿐으로, 진정한 차의 방식은 아니다.

꽤 비싼 다기라 해도 그것은 형태를 가진 것이다. 값비싼 다기를 쟁탈하고자 하는 데서 이것은 '재해를 부르는 매개'가 된다. 옛날 오토모 소린(大友宗隣)이라는 다기 수집가가 있었다. 그의 동생 오우치 요시나가(大內義長)는 오우치 요시타카(大內義隆)를 계승하고 있었다. 모리 모토나리(毛利元就)가 나가도가 가쓰야마조(長門勝山城)에서 요시나가(義長)를 공격할 때, 모토나리는 오토모 소린에게 사신을 보내어, '당신의 동생 요시나가를 도울까, 그렇지 않으면 죽일까'라고 물었다. 그랬더니 소린은 '동생을 죽여도 좋다. 그리고 그가 가지고 있는 효탄(瓢簞, 호리병박)의 차이레는 내가 가지고 싶다'라고 말했다. 이에 모토나리는 요시나가를 죽이고, 그가 가지고 있던 효탄의 차이레를 소린에게 보내주었다.

이후, 소린은 천하의 형세가 도요토미 히데요시에게 유리하게 되자 동생을 죽여서까지 낚아챈 소중한 차이레를 그에게 헌상했다. 그것을 아사카 단파쿠(安積澹泊)는 『담백사고(澹泊史稿)』에

> 효탄은 하나의 작은 그릇인데, 종사(宗社)의 성쇠에 관계된다. 모토나리가 본 것은 쓰레기와 같고, 소린에게는 골육보다도 중요했다. 일흥일쇠(一興一衰)를 또한 이렇게 봐야만 한다.

라고 말하고 있다. 너무 다기를 좋아해도 형제간에 다툼이 생기고, 가지고 있는 것에 의해서 나의 몸이 위험하게 되는 경우도 있다.

자기청정의 마음이 그릇으로 된다면 모양은 어떠할지라도 명기(名器)가 된다. 즉, 앞에는 세간적인 차이지만 지금의 것은 출세간적인 차이다. 리큐와 같은 사람은 일찍부터 다선일미의 경지를 즐겼다. 달리 다기의 선악(善惡)은 신경 쓰지 않았던 모양이다. 기카쿠(其角)의 『잡담집(雜談集)』 하권에도 다음과 같이 나와 있다.

> 어떤 스승이 말하길 리큐의 차노유를 만나서 다사를 좋아하는 무리들이 오래된 도구, 새로운 도구 등을 눈에 불을 밝히고 칭찬한다면, 리큐는 이에 전혀 불흥(不興)하여 '새로운 것, 오래된 것의 감정은 상인에게나 있다. 도를 좋아하는 무리들은 가령 흠이 있는 사발이라도 때가 될 때 차노유에 사용할 것과 사용하지 않을 것의 경계를 구별해서 물수기(物數奇)라고 칭찬해야 한다'라고 설했다.

그래서 소탄의 '원허청정(圓虛淸淨)의 일심'을 가지고 다기로 하는 것은 형태를 가진 것은 아니다. 자신의 청정심을 가리키는 것이다. 때문에 아름다운 그릇이나 보배로운 그릇은 아니다. 형태를 가진 것이라면, 이것은 아름다운 다기라든가, 고가의 보기(寶器)라든가 하여 애완하는 것이 되겠지만, 지금은 형태를 가진 것이 아니라 자신의 본심청정을 가리키고 있기 때문에, 이것을 원허라고 말한 것이다. 원허란 원만하면서 허공과 같이 편일체처(遍一切處)의 것으로, 선가에서는 자주 일원상(一圓相)을 가리킨다. 혹은 대원경지(大圓鏡智)라고도 하고, 진공무상의 본체로도 말하고 있지만, 어쨌든 불가사의한 존재이기 때문에 이것을 깨닫는 것이 선의 종지이며, 이것을 내 자신 가운데 드러내는 것이 선기(禪機)의 활작용(活作用)이라고 말하는 것이다.

다음에 '선기의 차'란 선기의 활작용을 가리킨다. 자신의 청정심을 깨달은 사람은, 그 평상심의 동작이 모두 불작불행(佛作佛行)으로 드러나 거기에 조금의 분별심도 없고, 무위무작으로 사물에 응하여 전광석화같이 움직이기 때문에 그것을 '선기의 차'라고 한다.

다음『노자(老子)』의 말은 '불상현장(不尙賢章)' 제3장에 나와 있다. 얻기 힘든 재화를 귀하게 여길 때 사람들은 훔치는 것을 생각한다. 때문에 그 훔치는 마음을 일으키지 않게 하는 것은, 사람들의 마음을 가라앉히고, 무욕무위의 마음으로 하지 않으면 안 된다고 설명하고 있다.

다음에 '실상청정(實相淸淨)의 그릇'에서 실상은 좋고 나쁨의 두 견해를 떠난 것을 의미한다. 자세히 말하면, 제법실상이라든가 중도실상이라든가, 혹은 실상무상이라고도 한다. 즉 일체만법은 모두 일상(一相)으로, 두 가지 상이 있어서는 안 된다. 그것을 두 가지 상과 같이 보고 선악을 논하는 것이 우리들의 사견이다. 선가에서는 항상 '버들은 푸르고, 꽃은 붉다'라고 하고, '까마귀는 검고 백로는 희다'라고 한다. 그것이 진실의 상이고, 그것을 '검은 것은 나쁘고, 흰 것은 좋다'라고 분별하는 것은, 나의 입장에서 좋고 나쁨을 논하는 것에 지나지 않는다. 지금 기물에 대해서도 이것은 좋다든가 이것은 나쁘다든가 하는 것은, 모두 자기의 입장에서 분별하는 사견(邪見)이기 때문에, 이것을 끊어 자신의 본심청정을 찾지 않으면 안 된다.

> 원래 일심의 그릇은, 사람이 조작심과 작위심으로 만든 그릇이 아니다. 천지자연의 그릇이라면 음양일월, 삼라만상, 백계천여도 같은 이치를 구족하고, 밝고 밝게 달을 비추는 것 같은, 허령불매(虛靈不昧)의 불심이 되는 것이다. 이는 스스로 번뇌의 구름을 일으키고,

진여의 빛을 감추며, 오진에 물들어 원하는 대로 정욕을 일으키고, 탐진치의 삼독을 발하여서 마침내 일심청정이 바뀌어 삼독(三毒)의 그릇을 성취한다.

여기서는 '천지자연의 그릇'이라고 하여 천지간의 만물이 모두 실상청정의 다기가 되는 것을 설명한 것이다. 별도로 이 다기는 누가 만들었다고 하는 것도 없다. 이는 천지자연의 그릇으로, 법이무작(法爾無作)이라고도 한다. 하늘은 높고 땅은 낮으며, 태양은 항상 동쪽에서 나오고 서쪽으로 지는 것이다. 봄에는 싹이 트고 잎이 나며 꽃이 피어난다. 가을에는 낙엽이 지고, 열매를 맺고 수확을 한다. 여름에는 덥고, 겨울에는 춥다는 이치는 천지자연의 꾸밈없는 모습이다. 이 모습을 제법실상이라 하고, 실상무상이라고 하며, '허령불매의 불심'이라고 한다. 하지만 그것을 알지 못하는 어리석은 인간의 얄팍한 지혜(小智)는 여러 가지로 분별하고 망상을 일으켜서, 이 신령스럽게 비추는 진여의 빛을 덮고, 탐진치 삼독의 번뇌 때문에 그 몸을 삼독의 그릇으로 하여, 하고 싶은 대로 정욕을 일으킨다. 그리고 이는 사실 안타까운 일이다.

여기서 '백계천여(百界千如)'라는 것도 삼라만상 그 자체를 불교의 깊은 의미로 설명한 것일 뿐으로, 천태대사가 설한 말이다. 백계란 십계에 십계를 갖춘다고 하여, 지옥, 아귀, 축생, 수라, 인간, 천상의 육계에, 다시 성문, 연각, 보살, 부처의 세를 더한 것이다. 앞의 육계는 미혹의 세계, 뒤의 사계는 깨달음의 세계를 말하며, 이 십계에 각각 십계가 있다고 한다. 가령 우리 인간세계에도 지옥, 불심의 십계를 갖추고 있어 내면에 자리한 불심을 나타내라고 설한 것이다. 지옥계의 존재라도 그것으로부터 벗어나서 인간계에 태어나거나 부처가 된다고 하고, 또한 부처도 지옥을 구제하기 위해 자재로 지옥의 세계에도 나타나서, 널리 십계에 분신(分身)하여 유희삼매(遊戱三昧)에 중생을 구제한다고 설한 것이 이 십계호구(十界互具)의 깊은 가르침이다.

또 천여(千如)란 앞의 백계에 십여를 갖추는 것으로, 이것은 『법화경』에 설한 십여시(十如是)의 법문을 그대로 인용하여 천태대사가 설한 것이다. 즉, 십여시란 여시상(如是相), 여시성(如是性), 여시체(如是體), 여시력(如是力), 여시작(如是作), 여시인(如是因),여시연(如是緣), 여시과(如是果), 여시보(如是報), 여시본말구경(如是本末究竟) 등을 말하여, 천지간의 사사물물은 모두 시간적, 공간적으로 서로 의지하고 서로 도와서 이루어지는 것이기 때문에 어떠한 것도 이 십여시가 되지 않는 것은 없다고 한다. 이와 같이 만들어지고, 이와 같이 멸하고, 이와 같이 체가 있고, 이와 같이 작용을 나타내는 것으로, 누가 만들었다는 것도 없다. 법을 자연의 존재로 보는 것이 이 '백계천여'의 가르침이다.

그것을 여실히 보는 것이 불심이며, 그것을 여실히 보지 않는 것이 범부의 우리들이다. 범부는 번뇌의 구름을 일으키고 오진(五塵)에 물들어 이 몸을 삼독의 그릇에 성취한다고 소탄은 설명하고 있다. 오진이란 색, 성, 향, 미, 촉의 오경이다. 우리들의 눈, 귀, 코, 혀, 몸의 상대가 되는 것으로, 눈은 눈으로 보는 대상(色)에 미혹하고, 귀는 소리에 더렵혀지고, 코는 향에 붙잡히고, 혀는 맛에 빠지고, 몸은 촉각에 의해서 때(塵)가 묻는다는 것이다.

다음에 '탐진치(貪瞋痴)'란 삼독의 번뇌라고 하여, 자세히 말하면 탐욕, 진에, 우치의 삼독이다. 먼저 '우치'란 무명이라고도 하고, 인과의 도리에 어두워 명지를 결여한 것이며, 그것 때문에 자신이 좋아하는 것에 대해서 탐심을 일으키는 것을 '탐욕'이라고 한다. 또한 자신이 좋아하지 않는 것에 분노하여 성내는 것을 '진에'라고 한다. 이 모두 자신에게 독이 되는 근본이자 삼독이라 해서 가장 삼가야만 하는 것으로 되어 있다.

> 그러므로 세간의 중생은 공겁(空劫) 이래 오탁(五濁)에 더렵혀져 자신의 그릇이 추악하게 되는 것을 깨닫지 못한다. 이미 무명에 모이고 꺼들리면 선이라 자랑하는 것도 진정한 선은 아니다. 『노자』에 '천하가 모두 아름다움을 아름답다고 하는 것은 아름다운 것이 아니다. 모두 선한 것을 선하다고 하는 것은 불선(不善)이다'라고 하는 것이 이것이다. 비유한다면, 향에 배여 있는 사람은 그 향을 맡지 못하는 것과 같이, 자신이 행하는 것이 모두 악취이기 때문에 오로지 선차의 교묘한 작용으로써 나쁜 다구를 버리고 본래청정의 다구로 바꾸어 사용해야 하는 것이다.

이것은 오탁악세(五濁惡世)에 살고 있는 우리들은 그 그릇이 무명에 의해서 만들어져 있기 때문에 모든 행위가 악취이고 빨리 선차를 배워 그 마음을 본래의 모습으로 바꾸지 않으면 안 된다고 설명하는 것이다. 불국국사(佛國國師)의 노래에도

> 구름이 개인 뒤 빛으로 생각 마라
> 본래부터 하늘에 있는 밝은 달이다.

라고 되어 있지만 그 원래의 청정에 서지 않으면 안 된다. 오탁이란 겁탁(劫濁), 견탁(見濁), 번뇌탁(煩惱濁), 중생탁(衆生濁), 명탁(命

濁)이라 하여 모두가 예악(穢惡)이다. 말법의 시대에 보는 것, 듣는 것, 나누는 것, 주변의 것이 탁해져 있기 때문에, 자기 혼자만 청정한 마음이 되지는 않는다는 것이다. 즉 무명이라 하여, 명지가 없기 때문에 모두 분별의 이견으로 본다. 아무리 선이라고 해도 이견이기 때문에 선이라고는 말할 수 없게 된다.

여기에 소탄이 인용한 『노자』의 말은 '천지개지장(天地皆知章)' 제2에 나와 있는 말로, 선악은 형태가 있는 것에 관해서 말하며, 소위 사람의 미오, 그릇의 미오와 같은 종류이다. 선 불선(善 不善)이란 무형인 것에 대해서 말한다. 사람 마음의 선 불선의 종류이다. 지금 세간의 사람이 '미(美)다, 선(善)이다'하여 생각하지만, 그 미라고 생각하는 곳에 마음이 집착되기 때문에 이것은 악(惡)이 된다. 선이라고 생각하면, 마음에 치우쳐 선을 구하려는 마음이 생기게 된다. 그것이 나쁘고 불선하다는 것이 노자의 말이다.

그래서 선이라든가, 악이라든가 하는 두 견해가 모두 자신의 마음을 더럽히게 된다. 마음을 치우치지 않도록, 집착하지 않도록, 선의 수행에 의해서 예악(穢惡)을 버리고 본래청정의 맑디맑은 그릇으로 바꾸도록 여기서 권유한 것이다.

> 법화경에 지혜 작용의 힘(力)은 뛰어난 미기(美器)에서 받는다고 말씀하셨다. (이것은 바로 좋은 그릇을 잘 쓸 수 있는 능력이 있다는 말이다.) 그래서 본분으로 수행하면 하근기(下根)의 수행자도 반드시 좋은 그릇(善器)을 받을 수 있을 것이다. 설령 성취를 못해도 선차의 문에 들어가 의지하여 마침내는 미기로 되어야 한다. 가어(家語)에 간인(奸人)과 동행하면 변소 가운데 있는 것과 같이, 옷을 더럽히지 않아도 때때로 악취가 난다. 악인과 같이 동행하면 칼

> 위를 걸어가는 것과 같다. 비록 칼이 사람을 손상하지 않는다 하더라도 때때로 놀라고 두려움이 있으므로 잠시 동안에도 악도(惡道)에는 들지 말 것이다.

여기서는 『법화경』과 『공자가어(孔子家語)』를 인용하여 선차의 문에 다가서도록 권유한 것이다. '붉은 것과 섞이면 붉게 물든다'라는 이치로, 간인과 동행하면 간인의 악취가 몸에 스며든다. 또한 악인과 동행하면 언제 위해가 가해질지 모르는 불안이 항상 따라다닌다. 그러므로 간인, 악인과 동행해서는 안 된다. 힘써서 선차의 문에 선다면 알지 못하는 사이에 마음도 안정되고 순정(純淨)되어 자연히 아름다운 그릇이 되는 것이다.

가령 하근열지(下根劣智)의 사람도 노력하고 애쓰는 마음이 제일이다. 부단한 노력이라 하여, 조금도 방심하지 않고 다선삼매에 마음의 공부를 쌓으면 반드시 미기가 될 수 있다는 것이다. 그것은 모두 본래 청정의 덕을 가지고 있기 때문인데, 그것을 끊임없이 닦는다면 반드시 본유청정의 마음이 나타난다는 것이다.

> 인(因)은 반드시 과(果)에 이르는 것이 도리이다. 악에 의하면 악한 곳으로 가고, 선을 좋아하면 선한 곳으로 나아가는 도리가 되기 때문이다. 오로지 용맹심을 분기하고, 정성으로 선차의 공부를 다한다면, 현세에는 왕자(王者)의 감옥에 들어가는 고통을 면하고, 죽어서는 삼도의 문이 막혀 승천득도(升天得道)를 이루게 될 것임을 의심하지 않는다. 이와 같이 성취하는 것을 천지와 하나(天地同一)된, 지혜광명을 원만하게 두루 비추는 청정(圓虛淸淨)의 보배로운 그릇이라고 하고, 이를 선차의 기(機)라고 칭한다. 오래된 옛날 명품

도자기 그릇이 대단히 진기하고 귀중한 것이라 해도 이것이 무슨 가치가 있는가!

여기서는 선인선과(善因善果), 악인악과(惡因惡果)의 도리를 설명 하고, 오로지 선차에 대한 공부를 하여 선차의 틀(機)를 나타내라 하며, 선차의 기(機)는 모양이 있는 다기보다 훨씬 뛰어난 것이라고 맺고 있다. 불법에는 인과인연의 일을 설하는 것이 주체이다. 그리고 이 인과를 시간적으로 설명하여 '인은 반드시 과에 도달하는 도리이다(習)'라고 한다. 이것을 공간적으로 말하면 자기 혼자서는 살아갈 수 없다는 것이다. 반드시 사회 전체의 은혜를 받아서 그의 덕분으로 자기의 생명이 보전되어가는 것이다. 여기에 사회의 은혜를 알고, 인간으로서 부끄럽지 않는 행위를 하고, 사회의 질서를 어지럽히는 것 같은 일을 해서는 안 된다. 어디까지나 다른 사람에게 폐를 끼치지 않도록 선처하는 일이 인간의 도이다.

거기에서 마음의 수양이 제일이다. 선악의 두 견해를 세워 악을 버리고 선을 좋아하는 것도 좋지만, 그보다는 천지와 동근, 만물과 일체라고 하는 원허청정의 보기(寶器)가 되는 것이 선차의 골자이다. 마음속에 어떤 걸림도 없이, 법이자연으로, 있는 그대로의 모습이 되는 것이 선차의 활작용으로 가려면 바로 가고, 앉으려면 바로 앉는다. 끽다끽반(喫茶喫飯)이 그대로 불심(佛心)이라면, 그것이 선차의 기(機)라고 말해야만 하는 것이다. 아무리 높은 가치의 오래된 명품 도자기 그릇이 대단히 진기하고 귀한 것이라 해도 문제가 되지 않는다. 그것은 유형적인 것이며 또한 가치를 가지고 평가시키려는 것이지만, 선차의 작용은 무형적인 것이어서 가치판단을 초월하기 때문에 동일하게 논할 수 없다는 것이다.

5) 로지(露地)에 관하여

> 지금 세속에는 다실의 정원을 가리켜 '내로지(內露地)'라고 칭하고 있지만, 본래 뜻은 매우 다르다. 원래 로지라고 쓸 때 '로(露)'는 'アラハス', 'アラハル'를 훈(訓)으로 하고, 숨김없이 있는 그대로를 모두 드러낸다는 뜻으로 풀이한다. '지(地)'는 마음을 말하는 것으로, 이것의 자성을 드러낸다는 의미가 된다. 일체의 번뇌를 이단(離斷)하여 진여실상의 본성을 드러내기 때문에 '로지'라고 말한다.

여기에 로지라는 것은 다실의 외부에 있는 다정(茶庭)을 가리킨다. 차를 마시는 것은 다실의 가운데이지만, 거기에 이르기까지의 마음의 준비가 로지에서 다듬어지고 정리된다. 로지는 많은 경우 외로지(外露地)와 내로지(內露地)로 나누어져 있다. 외로지는 기다리는 곳(待合)에 만들어져, 거기에서는 복장을 고치기도 하고, 손님이 기다리기도 한다. 초대된 손님이 모이면 주인의 안내에 따라 차례차례 중문을 지나서 내로지에 들어간다.

내로지에 들어갈 때에는 로지 짚신(草履), 또는 로지 나막신을 신고 디딤돌을 따라(石傳) 츠쿠바이(蹲踞)에 가서 손을 헹구고, 니지리구치 쪽으로 나가는 것으로, 그렇게 가는 길에 로지의 구성, 경치, 다정의 현판 등을 눈으로 살피며 조용하게 돌 위를 따라간다.

그래서 이 로지라는 글자의 뜻에 관해서 소탄은 '자성을 드러낸다'라고 말하고 있다. 땅은 마음을 가리키고, 자기 본심본성을 드러내는 것으로, 그것이 바로 우주의 진리, 천지자연의 도리를 나타낸 것이기 때문에, 여기에는 범부의 얄팍한 번뇌의 마음이 있어서는 안 된다. 즉, 청정무구의 마음을 로지라고 말한 것이다.

> 백로지라고 하는 것도 마찬가지이다. 백은 청정한 것을 말한다. 이 의미를 가져와 다실은 본성을 드러내는 도장(道場)이라는 의미에서 로지라고 이름 붙였다. 때문에 로지는 다실에 있어서의 한 이름이다. 불모의 빈터의 광막하면서 청정한 경지도 로지라고 한다. 이 또한 본성에 비유한 것이다.

이것도 마찬가지로 로지의 설명이다. 로지를 백로지라고도 하는데, 백은 청정의 뜻으로, 본심, 본성의 청정무구인 것을 나타내어 한 점의 더러움도 없는 곳을 가리킨다. 때문에 로지의 가운데 들어가면 조금의 먼지도 없고, 세속의 여러 가지 번뇌를 일으켜서는 안 된다는 것이다. 리큐의 노래에도

> 뜰 앞 가득 채웠네
> 죄다 치울 수 없는 솔잎
> 먼지가 보이지 않으려나[23]

라는 것이 있다. '불모(不毛)의 적지(赤地)가 광막하면서 깨끗하고 청정한 것도 로지라고 한다'라고 하며 근본지(根本地)를 나타낸 것이다. 조금도 인간의 손이 닿지 않는 곳, 인간의 얄팍한 마음이 없는 곳, 근본의 있는 그대로의 로지를 나타내며 본심본성으로 비유

23) 안수현 연구원 옮김

한 것으로 보아도 좋다.

> 법화경 주에 사구도중(四衢道中)을 사제에 비유하여 그 사제관으로서 견제를 깨달으면 무릇 저 길거리와 같이 네거리로서 이름하는 바이다. 만약 견혹을 제거할지라도 생각이 거듭 일어난다면 로지라고 이름할 수 없으며, 만약 삼계 생각이 모두 다하면 이때야 비로소 로지라고 말할 수 있다. 또한 도량이라고 말하는 것도 로지와 같은 뜻으로 지관에는 '도량이란 곧 청정경계이다'라고 나와 있다. 때문에 오주(五住)의 번뇌의 모습을 치유하고, 실상 청정한 본성의 미(米)에 습기를 말린다는 의미로 로지라고 한다. 도량으로 말하는 것도 다른 것이 아니다.

여기에는 불법의 전문용어가 많이 사용되어 있다. 먼저 사구 도중을 사제(四諦)에 비유하고 있지만, 이 사제는 사성제라고도 하여 석존일대의 설법은 이 사제의 도리에 지나지 않는다고 하며, 후세에 이르러 더욱 깊은 도리로서 설명되었다. 그러나 그 근본은 미오인과(迷悟因果)의 도리로, 제1의 고제는 미혹의 과(果), 제2의 집제란 미혹의 인(因), 제3의 멸제란 깨달음의 과(果), 제4의 도제는 깨달음의 인(因)을 설한 것이다. 즉 미혹의 과는 우리들이 사는 세계를 비롯하여 삼계육도가 모두 고의 세계라고 하고, 미혹의 인이란 번뇌에 의해서 업을 낳는 원인을 자세하게 설명한 것이다. 또한 깨달음의 과란 번뇌가 없게 된 곳, 깨달음의 인이란 그 번뇌를 없애는 도를 설명한 것으로, 법화경에는 상세하게 선정(禪定)과 명지(明知)가 설명되어 있다.

그런데 이와 같이 고집멸도(苦集滅道) 사제의 도리를 설하고 있지만 그 근본은 삼계출리(三界出離)의 도로써 번뇌를 끊는 것이 주안(主眼)이다. 번뇌에도 여러 가지가 있지만, 중생을 삼계에 헤매게 하는 근본의 번뇌는 견혹(見惑)과 사혹(思惑) 두 종류이다. 견혹은 도리(道理)에 미혹한 번뇌이고, 사혹은 사실(事實)에 미혹한 번뇌이다. 때문에 견혹은 도리까지 터득한다면 바로 끊는 것이 가능하지만, 사혹은 실제의 일을 만나 일어나는 탐진치 삼독의 번뇌와 만심 등이기 때문에 쉽게 끊을 수가 없다. 길고 긴 세월의 수행으로 점차 끊는 것 외에 다른 길이 없다고 되어 있다.

또한 '오주(五住)의 번뇌'라는 단어도 있다. 오주란 견혹, 사혹에 무명의 혹(惑)을 더한 것이지만, 다른 뜻으로는 사혹을 삼계에 열어서 욕계의 사혹, 색계의 사혹, 무색계의 사혹으로서 신중하게 바라보기 위해 삼계로 나눈 것이라고 말하고 있다. 또한 무명이란 분별의 근본번뇌라고 하여 항상 두 가지 견해를 일으키고, 그것에 미혹하여 한쪽에만 집착하는 변견(邊見)을 말한 것이다. 자기 밖에 부처가 있다고 생각하여 그것을 구하거나, 이 땅 밖에 정토가 있다고 생각하여 그것을 원하는 것도 모두 무명번뇌로, 밝은 지혜가 부족하다는 것이다. 자신의 밖에는 부처가 없다. 이 땅을 떠나 밖에는 정토가 없는 것이다. 지금의 자신을 잊고 이 땅을 싫어하여 다른 것을 구하려는 마음은 모두 미혹의 근원으로 이를 무명이라고 부른 것이다. 모든 것에 분별하고 차별의 마음을 일으킨다면, 그것이 무명이라는 것이다. 본래 부처는 자기 자신이다. 이 세계를 바로 극락정토로 보고, 거기에 조금도 의심이 있어서는 안 된다. 종단은 순수하고 진실하게 본래 있는 그대로를 보는 것, 거기에 견혹도 사혹도 무명도 없게 된다면 그것이 로지이며, 도량이라고 보았던 것이다.

『법화경』 비유품(譬喩品)에서 '삼계(三界)는 화택(火宅)'이라고 말한다. 탐진치의 불이 타고 있는 세계이기 때문에 일찍 사제관에 의해서 '삼계의 화택을 나와라!'라고 말하고, 나온 그곳을 로지라고 부른다. 여기서 만약 견혹을 끊어도 사혹이 있다면 로지는 아니다. '견혹사혹을 모두 단진(斷盡)하여 진실로 무아무심의 곳에 도달한다면 그곳을 로지라고 이름 붙인다'라고 설했다.

또한 로지를 도량(道場)이라고도 한다. 『지관(止觀)』 가운데 '도량이 곧 청정경계이다(道場卽淸淨境界)'라고 하고, 『유마경(維摩經)』에는 '직심, 이것이 도량'이라고 말하고 있다. 즉 정직한 마음, 가식이 없는 마음, 있는 그대로의 실상청정의 본성을 도량이라고 하고, 로지라고 부른다.

> 또 다실을 별세계 등으로도 말하는 것을 자기 마음(自心)에 비유하기도 한다. 부처님의 말씀에(佛語) '세계는 세계가 아니다(世界 非世界), 또 응당 머무는 바 없이 그 마음이 생긴다(應無所住而生基心)'의 의미라 할 수 있다.

여기서 부처님의 말씀이란 『금강경』을 가리킨다. '세계는 세계가 아니다(世界 非 世界)'란 말을 자세히 말하면 '세계는 세계가 아니고 이름이 세계이다(世界 卽 非世界是名 世界)'라는 것이다. 즉 세계라고 하여 분별의 생각을 가지고 본다면, 그것은 진실의 세계는 아니다. 분별 없이 세계라든가 세계가 아니라든가 하며 분별하지 않고 있는 그대로 본다면 그것이 진정한 세계라는 의미이다. 다음의 '응당 머무는 바 없이 그 마음이 생긴다(應無所住而生基心)'라는 말도 마찬가지이다. 이는 '정말로 머무는 바 없이 더구나 그 마음을 생해야 한다'라고 하여, 마음에 주착하는 곳이 있다면 망심이지만, 만약 마음에 주착하는 곳이 없고 진실로 무아무심이라면 거기에 본심본성이 나타난다. 실상청정의 마음이 그대로 생기기 때문에 진공묘유의 모습을 나타낸 것이다. 저 유명한 다쿠안선사의 『부동지신묘록(不動智神妙錄)에도 '응무소주이생기심(應無所住而生基心)'이라는 제목으로 다음과 같이 기술하고 있다.

이 글은 '응무소주이생기심(應無所住而生基心)'이라고 읽는다. 만가지 업(業)을 행하여 행한다고 생각하는 마음이 생긴다면 하는 일에 마음이 머무르게 된다. 그러한 까닭으로 머무는 바 없이 마음이 생기게 된다. 마음이 생기는 곳에 생기게 되지 않는다면, 손도 행하지 않고, 행하면 거기에 머문다. 마음이 생겨 그 일을 하면서 머무는 일이 없음을 모든 도의 명인으로 말하게 된다. 이 머무는 마음에서 집착의 마음이 일어나고 윤회도 여기에서 일어난다. 이 머무는 마음이 생사의 끄나풀이 된다. 꽃과 단풍을 보고 꽃과 단풍을 보는 마음은 생기면서 그곳에 머무르지 않는 것이 요지가 된다. 지엔(慈圓)의 노래에 다음과 같은 구절이 있다.

사립문에 향기 나는 꽃은 그렇게 있다면 있으라,
바라보면서 다시 돌아가는 한스러운 세상

꽃은 무심으로 향이 나는 것인데 나의 마음은 꽃에 머물러 바라본다. 지엔의 노래는 무심으로 나는 꽃 향기에 끌리는 마음이 한스럽다고 표현한다. 즉 지극으로 하는 일이란 보는 것도 듣는 것도 한 곳에 마음을 머물게 하지 않는 것이다.

아울러 다쿠안선사에 『다정지기』라고 하여 차노유의 도를 설하고 있기 때문에 마지막으로 그것을 인용하면서 이 「다선동일미의 음미」 편을 끝내려고 한다.

다정지기

차노유는 천지중화(天地中和)의 기(氣)를 근본으로 하여 치세(治世) 안온(安穩)의 풍속이 된다. 지금 사람들은 오로지 친구를 초대하여 회담(會談)의 매개로 입을 즐기고 배를 채우는 것을 일로 삼는다. (음식을 즐기고 식욕에 도움이 되게 한다.) 한편으로는 다실을 아름답게 하여 진기한 물품을 나열하고, 솜씨만을 자랑하여 타인의 서투름을 조소한다. 이는 모두 차노유의 본의가 아니다. 그렇기 때문에 대나무 그늘 아래에 소실(小室)을 짓고, 수석을 모으고, 초목을 심고, 탄을 쌓고, 솥을 걸고, 꽃을 꽂고, 다구를 장식한다. 이것은 모두 산천자연의 수석을 일실(一室) 가운데에 옮겨 사계절, 구름, 달, 꽃의 풍경을 감상하고, 초목 영락(榮樂)의 시절을 느끼며 손님을 마주하여 예로 공경한다. 송풍의 바람소리를 솥 가운데서 듣고, 세상의 걱정을 잊고, 위수(渭水)의 강물을 한 국자에 흘리며 마음의 먼지를 씻는다. 진실로 인간의 선경이라고 할 만하다. 예(禮)의 근본(本)은 경(敬)으로, 그 쓰임은 화(和)를 귀하게 여긴다. 이것은 공자의 예의 쓰임을 말한 구절이면서 바로 차노유의 심법이다. 예를 들면 공자 귀인이 와서 앉아도 그 교류가 담백하면서 거슬리는 일이 없다. 또 나보다 아랫사람에게도 공경을 다하고 거만하지 않다. 이것은 빈 곳에 무엇이 있어 맞추는 것 없이 오래도록 더욱 공경한다. 가섭의 미소, 증자의 일유(一唯), 진여현묘의 의미는 설명할 수 없는 이치가 된다. 그렇다면 다실을 짓는 것에서 다도구도 준비하고 차를 끓이는 예법(手前), 회석(會席), 의류에 이르기까지, 복잡하고 성가시지 않고, 미려(美麗)를 좋아하지 않고, 옛 도구로써 마음을 새롭게 하면서, 사시(四時)의 풍경을 잊지 않고, 거슬리지 않고, 탐하지 않고, 사치하지 않고 삼가여 소홀히 하지 않고, 솔직하면서 진실한 것을 차노유라고 할 수 있다. 이것이 바로 천지자연의 화기를 완상하고 산천목석을 화로 곁으로 옮겨서 오행을 갖추는 것이다. 천지의 흐름을 담아서 풍미를 입으로 맛본다. 위대하구나. 천지중화의 기를 즐기는 것은 차노유의 도라 할 만하다.

제3부

다실 족자(掛物)에 쓰이는 선어(禪語)

머리말

오늘날 일본 가정에 있는 도코노마는 선종 서원건축의 도코노마에서 고안된 것으로, 옛날에는 불화(佛畵)의 족자를 사용하여 그 앞에 향로와 화병을 놓고, 꽃을 꽂고 향을 피웠던 곳이다. 그러한 것으로부터 다도에 있어서도 도코노마를 두어 그것이 다실의 중심을 이루고 있다. 다실의 도코노마는 좁고 낮기 때문에 보통의 족자보다 소폭인 것을 사용하며 대폭인 것은 사용하지 않는다.

족자에 대해서는 『남방록』에

> 족자처럼 중요한 도구는 없다. 손님에게도 주인에게도 같은 감동을 주어 한마음이 되게 해주는 도구라 할 수 있다. 족자 가운데는 묵적이 가장 좋다. 족자에 쓰인 말씀을 부처라 생각하여 존귀하게 여기며, 그 필자인 도인(道人) 혹은 조사(祖師)의 덕을 맛볼 수 있다. 속인의 솜씨로 쓰인 족자를 걸어서는 안 된다. 그러나 가인(歌人)이 쓴 도가(道歌) 족자는 걸어두어도 좋다. 다만 이런 경우는 와비차의 경우에 한하며, 사 첩 반의 넓이가 되면 초암에서와는 마음가짐도 달라진다. 그 사용 방식을 잘 구분해서 쓰는 것이 좋다. 석가나

> 스승님들의 말씀과 필자의 덕(德), 이 두 가지를 겸비한 묵적이야말로 으뜸으로 여겨야 하며, 소중히 해야 할 족자이다. 또한 족자의 필자가 큰스님, 즉 대덕(大德)이라고 여겨지지 않는 경우라 해도 글귀가 부처의 말씀이거나 훌륭한 조사의 말씀이라면 그다음으로 소중히 여겨야 할 족자이다. 그림도 필자에 의해서 와비차의 정신이 잘 드러나 있는 족자라면 걸어둘 수 있다. 중국의 스님들이 그린 그림 가운데는 불조(佛祖)의 모습이나 인물을 그린 그림이 많다. 다인에 따라서는 지불당(持佛堂)과 같은 느낌을 준다고 해서 다실에 걸기를 꺼리는 경우도 있으나 그런 생각은 지나친 것이다. 오히려 그런 그림이 지닌 깊은 의미를 맛보기 위하여 걸어두어야 한다. 이를 통해서 불도(佛道)에 귀의하게 된다면 이야말로 값진 일이 된다고 리큐(利休)는 말했다.

라고 전하고 있다. 그러므로 다실에 사용하는 묵적은 덕이 높은 사람이 쓴 불어(佛語), 조어(祖語)의 묵적이 제일이다. 다조 주코가 잇큐화상(一休和尙)으로부터 받았던 원오선사의 묵적을 사용한 것은 유명하다. 원오선사는 선종 종문(宗門)의 제일의 글이라는『벽암록(碧巖錄)』의 편저자이기 때문에 그 묵적을 우러러보는 것이 불가사의한 일은 아니다.

원오선사와 같은 고승의 묵적을 도코노마에 걸어둔다는 것은 이 고승의 면전에서 공경하여 차를 마시는 마음, 그 자체이다. 야마다 소엔(山田宗徧)의『다로요록(茶道要錄)』에도 '다주(茶主)에게 가장 중요한 것은 족자에 있다'라고 말하고, 또한 야부노 치쿠신(藪內竹心) 의『원류다어(原流茶語)』에도 리큐에 이르러 다석의 족자는 좌석을 장식하는 것만이 아니다. 고덕석사(高德碩師)의 묵적을 걸고, 그 말의 뜻을 감상하는 것이다. 차의 한흥(閑興)에 열중한다면 회찬(繪贊)은 허가하고, 그림만 있는 것은 쓰지 않는다.

라고 말하고 있다. 즉 그림도 찬이 있다면(찬은 묵적이기 때문에) 허락하고, 다실에 이용해도 좋다는 의미이다. 리큐는 만년에 원승(元僧) 청욕로암(淸欲了庵)의 묵적이나 자신의 스승인 고케이화상의 묵적을 즐겨 걸었다고 하지만, 그것은 물론 고승에 대한 공경의 의미와 거기에 쓰였던 불어, 조어에 대한 종교적 예배의 태도가 나타난 것으로 생각한다. 그리고 먼저 손님을 다석으로 초대해서 첫째로 도코노마에 걸려 있는 묵적을 보이고, 정신을 그 묵적과 일체가 되게 하며, 자신도 손님과 함께 맑은 마음이 되는 것을 존중한 것이다. 그러므로 족자는 차의 여러 도구 가운데 가장 중심이 된다. 거기에 족자에 대한 관심이 높아지고, 그 표장(表裝)에도 여러 가지 고안을 사용하여 미적 감상의 대상으로까지 되었던 것이다.

고승의 묵적이라 해도 특히 선승의 묵적이 존중되고, 또한 불어, 조어라 해도 특히 선어가 많이 쓰였다. 그것은 선승의 서책과 선어에는 속기가 없어 어딘지 모르게 기품이 있고, 세간을 떠난 것이 있기 때문에 이것을 숭상한 것이다. 다사는 원래 속세를 벗어나 세상을 초월하는 마음을 맛보는 것이기 때문에 속기가 있는 애욕(愛欲), 인정(人情)의 족자는 그다지 좋아하지 않는다. 와카나 하이쿠 족자도 사용하지만 연가나 속기가 많은 것은 좋지 않다. 또한 한시의 비분강개(悲憤慷慨) 등을 노래한 것도 다석의 족자로서는 숭상하지 않는다. 유교 도덕의 교훈이나 도학 선생이 썼던 것은 너무나 갑갑해서 고고한 느낌을 받기 때문에 이것도 재미는 없다. 담박한 담묵산수화라면 분위기는 좋지만 그 어떤 것도 선승이 쓴 선어에는 미치지 못한다. 요컨대 글자는 다소 변변치 못해도 거기에 말할 수 없는 기품이 있어서 그것을 보고 공경의 마음이 일어나고 일체의 사념(邪念)이 일소된다면 그것보다 나은 것은 없다.

그런데 선어에도 여러 가지가 있다. 『선림구집(禪林句集)』이라는 선어를 모은 책도 있지만 그 가운데에는 다실에 걸어두고서 많은 사람에게 아름다움을 칭찬하는 글귀도 많이 나와 있다. 그러나 선어는 선종의 깨달음의 글귀로서 그 글귀 하나하나에 조사의 모든 생명이 들어 있기 때문에 그것을 여기에서 간단하게 설명하는 것은 매우 어려운 일이다.

즉 그 어구가 그 조사의 전 생명이다. 예를 들면 임재선의 갈(喝)에서도, 운문대사의 관(關)의 한 자에서도, 그 속에 임제의 종지가 있고, 운문의 종지로 가득 차 있기 때문에 그것을 아무리 말로 설명하려고 해도 설명이 불가능하다. 그렇기 때문에 선종에서는 이것을 공안이라고 하여 전혀 설명하지 않고, 단지 눈 밝은 스승을 찾아가서 참구하라고 한다. 노스승도 단지 공안삼매를 하라고 할 뿐이며, 수행자 스스로 정념(正念) 공부에 매진할 뿐이다.

그러한 의미에서 진실한 것은 설명의 범위를 넘어서지만, 지금은 문자 위에서만이라도 그것을 어떻게 볼 것인지 일단 독자 앞에 붓을 들어 나의 생각을 기술하기로 한다. 조금이나마 그 선어의 의미를 알아주어 다도를 하는 데 이로운 점이 있다면 매우 즐거운 일이 될 것이다.

일자관(一字關)

무(無)

이것은 중국, 당대의 조주화상(趙州和尙, 778~897)의 무자(無字) 공안(公案)이다. 어느 날 조주화상의 처소에 한 승려가 와서 '개도 불성이 있는가, 없는가'라고 물었다. 그랬더니 조주는 '무'라고 답했고 이 때문에 무자(無字)가 문제로 되었던 것이다. 즉 일체중생에게 모두 불성이 있다. 『열반경』에서는 부처가 되는 본심본성이 있다고 설하고 있는데, 지금 조주가 개에게는 불성이 없다고 답한 것은 결코 상대적인 유무(有無)상의 무(無)가 아니다. 유무를 넘어선 곳에 이 무의 진의가 있다고 하기 때문에 『무문관』 제1칙, 『종용록』 제18칙에 선의 공안으로서 조사한 것으로 되어 있다.

이 무의 공안은 선종의 수행자에 대해서 처음에 주어지는 공안으로, 어떠한 사람도 이 공안만은 당해낼 도리가 없다. 무엇을 말해도 이 공안은 허용되지 않기 때문에 무자 삼매로 노력하는 수밖에 달리 길은 없다. 말로 설명할 수 없고, 마음으로 생각하는 것조차 할 수 없다. 모두 다 무가 되어버린다는 것이다.

우리들은 항상 유심(有心)과 분별심으로 대립의 세계에서 망상분별하기 때문에 그 분별을 싫어하여 끊어버린다는 것으로, 여기에 조주화상은 무의 명검을 주고, 이것에 의해서 우리들의 분별을 끊어 버리려고 했던 것이다. 때문에 모든 것이 무자삼매가 되어 개도 무, 불성도 무, 묻는 승려도 무, 답한 조주도 무, 승려를 덮은 하늘도 무, 조주가 선 땅도 무, 무의 천지에 무의 문답을 한 것까지 무의 세계이다. 무의 불법으로 말하면 거기에 진실한 무가 무조건적으로 드러나 그곳으로부터 나오는 묘유(妙有)의 활발발한 작용을 숭상한다는 것이다.

그래서 다사에서도 무의 다실, 무의 주인, 무의 손님, 무의 차라고 하는 것에 선차의 진의가 나타난다는 의미이다.

몽(夢)

몽이라는 글자를 쓴 족자가 있고, 몽이라고 크게 써서 그 곁에 '틀림없이 이와 같이 관찰해야 한다(應作如是觀)'라는 글귀 혹은 몽의 노래를 써 붙인 것이 많다. 그러나 이것은 단순히 수면 속의 꿈이 아니다. 넓은 의미로 말하면 이 세계, 이 인생은 꿈인 것이다. 즉 『금강경』에도

일체의 유위의 법은 (一切有爲法)
꿈, 환영, 물거품, 그림자와 같이 (如夢幻泡影)
이슬과 같이 또한 번개와 같아 (如露亦如電)
마땅히 이와 같이 보아야 한다 (應作如是觀)

라고 하여 모든 것을 꿈으로 보고 꿈으로 알아야 한다는 것이다.

꿈의 세계에서 꿈꾸는 꿈은 꿈이라서
꿈꾸는 꿈을 꿈임을 알라

나아가 이 꿈의 진의를 말한다면 이 세계 속 시비선악(是非善惡), 미오득실(迷悟得失)의 생활로부터 떠나야 한다는 것이며, 잃음과 얻음, 선과 악, 미움과 사랑이라는 대립의 세계에서 벗어나 깨달음의 눈을 열고 세간의 진실한 모습을 보라는 것이다.

백은선사(白隱禪師, 1658~1768)의 『독어심경(毒語心經)』에도 '한단이 꿈속에서 새로운 것을 존귀한다. 또한 남가에 들어서 조세를 납부한다(邯鄲枕上新尊貴, 又入 南柯納稅祖)'라고 기술되어 있다. 그런데 그 의미는 촉(蜀)의 여생(廬生)이 한단(邯鄲)이라는 곳에서 오십 년의 영화의 꿈을 꾸었다든가, 꿈에서 광릉의 순우분(淳于棼)이 괴안국(槐安國)에 들어가서 남가군(南柯郡)의 수장이 되어 일시적으로 영화를 얻었다고 하지만, 꿈에서 깨어나 보면 실로 망상이었음을 깨달았던 것이다. 이는 일찍 망상의 꿈에서 깨어나 본래의 자기라는 존재의 모습을 깨닫도록 가르친 것이다.

할(喝)

이 할(喝)은 임제종의 종조(宗祖) 임제선사(臨濟禪師, ?~867)의 할로 임제는 이것에 사할(四喝)이 있다고 한다. 즉 『임제록』에 '스승이 제자에게 물었다. 어떤 때의 일할은 금강왕보검(金剛王寶劍)과 같고, 어떤 때의 일할은 거지금모(踞地金毛)의 사자와 같고, 어떤 때의 일할은 탐간영초(探竿影草)와 같고, 어떤 때의 일할은 일할을 쓰지 않는다. 그대는 어떻게 생각하는가? 제자가 머뭇머뭇하자, 스승은 바로 할한다'라고 답했다고 나와 있다. 요컨대 이 사할은 임제선사가 수행자를 만나는 수단이며, 임제의 비장의 종지는 이 사할 속에 담겨 있다. 어떤 때의 일할은 금강왕보검과 같이, 수행자의 분별망상이나 모든 이치와 도리도 근본에서 일도(一刀) 양단(兩斷)하는 활발발한 작용이 된다. 어떤 때의 일할은 사자가 먹이를 붙잡는 것처럼 몸을 굽히고 바로 날아가는 기운과 같고, 어떤 때의 일할은 어두운 밤중에 무언가를 찾으려고 하여 장대를 사용해서 찾는 것과 같은 태도이다. 이 제2의 할과 제3의 할은 수행자가 범부인가 혹은 성인인가 하는 생각을 일으키는 바로 그 자리에서 일할을 먹이고서 진위를 시험하는 할이다. 어떤 때의 일할은 일할을 사용하지 않고도 있지만 이것은 무작(無作)의 작(作)이라고 하고, 향상(向上)의 사자(些子)라고도 한다. 하지만 이것을 확실하게 설명할 수는 없는 지금 임제선사는 참선하러 온 한 승려를 향해서 '지금 들었던 사할을 너는 아무렇게나 이해하고 있다'라고 꾸짖었고, 그 승려는 꼼짝하지 못했다. 붉은 얼굴을 하고 있기 때문에 임제 비장의 일할이 날아왔던 것이다. 그런데 지금의 일할은 사할 가운데 어디에 해당할까. 실참실구(實參實究)해야만 하는 것은 이 한 점에 집중해야만 하는 것이다.

하여튼 임제의 종지는 칼끝의 천심(淺深)을 논한 것이 요점으로, 상대에 대해서 조금의 방심도 주지 않는다. 정말 전 생명을 바친 것으로 문답상량(問答商量)이다. 때문에 활기에 차 있지만 최후에는 향상의 사자, 고요한 숲같이 '무작의 작'이 되지 않으면 안 된다. 할은 글자의 뜻으로 말하면 질타의 소리로 적을 둘러싸는 것, 수행자에게 대갈일성하여 우물쭈물하고 있는 것을 경고하는 의미가 있다. 갈파(喝破)라고 하여 지금까지의 망상분별을 모조리 지워 본래의 진공무상의 마음에 들어가기 위한 것으로 생각하면 좋다. 그러므로 다인도 다실에 들어서부터는 모름지기 세간의 득실시비를 일소하여 진실로 무념무상이 되어 다사와 일체가 되어야 하고, 그것이야말로 이 할의 의미를 알았다고 할 수 있다.

관(關)

이것은 운문(雲門)의 관이라 하여 『벽암록』 제8칙, 『종용록』 제71칙, 『괴안국어』 제25칙에 나와 있다. 실로 공안 가운데서도 최후의 뇌관(牢關)으로, 대덕사의 개산 대등국사도, 묘심사의 개산 무상대사도 마지막에 고생한 난관의 공안이다. 즉 『벽암록』에 의하면

취암(翠巖)화상이 하안거 끝에 대중에게 다음과 같이 설했다.
"하안거 동안에 대중 여러분들을 위하여 설법했는데, 잘 보게! 나(취암)의 눈썹이 붙어 있는가?"
보복(保福)화상이 말했다.
"도둑놈은 늘 마음이 편치 못하지."
장경(長慶)화상이 말했다.
"(눈썹이) 생겼다."
운문화상이 말했다.
"관(關)"

이라고 기술하고 있다. 이것은 당의 설봉의존(雪峰義存, 822~908) 선사의 제자에 취암과 보복, 장경, 운문 네 사람이 있어 각각의 견식을 나타낸 공안이다.

여기에 하안거 끝이라고 한 것은 선종의 규칙으로서 여름에 90일

간 일정한 장소에 모여서 수행하는 것을 '하안거(夏安居)'라고 한다. 이 하안거 90일의 수행이 끝났을 때 취암화상이 "90일 이후 많은 사람을 위해서 여러 방법으로 설법을 했지만 본래 설할 만한 법도 없는데 쓸데없이 법을 설했기 때문에 그 벌로 인해 나의 눈썹은 떨어졌을 것이다. 어떻게 눈썹이 붙어 있는가?"라고 묻자, 보복은 "도둑질을 하는 놈은 거짓말을 하기 때문에 방심(油斷)하지 말라."라고 말했다. 또한 장경은 "(눈썹이) 돋아났네! 돋아났어!"라고 말했다. 그러자 마지막에 운문이 '관'이라고 하였다. 이 관은 어떤 의미일까? 이 물음이 관의 공안이라는 것으로, 옛부터 난관 중의 난관이 되어 있다. 지금 이것을 글자상으로 설명해보면 '야야, 취암이나 보복 그리고 장경 이 세 사람이 여러 가지 것을 말하지만 이것은 어설픈 짓들이야! 그냥 답이 없는 게야!'라고 말하고 관문을 탁 닫았다. 이는 '통과할 수 있으면 통과해보라!'라는 식견으로, 세 사람의 앞에 가로막아 서 있는 모습이 이 '관'의 한 글자인 것처럼 보인다. 물론 이것은 내가 본 바로, 우리들에게 이 관문 통과는 허락되지 않을 것이다

그런데 다도에도 관문이 있다. 최후의 견고한 관문이라 하여 넘으려고 해도 넘을 수 없는 어려운 곳이 있다. 일단은 스승으로부터 다도를 배우고, 자신도 모든 것을 알고자 하며, 이미 기억하는 것도 아는 것도 없게 되어 결국에는 자기 자신을 궁구하여 이 뇌관에 당면하는 시기가 되어야 한다. 여기에 한번 죽은 셈 치고 힘껏 노력하는 것이 필요하다. 대강 얼버무려서는 결코 통과할 수 없다.

묵(黙)

묵이란 '유마의 한 번의 침묵(一黙)은 우레와 같다'라고 하여 『유마경』의 입불이법문품(入不二法門品)에 나와 있다. 즉 이는 불이의 법문에 들어가는 데 '어떻게 하면 좋을까'라는 것으로, 32명의 보살이 여러 가지 법문을 설하여 그로부터 불이절대(不二絶對)의 깨달음의 경지에 들었다는 것이다. 가령 생멸의 문제를 해결하여 불생불멸의 깨달음의 경지에 들었다고 하지만 그것들은 모두 언어에 의지해서 불이의 법문을 말로 드러낸 것에 지나지 않는다. 그런데 지혜의 문수라고 일컫는 문수보살은, 불이의 법문을 무언무설무시(無言無說無示)[1] 등이라 하여 도저히 우리의 언어를 통해서는 설할 수 없음을 말했다고 하지만, 이것도 언어를 빌려서 말할 수 없는 것을 설명한 것에 지나지 않는다. 끝으로 문수보살이 유마거사에게 물었던 것에 대해 유마거사는 '침묵으로 일관하여 어떠한 말도 하지 않았다(黙然無言)'고 한다. 유마거사가 한마디도 하지 않았기 때문에 문수는 그것을 상찬해서 '선하고 선하다! 문자나 언어를 여의고 참된 불이법문을 깨달았도다'라고 하고, 이것을 '유마의 한 번의 침묵'이라고 하여 『벽암록』 제84칙에 공안으로 나와 있다.

그러나 이 묵의 한 글자는 통속적으로 본다면 침묵과 같이 생각된다. 하지만 이 일묵에서부터 크게 동적인 작용이 나타나기 때문에 이것이 이 공안의 견처(見處)이다. 단지 답을 찾기 위해 침묵을 지켰다는 낮은 뜻이 아니다. 침묵하는 속에 오히려 그 법의 깊은 뜻을 충분히 나타내고 있는 것이다. 예를 들면 양의 무제가 부대사(傅大士, 497~569)에게 『금강경』의 강의를 의뢰하자 부대사는 강좌 위에

1) 무언무설무시(無言無說無示): 말할 것도 없고 설할 것도 없고 보일 것도 없다는 설법

올라서 책상 위에 손을 걸친 채로 아무것도 말하지 않고 자리에서 내려왔다는 것이 『벽암록』 제67칙의 공안에 나와 있다. 여기에서도 묵을 강의해서 충분히 『금강경』의 강의를 마쳤음을 보이고 있다. 또한 선에서는 '무엇이 부처입니까'라는 문답이 많이 나오지만 그 답은 사람에 따라 가지각색이다. 원오선사는 그 물음에 답해서 '입은 재앙의 문이다'라고 하였다. 그 질문에 원오선사가 대답하지 않았다면 더 좋았을 테지만, 역대의 조사는 노파심 때문에 굳이 눈썹을 아까워하지 않고 제이의(第二義) 문에 나와서 그때그때 답을 하고 있으며 그 제일의(第一義)는 묵에 있다. 법은 본래 설할 수 있는 것이 아니다. 불립문자의 선종에 있어서는 묵의 한 글자야말로 종지를 가장 잘 드러낸 것이라고 할 수 있을 것이다.

이자관(二字關)

간전(看箭)

이것은 『벽암록』 제81칙에 나와 있는 공안이다. 약산(藥山) 유엄선사(惟儼禪師, 751~834)의 큰 사슴을 화살로 잡는 선문답을 다음과 같이 싣고 있다. 어떤 스님이 약산화상에게 물었다. "넓게 펼쳐진 초원에 큰 사슴과 많은 사슴들이 무리를 이루고 있는데, 어떻게 하면 큰 사슴 가운데 가장 큰 사슴을 화살로 쏘아 맞힐 수가 있습니까? 약산화상이 말했다. "이 화살을 잘 봐라!" 그 스님이 자빠지며 거꾸러지자, 약산화상이 말했다. "시자야! 이 죽은 놈을 끌어내라! 그 스님이 곧장 도망치자 약산화상이 말했다. "흙덩어리나 갖고 노는 놈! 이런 바보 같은 놈들을 아무리 상대해도 끝이 없다니까!"라고 했다. 이것은 선에서 말하는 차사문(借事問)[2]으로, 이와 같은 비유를 빌려서 법의 도리를 문답한 것이다.

어느 날 약산 유엄선사의 거처에 한 승려가 와서, "넓게 펼쳐진 초원에 많은 사슴 무리가 있다. 그 사슴들 중에 가장 큰 것을 고라니라 부르는데 그 고라니 중의 고라니를 어떻게 하면 화살로 쏘아 맞힐

2) 차사문(借事問): 비유를 빌려 질문하는 것

수가 있습니까?"라고 물었다. 넌지시 고라니 중의 고라니가 거드름을 피우며 자신 쪽으로 온 것을 보고 약산은 "야! 화살이 날았네!"라고 외쳤다. 이미 그 화살은 승려의 가슴팍에 꽂힌 것처럼 보였고 그 순간 승려는 죽은 것처럼 넘어졌다. 그래서 약산은 시자를 불러서 "시자야! 이 죽은 놈을 끌어내라!"라고 명했다. 그러자 승려는 놀라서 급하게 일어나 뛰기 시작했다. 그것을 본 약산은 "바보 같은 놈이다! 이런 바보 같은 놈들은 아무리 상대해도 끝장이 없다니까!"라고 하며 엄하게 꾸짖었던 것이다.

이것이 공안의 줄거리로 이를 보는 방식에는 여러 가지가 있다. 『벽암록』에는 설두(雪竇)화상이 이 이야기를 들어 "세 걸음까지는 살아 있다고 해도 다섯 걸음 가면 죽게 될 것이다"라고 말하고 있다. 일어나 뛰기 시작했다는 것은 "씩씩하기는 하지만 다섯 걸음 정도 간다면 넘어지게 될 것"이라고 한다. 하여튼 이 공안은 약산의 활기륜(活機輪)을 제시한 것이 목적이며 '간전(看箭)'으로 말한 전전(前箭)은 가볍고, '이 죽은 자를 내버려라'라고 말한 후전(後箭)은 실로 철저하다고 할 수 있다.

또한 마조대사(馬祖大師)의 제자 석공(石鞏)은 항상 활을 당겨 공격하면서 '화살을 봐라'라고 하며 많은 수행자를 응대했다는 이야기가 있다. 또 암두(巖頭)는 자신의 처소에 온 승려를 향해서 '너는 황소(黃巢)의 지역에서 왔다고 하지만 막야(鏌鎁)의 명검(名劍)을 수득(收得)하고 있을 것이리라. 나의 머리를 베어보라'라고 말하며 머리를 내놓자 그 승려가 '스승의 머리는 이미 베어졌습니다'라고 말하며 가가대소했다고 『벽암록』에 나와 있다. 이들은 모두 차사문(借事問), 변주문(弁主問)으로 거기에 깊은 법문이 제시되어 있다. 지금의 '간전' 혹은 '여전(如箭)'의 두 자도 족자가 되어, 이 화살의 당처(當處)를 볼 수 있다. 전광석화처럼, 화살과 같이 빠른 선기가 이 다도에도 있을 것이다. 이것을 참구하는 것이 '간전'이 겨냥하는 바이다. 또한 화살을 무의 세계로 보고, 눈으로 쫓을 수 없는 무의 세계에 들어가 다사를 행하며, 속세를 벗어난 유현한 곳을 제시한 것이라고 보는 사람도 있다.

송풍(松風)

다실에 들어가면 가마의 탕이 저 송풍과 같은 소리를 내며 귀에 닿는데 이는 정말로 선경에 앉아 있는 것과 같은 기분이 된다. 그 기분을 '송풍'이라는 두 글자로 나타낸 것이다. 이는 반드시 족자만이 아니라 다완, 차샤쿠 등에도 잘 쓰이는 단어이다. 『한산시(寒山詩)』에도 '미풍이 유송을 불고, 가까이서 들으면 소리는 더욱 좋다(微風吹幽松 近聽聲兪好)'라고 기술되어 있으며 거기에는 '청송(聽松)'이라는 말도 있다. 실로 이 송풍의 묘한 소리는 다인이 아니고는 들을 수 없는 소리이다. 산들바람이 불어와 소나무 흔들리는 소리가 우리들의 귓가에 닿는다. 듣는다는 것 없이 자연히 들려오는 음성은 이루 말할 수 없는 묘음(妙音)이지만 이 천연의 묘음이 발하는 근원 또한 잊어서는 안 된다.

사이토 모기치(齊藤茂吉)의 노래에도

> 송풍이 부는 소리를 들었지만
> 그 근원은 어느 곳일까?

라고 하며, 아무래도 거기서 유현한 곳을 받아들이고 있는 것은 아닐까 생각하게 한다.

여시(如是)

여시(如是) 혹은 여여(如如), 시시(是是)라고 하는 선어가 있다. 『금강경』에는 '여여하여 움직이지 않는다(如如不動)'라고 말하고 있다. 또한 『법화경』에는 유명한 십여시(十如是)의 경문이 있어 여기에서 천태종의 일념삼천(一念三千) 학설도 나온다. 그리고 모든 경전의 시작에는 '여시아문(如是我聞, 이와 같이 나는 들었다)'이라는 말씀이 나오는데 이 의미는 상당히 깊다. 어떻게 보아도, 설명이 되기 때문에 여기에 간단하게 서술할 수는 없다.

먼저 글자의 뜻으로 말하면 '이대로'라는 의미이다. 하늘은 높은 그대로, 땅은 낮은 그대로와 같다. 불은 따뜻한 그대로, 물은 차가운 그대로가 여시이다. 천지간의 사물 모두는 여여부동(如如不動)으로 있어서 속이지 않는 모습이다. 공작은 구구, 까마귀는 까악까악, 이것이 여여이기 때문에 이것의 실상을 여여하게 받아들이는 것에 이 '여시'의 진리가 현현한다. 거기에 조금이라도 아견(我見)을 더해서 자타의 분별 위에 나라는 생각을 일으킨다면 그 사물의 진실에 닿을 수는 없다. 다시 말하면 무심으로 응대해야 한다는 것이다. 무리가 없는 기거동작을 하고, 여시의 실상과 일체가 되어서 그 모두와 융화되는 것을 여시라고 한 것이다.

다실에 들어가서 다사를 하는데 무엇보다 자아를 잊고, 차의 정신 속에 자신이 융화되어 진실한 선차로 완전히 되어가는 것이 중요하다.

지족(知足)

지족이란 만족할 줄을 안다는 말이다. 석존이 임종할 때 설하셨다는 『불유교경(佛遺敎經)』에

> 만약 여러 가지 고뇌를 벗어나기를 바란다면 정말로 지족을 관해야 한다. 지족의 법은 이 부락안온(富樂安穩)의 장소가 된다. 만족할 줄 아는 사람은 땅 위에 누울지라도 안락하게 만든다. 반대로 만족할 줄 모르는 자는 천당에 머물지라도 뜻에 맞지 않고, 부유할지라도 가난하다. 만족할 줄 아는 사람은 가난할지라도 부유하고, 만족할 줄 모르는 자는 항상 오욕 때문에 끌려다니고 만족할 줄 아는 자 때문에 번민한다. 이것을 만족할 줄 안다 즉 '지족'이라 이름한다.

라고 설하고 있다. 또한 『법화경』에 '지족은 제일의 부자이다(知足第一富)'라고 하며, 실로 안온무사하고 마음이 안정된 곳이다. 나아가 불안이 없다. 차의 도에도 이 지족의 두 글자가 설해져 있다. 즉 『남방록』에도 '소에키(宗易)가 이르기를 작은방의 차노유는 제일의 불법으로서 수행득도를 해야 하는 것으로 되어, 가옥의 구성, 식사의 진미를 즐거움으로 하는 것은 세속의 일이 된다. 가옥은 비가 새지 않을 정도, 식사는 배가 고프지 않을 정도에 만족할 줄 알아야 한다. 이것이 부처의 가르침이고 차노유의 본의이다'라고 하며 실로 지족의 두 자는 선의 고담담박(枯淡澹泊)한 바가 나타나서 우아하고 그윽한 것으로 생각한다.

불회(不會)

불회란 알지 못하는 것, 이해되지 않는 것, 이해하지 못한 것을 말하는 것으로, 『벽암록』 제18칙의 '충국사무봉탑(忠國師無縫塔)'의 공안에 나와 있다. 당의 숙종황제(대종황제의 착오)가 남양의 혜충국사에게 무봉탑의 모습을 물었을 때, 국사가 '회(會, 이해하는가)'라고 하면 황제는 '불회(不會, 이해하지 못했다)'라고 답했다고 있다. 이것은 '전혀 모른다'는 것이기 때문에, 불회는 정말로 알지 못한다는 것을 의미한다. 따라서 여기서 말하는 불회는 선어로 볼 수 없다.

선어로서의 '불회'는 회, 불회를 초월한 불회이다. 예를 들면 『육조단경』에도 '나는 불법을 이해하지 못한다'라고 기술하고 있으나 이 불회는 선어로서 깊은 의미가 있다. 또한 '칠백의 고승은 불법 아래에 있는 사람이나 오조의 법에 맞지 않다. 오직 육조 혜능대사만이 불회불법(不會佛法)한 분으로, 그렇기 때문에 오조의 법의를 받아 이은 분이다'라고 전하고 있는데 바로 이 불회의 두 글자를 잘 음미해 보지 않으면 안 된다. 즉, 불법이라고 하면 미오(迷悟)의 법을 설하고, 인과의 도리를 제시하여 선한 것을 행하고 악한 것을 해서는 안 된다는 불법의 가르침으로, 전미개오(轉迷開悟)를 주된 뜻으로 하는 것이다. 그러나 거기에는 분별의 마음이 있고 유위조작의 마음이 움직이고 있기 때문에 선의 본래 의미로는 맞지 않다.

육조 혜능대사의 경우에는 유위조작이 없다. 유무의 분별을 떠나 선악을 생각하지 않고 단지 일상의 동작이 도와 일체가 되어 있다. 움직임도 도, 앉는 것도 도, 일어나는 것도 도, 자는 것도 도, 도와 조금도 떨어져 있지 않는 무심의 동작 가운데 딱 맞게 도와 일체가 되어 있기 때문에 불법이라는 특별한 것은 없다. 불법을 이해한다든가, 이해하지 못한다든가 하는 말도 세우지 않는다. 회, 불회를 초월한 곳에 불회가 있어, 분별을 가지고 그것을 이해한다면 중대한 잘못이라 해야 한다.

불식(不識)

이것도 항상 말하는 '알지 못한다'라는 것이 아니다. 이는 『벽암록』 제1칙의 '성제제일의(聖諦第一義)'라는 공안에 나와 있다. 양무제가 처음 달마대사(?~528)를 만나 '짐이 선근공덕(善根功德)을 쌓기 위해 절을 짓고, 경전을 사경하였으며, 수행자들을 공양하는 등 모든 좋은 일을 한 것에 대해서 당신은 무공덕(無功德)이라고 말하지만 그렇다면 불법의 근본의(根本義), 즉 '성제(聖諦) 제일의의 마지막은 무엇인가?'라고 묻자, 달마대사는 '확연무성(廓然無聖)'이라고 답해, 그와 같은 성인이라든가 범부라든가 하는 것은 있을 수 없다고 하였다. 활짝 갠 허공과 같이, 그 허공 또한 공하다고 답했지만 무제는 전혀 알아들을 수가 없었다. 그래서 '당신은 성자가 아닌가, 실제로 내 앞에서 불법을 설하고 있는 사람, 당신은 성자가 아닌가?'라고 다그쳤다. 그러자 달마가 '불식'이라고 답했다는 것이다.

이 '불식'은 세상에서 항상 말하는 '알지 못한다'라는 말이 아니다. 거기에는 달마의 깊은 의지 표현이 있어서 거기를 보는 것이 이 '성제제일의' 공안의 볼 만한 곳이다. 설명은 할 수 없다. 깊이 음미해서 달마의 속마음을 꿰뚫어 보는 것이다. 달마의 속마음에는 유공덕(有功德)이라든가 무공덕이라든가 하는 분별의식이 없다. 범부라든가 성자라든가 하는 대립적인 생각은 더욱 없다. 그런데 무제는 '공덕을 위해 좋은 일을 했다' 혹은 '성제제일의'라는 특별한 것이라도 있는 것처럼 생각하고 있기 때문에 달마의 속마음에서 본다면 처음부터 문제가 되지 않는다.

물론 이 '불식'은 분별의식을 넘어선 불식이기 때문에, 그곳을 보고 정말로 대립세계로부터 초월하지 않으면 안 된다. 선이라든지 악이라든지, 득이라든지 실이라든지, 생이라든지 사라든지를 말하여 그 사이에 사려 분별하고 있어서는 자유의 천지는 얻을 수 없다. 그것들의 속박에서 벗어나서 '불식' 공안의 묘처를 깨닫는 것을 나타낸다. 저 우에스기 겐신(上杉謙信)이 에키오 소켄(益翁宗謙) 선사에게 찾아갔는데 이 '불식'의 공안이 통하여 불식암(不識庵)으로 이름한 것도 유명한 이야기이다. 또한 차의 쪽에서도 불식암(不識庵), 불식제(不識齊), 불식헌(不識軒)이라는 이름을 붙이는 사람도 있다. 또한 유명한 미즈사시, 그 외에도 불식의 이름으로 존중되고 있는 다기가 있다. 진실한 것은 알지 못하면서도 그 알지 못하는 곳에서 '불식'의 묘미도 솟아 나오는 것일 게다. 이는 묘미가 끊임없이 넘쳐 나오는 선어라고 생각한다.

망로(忘路)

이것은 '길을 잊는다'라고 하여 지금까지 자신이 걸어온 길을 잊는다(까먹는다)는 의미이다. 『한산시』에서는 '십 년 돌아가지 못하면 올 때의 길을 망각한다'라고 말하고 있지만, 여기서 십 년은 특별히 햇수를 가리키는 것이 아니라 단지 긴 세월을 말한 것이다. 즉 과거에 오래 수행했지만 깨달으면 모든 것을 잊는다. 이 잊는다는 것이 이 구절의 견처(見處)이다.

수행해도 수행을 잊는다. 깨달음을 열어도 깨달음을 잊는다. 흔적을 남기지 않는다. 어떤 일도 없었던 것처럼 깨끗이 흔적을 지운다. '몰종적(沒蹤跡)', '단소식(斷消息)'이라는 선어도 이와 같은 의미를 가지고 있다. 모든 것에 흔적이 없다. 모든 것에 흔적이 흐리게 하지 않는다. 정말로 산뜻한 점이 있지만 그곳에는 집착이 없는 자유자재의 활동이 생생하게 빛나고 있음을 잊어서는 안 된다.

양망(兩忘)

양쪽 모두 잊는다는 의미의 '양망'도 자주 사용하는 말이다. 선도 잊고, 악도 잊는다. 미혹도 잊고, 깨달음도 잊는다. 범부도 성인도 양쪽 모두 잊어버린다. 즉, 양망은 모든 대립적인 생각에서 벗어나서 자유자재로 무심하게 활동하는 것을 말한다.

이는 잊고서 아련해 하는 것은 아니라 모든 것을 잊고 거기에 어떤 것도 구하지 않는 것이다. 사이고 다카모리(西鄕隆盛)가 '금(金)도 필요 없고, 명(命)도 필요 없고, 명예도 필요 없는 사람이 가장 다루기 어렵다'라고 말했다지만, 바로 이러한 사람이 '양망'의 사람이라 할 수 있다. 금도 필요 없고, 명도 필요 없고, 명예도 필요 없는 사람이 제일 명예가 높은 사람이다. 나라를 위해서 목숨까지 버렸던 사람이 영원히 살아 있는 사람이다. 또한 금도 필요 없는 사람이 금을 효과적으로 활용하여 사용한 사람이라고 할 수 있다. 때문에 이 '양망'에는 소중한 의미가 있다. 이러한 사람이야말로 비로소 선의 깨달음에 도달한 사람이라고 할 수 있기 때문이다.

선어에 '두 머리를 함께 절단한다면 한 칼이 하늘에 의해서 서늘하다'라는 말이 있지만 그 양두로 나오는 분별을 끊지 않으면 안 된다. 이러하고 저러하다는 분별심이 있어 우물쭈물하고 있어서는 도를 열 수 없다. 나아가야 할 길을 열기 위해서는 모든 사려분별을 단절하여 몽땅 잊고, 오직 그것에 하나가 되어 혼신으로 나아가야만 한다. 그리고 그곳의 근원은 이 양망의 정신이 있어야만 가능한 것이다.

우직(愚直)

선종에는 자주 '대우(大愚)'나 '우중(愚中)'이라고 명명되는 사람이 있다. 이 우(愚)는 단순한 우(愚)가 아니다. 우는 우에 있어서도 대우이다. '뛰어난 웅변가는 어눌한 것 같고, 뛰어난 지혜는 어리석은 것 같다'라는 말이 있는데 이는 우와 같다는 점에서 깊은 의미가 있다. 동산(洞山, 807~869)의 『보경삼매(寶鏡三昧)』 마지막에도 '잠행밀용(潛行密用)은 우와 같고 노(魯)와 같다. 다만 잘 상속하는 것을 주인 중의 주인이라 이름한다'라고 기술하는데 이 '우와 같고 노와 같다'라는 말에 큰 견처가 있다.

'우와 같다'고 하여 학문이 있어도 학자인 체하지 않고, 훈공이 있어도 훈공이라 하지 않고, 깨달아도 깨달은 티가 나지 않는다. 부모에게 효행을 해도 효행을 한다는 생각을 일으키지 않는 그 경지는 어지간해서 되는 것이 아니다. '우와 같고 노와 같은' 잠행밀용하는 사람, 이 사람이야말로 실로 존귀한 사람이다. 다른 곳에서 보고 이 사람을 무어라고 평가를 할 수 없는, 헤아려 알 수가 없는 그런 사람이 정말로 대도를 상속하는 사람이며, 주인 중의 주인이자, 주인공 중의 주인공이며, 천지와 동근으로 만물과 일체가 된 사람이라고 할 수 있다.

우직한 사람이란 대우이면서 곧은 마음을 가진 사람을 의미한다. 순수하고 정직한 사람, 순진한 사람, 도의 본분을 감추지 않고 우와 같고 노와 같이 오로지 꿋꿋이 살아가며 하루하루를 즐겁게 살아가는 사람, 이런 사람을 우직한 사람이라고 말한다.

신독(愼獨)

'홀로 있음을 삼가 조심한다'라는 뜻으로, 족자나 액자에 자주 쓰이는 문자이다. 그 의미는 다양하게 해석되고 여러 가지로 취급한다. 일반적으로는 '소인이 홀로 한가한 곳에 머물면 불선(不善)을 행한다'라고 하여, 혼자 있을 때는 제멋대로 행동하기가 쉽기 때문에 혼자 있을 때도 많은 사람과 있을 때와 마찬가지로 심득(心得)으로 조신하고 진지하게 자기와 씨름해간다는 의미이다.

이것을 선의 입장에서 말하면 '독좌대웅봉(獨坐大雄峰)' 등이라 하며 『벽암록』 제26칙에 나와 있는 공안과 똑같은 사고방식이기도 하다. 즉 백장선사라는 대화상이 자신이 살고 있는 대웅봉에 의젓하게 홀로 좌선하면서 거기서 자기라는 존재의 모습을 확실하게 보고 앉아 있었다. 홀로 태연하게 앉아 있다는 측면에서 천지를 다하고, 건곤을 다하는, 오직 저 한 사람뿐이라는 선의 높은 경지를 나타낸 것으로 보아도 좋다.

'홀로 앉아 있음은 천하를 진압한다'는 말도 있다. 천하를 진압할 수 있는 마음이 있다면 이미 '홀로 있음을 삼가 조심한다'라는 것도 필요가 없지만, 어지간해서는 그 경지에 이를 수 없다. 혼자 차를 끓여서 혼자 마실 때에도, 그 동작 하나하나가 차의 지극한 뜻이 되기 때문에, 이것을 안이하게 생각하여 제멋대로 행동해서는 안 된다. 오히려 혼자 있을 때가 진짜 차를 마시는 제호미(醍醐味)이다. 이이 다이로(井伊大老)는 '독복을 하는 일, 이것이 일회(一會) 비결

을 익히는 것이다'라고 기술하고 있으며 이 독좌(獨坐), 독복(獨服)
이라는 것의 존귀한 의미를 나타낸 것이라고 말할 수 있다.

삼자관(三字關)

일원상(一圓相)

일원상이라는 세 글자를 쓰고, 일원상의 그림을 그리며, 쟁반같이 둥근 것을 써서 거기에 여러 가지 자신의 생각을 붙인 글이 첨부된다. 이것은 중국 선종 제3조 승찬대사(?~606)의 『신심명』에 '원은 대허(大虛)와 같아서 모자라는 것도 없고 남는 것도 없다(圓同大虛 無欠無余)'라고 기술하고 있는 것이 시작이며, 육조 혜능대사의 제자인 남양 혜충국사가 일원상을 써서 많은 제자들에게 설법하였다. 그중에서도 탐원(耽源)이라는 사람이 그것을 앙산에게 전수하였다. 앙산은 위앙종의 조사로서 그의 종지가 되어 이 일원상이 깊은 의미를 가지게 되었다. 상세한 것은 『인천안목(人天眼目)』에 나와 있다.

지금 이 일원상을 통속적으로 설명하면, 우선 우주의 삼라만상 본체를 가리킨 것이다. 때문에 시간적으로는 삼세를 관통하고, 공간적으로는 사방에 편재하는 진리이며 형이상의 공허한 이야기는 아니다. 일원상의 모습은 원만하여 모자라는 것이 없지만, 그 선에 한 점을 넣어서 그것을 기점으로 돈다면 처음과 끝이 된다. 시간적으로 보는 것도 가능하지만 실은 무시무종(無始無終)의 존재여서 시작과 끝이 어느 쪽에 있다고 말할 수 없다. 우리가 춘하추동이라 명명하는 것은 단지 '봄이 시작이다', '정월이 시작이다' 등으로 정했을 뿐이지 우주의 진리에 시작과 끝은 없다. 그리고 그 진리는 우주의 어떠한 것에도 작동하여 공평하게 행해지고 있다. 예를 들면, 봄이 되면 모두 봄의 모습으로 변하고, 가을이 되면 가을의 모습으로 되어 우주의 삼라만상이 변해간다. 우주의 진리는 눈에 보이지 않지만, 그 현상의 모습은 눈에 그려진다. 실지로 불사의(不思義)한 존재여서 이것을 불법에서는 '진공묘유(眞空妙有)'라는 단어로 부르고 있다.

진공이란 본체 그것을 가리킨 것으로, 어떠한 사물도 존재하지 않는다. 오직 일원상일 뿐 어떠한 사물도 거기에는 존재할 수 없다. 산도 없고 강도 없다. 풀도 없고 나무도 없다. 인간도 없고 동물도 없다. 그들이 생겨나기 이전의 근본 자리를 가리켜서 진공이라 부른 것이다. 그러나 그 무(無)인 바에서 인연에 따라서 산도 되고, 강도 되고, 인간도 되고, 동물도 되어 불사의하게 존재한다. 이것을 묘유(妙有)라고 하는데 이것만큼 불사의한 존재는 없다. 부모도 되고, 자식도 되고, 형제도 되고 부부도 된다. 불사의한 인연이 맺어져서 불사의하게 살고 불사의하게 죽어간다. 어디로부터 태어나서 어디로 죽어가는가, 이 문제를 연구하는 것이 일원상의 묘처이다. 우주의 사사물물 모두 일원상 가운데의 불사의한 존재로 거기에는 일물(一物)로서 조금도 부족한 것이 없다. 원만하여 아무런 결점이 없는 진리도 거기에 충분히 나타나 있다. 근대의 고승 백은화상은 '눈 안의 동자, 손님이 나오기를 기다리고, 곡신(谷神)은 죽지 않고 사람을 기다려 부른다(眼裏童子期客出 谷神不死待人呼)'라고 말하였다. 눈 안의 동자란 눈동자를 의미하는데 이 눈동자는 상대를 향해서 무심으로 불사의하게 움직인다. 곡신은 메아리를 의미하는데 언제나 모습은 없지만 사람이 부르면 반드시 소리를 내기 때문에 진공묘유의 부분을 확실하게 나타내고 있다.

있다고 하면 있다고 한 사람이 생각난다.
물으면 답하는 메아리 소리
없다고 말하면 없다고 한 사람이 생각난다.
답하는 사람도 없는 메아리 소리

아아! 지금 불사의하게도 다회를 열고, 불사의한 인연으로, 여기에 차의 주객이 된 것을 생각한다. 그래서 무심으로 차삼매에 들어가서 다사를 원만하게 이루는 것, 이것이 선차의 일원상에 통하는 것은 아닐까.

일이삼 (一二三)

『선림구집(禪林句集)』의 삼자관에 처음 나오는 선어이다. 또 『벽암록』의 제21칙의 착어(着語) 부분에도 나와 있다. 일이삼이란 평범한 구절이지만, 거기에 깊은 선미가 있다. 이는 일이삼사오육과 같이 순서대로 나오는 것으로, 있는 그대로의 숫자이며 특별히 기이하거나 특이한 것이 아니다. 그러나 이것을 깊이 생각해보면 거기에는 불가사의한 존재가 있다. 산은 산이고 강은 강이며, 의연하게 높고 우뚝한 산과 낮게 흐르는 강의 거짓 없는 모습을 일이삼이라고 한다. 또한 수행의 순서에서 말해도 일이삼의 차례를 밟아간다. 다도를 배우는 것도 차례차례 순서를 거쳐 도달해야 한다. 처음부터 위대한 다인이란 있을 수 없다. 천 리 길도 한 걸음부터 시작한다. 그 한 걸음 한 걸음이 천 리의 길로 이어져서 끊임없는 노력을 계속해가는 곳에 완성이 달성된다. 또한 완성에 집착해서도 안 된다. 이는 출발점으로 되돌아가서 다시 출발하고, 완성에 이르러서는 원래의 출발점으로 되돌아가는 것이라고 하여, 마치 춘하추동으로 계속 반복하는 것과 같은 것이다. 이것을 리큐는

> 계고(稽古)란 하나부터 익혀 열을 알고
> 열에서 되돌아가는 근원인 그 하나

라고 말하고 있다. 불도 또한 그와 같아서 발심, 수행, 보리, 열반의 순환이며 순서에 맞게 잘 순환하면서 끝없이 수행하는 것이다. 다도 또한 그와 마찬가지로 이래도 좋다는 시기가 없다. 하지만 그 하나하나의 지점에서 완성의 묘미가 있는 것으로 그것을 깨닫는 것이 다도의 심오하고 묘한 가르침이다.

끽다거(喫茶去)

이것은 '조주끽다거(趙州喫茶去)'의 공안이라고 해서 유명한 선어이다. 어느 날 조주의 거처에 한 승려가 찾아왔다. 조주는 '전에 이곳에 온 적이 있는가?' 하고 물었다. 이에 '온 적이 없다'라고 답하자 조주는 '그냥 차나 한잔 들게(喫茶去)'라고 말했다. 또 다른 승려가 오자 조주는 마찬가지로 '이전에 이곳에 온 적이 있는가?'라고 물었다. '온 적이 없다'라고 답하자 조주는 그 사람에게도 마찬가지로 '그냥 차나 한잔 들게'라고 말했다. 원주가 이를 듣고 이상하게 생각하여 후에 조주에게 그 어느 쪽도 '그냥 차나 한잔 들게'라고

답한 이유를 물었다. 그러자 조주는 느닷없이 '원주'라고 불렀다. 원주가 놀라서 생각 없이 '예'라고 대답을 하자 조주는 지체 없이 '그냥 차나 한잔 들게'라고 말했다고 한다. 이 끽다거 공안의 진실한 의미는 과연 어디에 있을까. 이는 실제로 찾아가서 잘 음미하여 터득하지 않으면 안 된다. 『벽암록』 제95칙에도 장경(長慶)이 '어떻게 생각하는가? 이 여래의 말씀을'이라고 말한 것에 대해서 보복선사는 '끽다거'라고 답하고 있다.

'차나 한잔 들게'라고 말해도 이 말은 그때 그 사람의 기분이다. 서로 기분이 합치하고 나서 '끽다거'라고 하였다. 주객이 따로 있어서는 이 공안은 뚫을 수가 없다. 우당국사(愚堂國師, 1575~1661)는 '불법은 원래 다자(多子)가 없고, 차를 끽다끽반하고 또 옷을 입다'라고 는 말한다. 총지사(總持寺)의 개산 상제(常濟, 1268~1315)대사는 '밥을 만나서는 밥을 먹고, 차를 만나면 차를 마신다'라고 말하며 거기에 무조작으로 조작하여 종지를 나타내고 있다. 조금이라도 분별을 일으켰다면 종지는 드러나지 않을 것이다. '위의(威儀)는 곧 불법이며, 작법이 곧 종지'인 생명이 거기에 분명하게 존재하고 있음을 잊어서는 안 된다.

마삼근(麻三斤)

이것도 『벽암록』 제12칙에 나와 있는 유명한 공안이다. 어느 날 운문대사의 제자 동산수초(洞山守初, 910~990)의 거처에 한 승려가 와서 '어떤 것이 부처인가'라고 물었다. 그러자 동산은 '마삼근(麻三斤)'이라 답했다. 이 마의 무게가 세 근이기 때문에 마삼근이 부처라고 한 것인데 이는 도대체 어떠한 의미일까? 이것에 관해서는 논의가 분분하다. 일설에는, 동산이 사는 양주라는 땅은 직물을 하는 마의 명산지로, 동산이 그 무게를 달고 있던 차에 한 승려가 와서 물었기 때문에 동산은 전광석화와 같이 재빠르게 '마삼근'라고 답한 것뿐이라고 한다.

이 공안을 두고 지나치게 이론에 치중하여 마가 부처인가 아닌가를 논하는 것은 쓸모없는 짓이다. 단지 동산의 무심한 응대에만 눈길을 주어야 한다. 『벽암록』의 저자인 원오선사도 '계곡의 메아리를 듣는 것과 같다'라고 말했다. 이 무심의 기분이 다도를 배우는 사람에게도 있으면 좋을 것이다. 여러 가지 자기주장을 합리화하려는 구실로 다도를 배워서는 안 된다. 여러 가지 핑계없이 오직 차의 도와 일체가 되는 것이 선차의 비법이다.

막망상(莫妄想)

이것은 마조대사(馬祖大師, 709~788)의 제자 무업(無業)이 평생 불렀던 글귀로서, 영원사(永源寺)의 개산 적실선사(寂室禪師, 1290~1367)는 '무업은 일생 망상이 없다. 서암은 단지 주인공만을 부른다(無業一生莫妄想. 瑞巖只喚主人公)'라고 말하였다. 이 말은 망상하지 말라는 의미이다. 이것을 선종의 종지로 말하면, 망상은 모든 대립적인 생각을 가지는 것이다. 생과 사, 선과 악, 증오와 사랑같이 대립적인 분별을 세워서 그 한쪽을 버리고, 다른 한쪽을 구하는 마음을 망상이라 하는 것이다. 따라서 막망상이란 이 두 종류의 생각을 버리는 일, 대립적인 생각을 넘어서 몸, 마음 혼이 완전히 빠져들어 모든 것이 하나가 되는 일행삼매(一行三昧)가 되는 것이다. 다도 또한 일행삼매에서 행하는 것이고, 망상을 일소해서 다도와 씨름하지 않으면 안 된다.

주인공(主人公)

이것은 서암화상(瑞巖和尙)의 유명한 공안으로 『무문관』 제20칙에 나와 있다. 옛날에 중국의 서암사언(瑞巖師彦)선사라는 사람이 매일 자기 자신에게 호소하여 '주인공, 주인공'이라고 하고, 또한 자기 자신에게 화답하여 '예, 예'라고 말했으며, '눈을 뜨고 있어라, 잠들어 있지 마라, 사람들한테 바보가 되지 마라'라고 자문자답을 했다는 것이다. 즉, 자기 자신에 대해서 자신의 주인공인 불심을 불러 깨웠다는 것이다. 누구라도 자신의 주인이 나라는 것을 쉽게 잊기 때문에 외부로부터 유혹의 기운을 받게 된다. 혹은 이름에 붙잡히고 이익에 이끌려 자기 자신의 주인공인 나를 방치하고 제멋대로 행하기 때문에 번민하고, 미혹의 구렁텅이에 빠지는 것이다. 다도를 배우는 사람은 세간의 이욕망정(利欲忘情)에 끌려가서는 안 된다. 마음을 차분하게 하여, 자기 자신의 주인공이 나라는 것을 잊어버리지 않도록 항상 불러 깨우는 것을 잊어서는 안 된다.

방하착(放下着)

방하착은 선종에서 일체의 집착을 버리고 해탈하는 일이다. 이것은 『오가정종찬(五家正宗贊)』에 나와 있는 선어로, 모든 것을 내려놓고, 모든 집착을 버리라는 의미이다. 이 버린다는 의미를 소사(小捨), 중사(中捨), 대사(大捨)로 나누어 설명한다. 먼저 소사는 세간의 모든 명문이양(名聞利樣)을 버리는 것이다. 즉 석존이 세간의 모든 것을 버리고 출가하셨던 모습으로, 왕궁을 버리고 처자도 버리고 오로지 도를 구하셨던 것을 가리킨다. 다음에 중사는 6년간의 난행

(難行)과 고행의 모습으로, 이 일은 미혹을 버리고 깨달음을 구하며, 번뇌를 끊어서 보리를 구하고, 생사를 싫어하여 불생불멸의 견처를 서원하신 것이지만, 이것에는 아직 대립적인 분별이 있다. 미혹과 깨달음, 번뇌와 보리, 생사와 열반이라고 하는 두 가지 지분이 있어서, 하나는 버리고 하나는 취한다는 마음이 있다. 그런데 마지막 대사가 되면 그 분별도 없게 되어 모든 것을 '방하착(放下着)'한다는 것이다. 여기서 '방하착'이란 깨끗하고 시원시원한 마음으로 모두가 당체전시(當体全是)로 되어서, 부처의 절대 활안(活眼)이 열렸던 곳을 말한다. 다도를 배우는 사람은 이 방하착이 매우 중요하여 분별의 먼지가 조금도 있어서는 안 된다. 즉, 모든 것을 내버리라는 것이다.

공수래(空手來)

'빈손으로 와서 빈손으로 간다'는 말로, 선에서는 무소득(無所得), 무소오(無所悟)라고도 한다. 무언가 깨달은 바가 있다고 하는 것은 아직 참된 깨달음이 아니다. 무언가 얻는 바가 있다고 하는 것은 그 얻는 바의 법을 인정하고 내가 얻었다는 아상(我相)도 드러나기 때문에 대립적인 망상이 된다. 진정한 법은 무소득, 무소오이며 깨달았다는 법도 없을 뿐만 아니라 또한 깨달았다는 자기도 없다. 진실로 법과 자신이 일체가 되어서 전부 진공의 상태가 돼야 한다. 지금의 '공수래공수거(空手來空手去)'라는 것도 그것과 같은 의미이다. 일본의 조동종 개산 승양(承陽, 道元禪師, 1200~1253)이 중국에서 돌아와 최초로 상당설법(上堂說法)을 하였을 때 '단지 이것을 무심히 천등선사를 만나 뵙고 바로 그자리에서 안횡비직(眼橫鼻直, 눈은 옆에 있고 코는 바로 있다)하였다. 즉, 자기 본래 모습을 깨닫고 남에게 속지 않게 되었다. 그리고 빈손으로 고향에 돌아왔다'라고 기술하고 있는데 바로 이 빈손으로 고향인 일본으로 돌아왔다는 데 깊은 선의 종지가 있다. 요컨대 다도를 배워서 정말로 공수(空手)의 경지에 도달하지 않으면 안 된다. 일물(一物)도 잡는 바가 있다면 그것은 유소득의 아견아만이며, 세속에서 말하듯이 의기양양해서는 곤란하다.

삼십봉(三十棒)

이것은 『벽암록』 제6칙 송(頌)의 마지막에 나와 있으며, '꼼짝하지 말라, 꼼짝하면 삼십봉'이라고 한다. '어쩔 수 없이 공견만 말한다면 그 장소에서 꼼짝하지 말라, 만약 조금이라도 꼼짝한다면 머리를 삼십봉 때린다'라고 말한 데서 사용되고 있으며, 이 봉(棒)에는 실로 깊은 의미가 있다. 상봉(賞棒)이 있다면 벌봉(罰棒)도 있으며 여기서 삼십이라는 숫자는 중요치 않고, 그저 많다는 의미일 뿐이다.

또한 봉의 그림을 자주 그려서 '도를 얻어도 삼십봉, 도를 얻지 않아도 삼십봉'이라고 찬하기도 한다. 또한 이 삼십봉을 정념상속(正念相續)의 의미로 오직 불도에만 정념상속하는 것을 말하기도 한다. 다른 곳을 향해서 어지럽게 마음을 쓰지 않고 전일하게 불도를 수행하는 것을 일컫는다. 다도도 마찬가지로 다사에 전념해서 선차에 뜻을 두는 사람은 오로지 훌륭한 스승의 가르침을 참구하여 선차의 진수에 도달하려고 했던 것이다. 저 주코가 잇큐화상을 참구하고, 리큐가 고케이화상을 참구하고, 소탄이 세이간화상을 참구하여 대다인이 되었던 것도 이 삼십봉의 수행으로부터 비롯되었다고 보아도 좋다.

명력력(明歷歷)

이것도 잘 걸어두는 선어이다. 이 명력력(明歷歷)은 로당당(露堂堂)과 같은 의미의 글귀이다. 혹은 '본래면목이 드러나 당당하다(本來面目露堂堂)', '본지풍광은 일찍이 감추지 않는다'라는 글귀도 잘 걸어두는 선어이다. 때로는 '증불장(曾不藏)'의 세 글자를 쓴 것도 있는데, '변계증불장(遍界曾不藏)'이라고 하여 모든 것이 확실하게 존재한다는 것이다. 이는 일찍이 감추는 것이 없어 본래 당당하게 드러나고 있는 것으로, 백일청천(白日青天)이며, 공명정대한 것이다. 이것을 선의 종지로 말하면 탈체현성(脫体現成), 현성공안(現成公案)이라 하여 천지간 사사물물의 모든 진리가 드러난 것이기 때문에 그것을 그대로 간파하지 않으면 안 된다. 실로 거짓이 없는 모습이기 때문에 이것을 천진불(天眞佛)이라고도 하며, 유불시진(唯仏是眞)이라고도 하기 때문에 그만큼 확실한 것도 없다. 마쓰다이라 후마이공(松平不昧公)이 애장하고 있는 족자에는 '명력력로당당(明歷歷露堂堂)'이 세로 한 줄로 쓰인 것도 있었다고 한다. '명력력'의 세 자를 다쿠안화상이 쓰고 '로당당'의 세 자를 고게쓰화상이 썼으며, 게다가 이 두 고승의 호흡이 잘 합치하여 완성되었던 것에 말할 수 없는 기분이 나타나 있었다고 한다.

무빈주(無賓主)

무빈주라고 하면 빈주가 없는 것은 아닌가 생각되지만, 실은 빈주역연(賓主歷然)이다. 빈주의 구(句)라고 하여, 임제선사가 처음으로 설한 말이다. 그것은 '객이 주를 보고, 주가 객을 보고, 주가 주를 보고, 객이 객을 본다'라고 설하고 있는 것을 뒤에 풍혈연소(風穴延沼)가 사빈주라는 이름을 붙여 '빈중주(賓中主), 주중빈(主中賓), 주중주(主中主), 빈중빈(賓中賓)'이라고 설하여 거기에 깊은 선의 종지를 드러낸 것이다. 요컨대 빈이란 수행자이며, 주란 스승이다. 스승과 수행자가 문답 상량하는데 스승의 견처(見處)가 뛰어나기도 하고, 때로는 수행자의 견처가 스승을 뛰어넘기도 하여 이를 네 종류의 경우로 논한 것이 사빈주의 내용이다. 더 자세하게 말하면, 빈중주란 수행자의 견처가 오히려 스승을 뛰어넘고, 스승이 수행자에게 감파(勘破)되는 것을 말한다. 주중빈이란 스승이 수행자를 접득(接得)하는 위에서 충분히 수행자로 하여금 집착을 깨뜨려 선의 경지에 들어가게 하는 것을 말한다. 주중주란 스승이 충분히 선의 경지를 드러낸 것을 말하고, 빈중빈이란 수행자가 선의 경지를 깨닫지 못하고 스승을 만나서도 오히려 집착을 증가시키기만 한다는 것이다. 때문에 사빈주 가운데 앞의 두 구(句)는 빈주상대(賓主相對) 위에서 말하고, 뒤의 두 구(句)는 빈주각별(賓主各別) 위에서 설한 것으로 볼 수 있다.

지금 다도상에서 말하면 주인과 손님이 각각 따로 있는 경우를 빈주역연이라 하며, 주인과 손님이 일체가 되어 다사를 하는 것을 무빈주라고 한다. 즉 주인은 주인으로서 손님을 맞이하지 않으면 안 되고 손님은 손님으로서 거기에 대응하지 않으면 안 된다. 주인과 손님이 확실하게 있는 것을 빈주역연이라 한다. 상대하고 있다 하더라도 손님은 충분히 주인의 마음을 알고, 주인은 또한 손님의 마음을 잘 알아서 그 마음과 마음이 융합해야 일체가 된다. 거기에 조금도 삿된 생각이 없게 되는 것, 의기가 투합해서 별도로 주인과 손님의 구별이 없게 된 것, 이것을 무빈주라 한다.

간각하(看脚下)

이것은 『오가정종찬(五家正宗贊)』에 나와 있는 선어로 자기의 다리 아래를 비추어 보아라(照顧脚下)'라고 하여, 선종의 사찰에서는 나막신을 벗고 위에 올리는 곳에 '조고각하(照顧脚下)'라는 네 글자가 자주 쓰여 있다. 신발을 혼동하지 않도록 주의한 말로도 해석되고, 신발을 난잡하게 벗지 않고 가지런하게 잘 올려놓는다는 말로도 해석된다. 이 '간각하(看脚下)'에는 깊은 의미가 있다. 우리는 사람들이 본래 갖추고 있는 개개의 원성(圓成) 불심을 갖추고 있다. 그 불심을 우리들의 평소 행동 위에 드러낸다는 것이 이 선어의 의도일 것이다. 도겐선사도 '불도는 사람들의 다리 아래 있다'라고 제시하고 있는데 이는 '등잔 밑이 어둡다'와 같이 자신의 일은 곧잘 잊어버림을 훈계하는 꾸지람으로 받아들여야 할 것이다.

일척안(一隻眼)

『벽암록』 제8칙에 나와 있는 선어이다. 눈은 좌우로 위치해 있지만 여기서 일척안(一隻眼, 사물을 간파하는 비범한 식견)이란 정문(頂門, 정수리)의 일척안이라 하여, 두 눈 위에 더욱 견고하게 하나의 눈을 붙인 것이다. 마혜수라(摩醯首羅, 천수관음을 따라다니는 신)의 세 개의 눈이라 하여, 항상 두 눈 위에 나아가 단단하게 하나의 눈을 더한 형태의 불상이지만, 이것은 육안(肉眼) 위에 정문안(頂門眼)을 더한 것으로, 법 그것을 그대로 보고 취한 탁견이다. 거기에는 티끌만큼도 분별망념은 없다.

불법에서는 오안(五眼)이라 하여 육안(肉眼), 천안(天眼), 혜안(慧眼), 법안(法眼), 불안(佛眼)을 세우고 있다. 육안이란 우리들의 두 눈이다. 천안이란 천상계의 눈으로, 선정에 들어가야만 생기는 천안통(天眼通)이다. 혜안이란 일체개공(一切皆空)의 눈으로서, 평등의 진리를 보는 반야(般若)의 눈을 말한다. 법안이란 일체만법(一切萬法) 그것을 그대로 보는 눈으로, 차별의 세계를 비추는 눈을 말한다. 불안이란 중도실상(中道實相)을 보는 눈으로, 평등이나 차별에도 치우치지 않고 원융무애(圓融無碍)의 활동을 드러낸 눈을 말한다.

이와 같이 눈은 여러 가지로 설해지고 있다. 우리의 몸에서 눈만큼 귀중한 것은 없다. 우리의 신체에서 눈은 주인이기 때문에 불체(佛體)에도 불안존(佛眼尊)이라는 것이 있다. 또한 세속에도 '눈알을 넣는다'라고 하여 최후에 눈동자를 넣으면 그것이 살아난다고 하여 점정(点睛)이라는 단어도 있다. 여기서 일척안이란 앞의 오안의 전체를 갖추고서 자유자재로 현현하는 활작용을 말한 것으로 특히 그 안에 제3의 혜안의 활동을 말한다.

혜안이란 모든 분별망념을 떠난 진리의 눈이다. 우리들의 육안은 항상 분별을 통해서 안다. 시비선악에 미혹하고, 이해득실에 마음이 움직이지만 혜안은 그 진리를 비추어 보는 눈으로, 이것에는 어둠이 없다. 정법(正法) 그대로 드러나 모든 분별의 망념은 일어나지 않는다. 즉 제일념으로 일에 즈음하여 금강과 같은 견고한 마음의 틀을 사용하기 때문에 이것을 금강안(金剛眼), 정법안(正法眼), 정안(正眼), 심안(心眼), 활안(活眼), 명근(明根)이라고도 한다.

사자관(四字關)

화경청적(和敬淸寂)

화경청적의 네 글자를 다도의 본체로 하여 물(物)에 처해가는 것으로, 화(和), 경(敬), 청(淸), 적(寂)의 한 글자 한 글자에 깊은 의미가 있어 한 글자씩을 족자로 해도 좋다. 또한 화경(和敬) 두 글자나 청적(淸寂) 두 글자를 사용해도 좋다. 다도뿐만 아니라 이 네 글자에는 유현(幽玄)한 바가 있다고 생각하기 때문에 더 깊이 설명해보기로 한다.

주코가 '근경청적(謹敬淸寂)'이라고 한 것을 리큐는 '화경청적'이라 하여 이 네 글자의 제목을 다도의 본체로 하고, 다사가 화미(華美)로 흐르는 것을 단호히 경계하였다. 화는 화합(和合)의 화, 조화(調和)의 화, 화락(和樂)의 화이며 쇼토쿠태자(聖德太子)의 17조 헌법 맨처음에 '화로써 귀하게 한다(以和爲貴)'라고 말하고 있는 정신이다. 평화는 일본 국민 간에 전해진 국민성의 근간을 이루기 때문에 첫째로 제시하였다. 모든 것이 평화로 가는 것, 조화를 이루어 순서에 잘 정리되어 있는 것으로, 화합해서 서로 다사를 즐기는 곳에 이 화의 의미가 나타나 있다.

다음에 경이란 자기에 대해서 신중하고, 타인에 대해서 존경하는 일이다. 말하자면 타인의 인격을 존중한다는 의미이지만 타인뿐만이 아니라 모든 사물에 대해서도 마찬가지다. 다실에서도 주인과 손님이 서로 화하고, 서로 공경하는 것만이 아니라 마루의 족자도 차이레도 다완도 모두 각기 경의를 가지고 대하는 것을 잊어서는 안 된다. 각별히 고승의 묵적이나 귀인의 빈객에 대해서 존경하는 것은 물론이고, 어떠한 식기선완(食器膳椀)에 이르기까지 경의를 표해서 정중하게 취급하는 것이 이 경의 정신이다.

불도에서는 화경의 두 자를 특히 중요하게 여긴다. 승(僧)은 승가(僧伽)라 하며 인도 산스크리트의 음사이다. 이것을 화경으로 번역하여 여기에 육화경의 뜻을 들고 있다. 즉 동계화경(同戒和敬), 동견화경(同見和敬), 동행화경(同行和敬), 신자화경(身慈和敬), 구자화경(口慈和敬), 의자화경(意慈和敬)이다. 제1은 다른 사람과 함께 계법(戒法)을 호지(護持)하고 화동(和同)하여 애경하는 것이다. 제2는 다른 사람과 함께 정견(正見)에 살고 화동하여 애경하는 것, 제3은 다른 사람과 함께 정행(正行)을 행하여 화동하여 애경하는 것, 제4에서 제6까지는 신구의(身口意)의 삼업에 대자비를 행하고 화동하여 애경한다는 것이다. 지금의 다도도 이 육화경의 의미를 그대로 체득해서 화동의 미덕에 애경의 제일의 뜻을 첨부한 것이다. 화라고 해도 단순한 화합이 아니라 거기에 경의 정신이 첨부되지 않으면 안 된다.

다음에 청은 청결, 청렴의 뜻으로, 사물과 마음의 청정결백(淸淨潔白)을 나타낸 것이다. 모든 사물을 청정하게 한다. 오래되고 더러움이 있는 것은 금물이다. 집이나 뜰, 마당을 깨끗이 하는 것, 다실의 청소, 새 꽃, 새 차, 새 다건을 사용하는 것이다. 차이레와 다완은

은근하고 깊은 정감이 있는 위에서 예스럽고 우아한 것을 좋아하지만 자주 닦아주고 청정하게 사용한다.

또한 마음도 청정하게 하고 잡념이 일어나서는 안 된다. 조금도 응어리가 없는 상쾌한 마음으로 다사를 행하는 것이다. 눈으로는 뜰, 마당의 청초한 풍치를 조망하고, 다실에 들어서면 도코노마에 걸린 족자, 화병에 꽂혀 있는 꽃의 기려한 풍정을 본다. 귀로는 조용하게 흐르는 계곡의 소리를 듣고, 다실에 들어가면 가마에 탕 끓는 소리가 송풍에 드나드는 것을 듣는다. 코로는 명향(名香)의 냄새를 맡고, 혀로는 다과의 묘함을 맛보며, 몸으로는 여러 가지 도구를 다루어서 유현의 촉감에 만족하고, 생각은 청정무구의 선경에서 노닌다. 이것을 다사의 육근청정이라 하고, 또한 다선동일미의 심경이라 할 수 있다.

다음에 적이란 적정, 한적의 뜻으로, 차가 '한적함의 예술'로서 대성하고 있는 것도 이 적이라는 한 글자에 있기 때문에 이것은 설명의 영역을 벗어난 불가언의 유치(幽致)이다. 서행법사(西行法師)의 노래는 이 경지를 잘 표현한 것으로 일컬어지고 있다.

출가한 몸에도 정취는 느껴지는구나.
도요새 날아오르는 저 습지의 가을 노을

이 '정취, 아련함'이란 단지 고요하거나 슬프다는 느낌만이 아니라 큰 법희선열(法喜禪悅)의 경지가 나타나 있다. 바로 이것에 주목해야 한다.

이 적의 한 글자에는 깊은 의미가 있다. 노(能)[3]에 있어서도,

3) 노(能): 일본의 전통적인 고전 예능 중 하나

제아미(世阿彌)의 『화경(花鏡)』에 '고요하고 고요한 가운데 어쩌지 못하는 감탄의 마음이 있는 곳이다'라고 하며, '이것은 마음에서 나오는 노라고도 하고, 무심의 노 또는 무문(無文)의 노라고도 한다'라고 말하고 있다.

특히 불도에 있어서도 요란스럽게 말하고 있는데 이것은 열반적정(涅槃寂靜)이라 하고, 공적(空寂), 적멸(寂滅), 적멸을 즐거움으로 한다고 하여, 조금도 번뇌의 더러움이 없는 청정무구, 진공무상(眞空無相)의 지점이다. 이것은 대승불교의 근본사상이라고 할 수 있는 '공(空)'의 의미이며, 선불교의 공안으로서 유명한 조주의 '무(無)'자 화두도 이것을 말한 것이다. 이는 선의 핵심이 되며, 다도의 진면목도 이 적이라는 한 글자로 귀결한다고 볼 수 있다.

앞의 청과 지금의 적은 모두 종교적인 의미가 깊다. 이것은 진실로 법희선열을 얻은 사람이 아니고서는 그 진의를 이해할 수 없다. 청적의 두 글자, 이것을 걸어두고서 바라보면 거기에 다선동일미의 묘한 진리로 깨달아 들어가는 것이 가능하다고 믿는다.

유록화홍(柳綠花紅)

'버들은 푸르고, 꽃은 붉다'라고 하는 말은 너무나 유명한 선어이다. 말할 것도 없이 유(柳)는 녹색의 나무이며 꽃은 붉은 것이다. 이것은 있는 그대로의 모습을 말로 표현한 것에 지나지 않지만, 선의 종지로서는 당체전시(当体全是, 당체가 불성이란 의미)이며 자기의 마음을 공하게 하는 것과 외계의 경계에 대한 말이다. 주관적인 자기가 있어서 버드나무나 꽃과 같은 객관적인 것에 대해 분별하여 '녹색이다, 붉은색이다'라고 인식하는 것은 아니다. 자신이 버드나무가 되고, 꽃이 되어 거기에서부터 공즉시색(空卽是色)으로 나타나는 곳에 이 '유록화홍'의 의의가 나온다. 단순한 사물의 설명으로만 생각해서는 이 선어의 이해는 불가능하다.

또한 이 '유록화옹'의 선어를 가지고 법신의 언어라고도 하여, 천지간의 사물 모두 법신불의 발로이며 부처의 모습이 되지 않는 것은 없다. 즉 법신불이란 일체 만법 위에 있는 진실여상(眞實如常)의 진리를 부르는 것으로, 진여 혹은 법성이라는 것과 마찬가지로 이 천지간의 존재는 모든 부처 그 자체의 영각(靈覺)이 체(體)로서 나타난 것이다. 그렇기 때문에 모든 번뇌의 더러움이 없다. 법 그대로, 거짓 없는 모습의 발로이기 때문에 우리들도 자아의 생각(念)을 공하게 한다. 그렇게 대한다면 모두 법신의 당체로 보는 것이 가능할 것이다. 지금 다인들이 자신을 공으로 하여 차삼매를 이룬 그 지점은 차 일색(一色)으로 법신불의 발현이다. 결코 거기에 분별의 생각을 더해서는 안 된다. 오직 다사만이 전 우주이며, 전 우주 속에 다사를 하는 것, 그것이 다사의 법신불의 발현이라고 해야만 한다.

안횡비직(眼橫鼻直)

이것도 앞의 '유록화홍'과 같은 의미로 눈은 가로로 붙어 있고, 코는 세로로 붙어 있다. 법이자연(法爾自然)의 모습으로 일체만법 모두 각각 그곳에 안주하고 있어서 서로 침범하는 것이 없는 실상 그대로이다. 누가 보아도 더 의심할 수 없는 사실로 '안횡비직'이다. 당연한 것을 당연한 것으로 여겨 특별히 깊은 의미가 있는 것은 아니지만 그 당연한 것을 당연한 것으로 볼 수 없는 것이 인간의 한심스러운 마음이다. 눈은 가로로 두 개가 있고 코가 세로로 하나 있다는 것은 누구라도 의심하지 않는 분명한 견처(見處)이다. 하지만 모든 일이 본 그대로 실행되는 것은 아니다. 모든 것은 인간의 분별의 마음인 아견이 좌우한다. 자기 마음대로 실제는 움직여간다. 거기에 다른 사람으로부터 여러 가지 비판을 받고, 어떤 사람이 선하다든가 악하다든가 말하는 것은 '안횡비직'인 것을 알지 못하기 때문이다. 이것을 진실로 알아서 그것을 일상의 동작 위에 훌륭하게 나타내는 것은 어느 정도 수행으로 나아간 덕이 있는 사람이 아니고서는 할 수 없는 일이다. 다도도 마찬가지이다. 이치를 파고들고, 그 실행을 중히 여기기 때문에 수행을 어느 정도까지 쌓아도 '이것으로 좋다'라고 하는 때는 없는 것이다.

본래면목(本來面目)

'본래(本來)의 면목(面目)'이라는 것은 자주 사용하는 선어이다. 육조 혜능대사가 혜명(慧明)상좌를 향해서 '선도 생각하지 말고 악도 생각하지 말아야 한다. 바로 그러한 때 어떤 것이 혜명상좌의 본래면목인가?'라고 한 것에서 이 말이 시작되어 특히 많이 사용된다. 혹은 '부모 미생 이전의 본래면목'이라고도 한다. 부모의 인연을 빌려서 인간의 모습이 되면 분별망상이 더해진다. 이 분별망상이 일어나기 이전의 자기의 모습이 바로 본래면목이다. 나아가 이것을 거슬러 올라가면 천지미분 이전의 본래의 면목이다. 하늘과 땅으로 나누어졌을 때는 이미 둘로 되어 있다. 대립적인 것으로 되어 있지만, 그 대립 이전의 절대의 지점을 가리켜 본래의 면목으로 부르는 것이다.

육조대사가 '불사선불사악(不思善不思惡)'이라 설했던 것도 대립의 생각을 일으키지 않고 무분별의 혜명(慧明)을 물었던 것이다. 이것에 관해서는 『무문관』 제23칙에 '불사선악'의 공안으로 나와 있다. 도겐선사는 '모든 연(緣)을 내려놓고, 만사를 휴식하고, 선악을 생각하지 않고 시비를 유념하지 말지어다. 심의식의 운전을 멈추고, 염상관(念想觀)의 측량을 그만두고 작불(作佛)을 도모하지 말라'라고 설하고 있다. 상당히 어려운 말이지만 어쨌든 대립적 분별을 싫어하고, 자기 본래의 면목을 잘 나타내고 있는 말이다. 불도에는 이 본래면목을 '본지풍광(本地風光)', '본분(本分)의 전지(田地)'라고도 하지만, 요컨대 조금도 인위를 더하지 않는, 개개 원성(圓成)의 불심 그대로를 가리킨 선어라고 생각해도 좋다.

즉 본래의 면목이란 분별망상을 일으키지 않는 자신이며 나와 남, 이것과 저것이라는 분별심이 없는 자기 본래의 모습을 의미한다. 이것은 앞에서 말한 '안횡비직'이나 '청산녹수'와 같은 의미이다.

봄에는 꽃 여름에는 두견새 가을에는 달
겨울에는 눈이 차가워 차갑기만 하구나

이 노래도 본래면목 그대로이다. 이것을 그대로 보고 나아가 여념이 없게 된다면 그것은 본래의 면목을 깨달은 것이 된다. 그렇기 때문에 다도에 있어서도 다사를 할 때 다사 그대로를 드러내어 다사삼매에 전념한다면 본래면목을 알았다고 할 수 있다.

만법귀일(萬法歸一)

'만법은 하나로 돌아간다'라는 선어도 유명하다. 이 선어는 승조

(僧肇, 384~414)의 『보장론(寶藏論)』에 나오는 구절로, 이것에 관해서 『벽암록』 제45칙에 문답상량이 나와 있다. 어느 때 한 승려가 있어서 조주화상에게 묻길 '만법은 하나로 돌아가는데 그 하나는 어디로 돌아갑니까?' 그러자 조주는 '내가 청주에 있을 때 일령(一領)의 삼베 장삼을 만들어 입었는데 그 무게가 일곱 근이다'라고 답했다고 한다. 이것은 핑계가 아니다. 사물의 본체를 한 승려의 눈앞에 드러낸 것일 뿐이다. 불도에서는 진여라든가 법성이라든가 혹은 일심이라고 해서 일체 만법은 이 일심으로 귀결한다는 것이다. '그 하나는 어디로 돌아갑니까?'라고 하여 꽤 근본적인 질문을 가지고 나왔지만 그것에 대해서 조주의 답은 핑계가 아니다. 그런 질문에는 좀처럼 상대하지 않고 일곱 근 삼베 장삼의 옛날 이야기를 가지고 나온다. 이 일곱 근 삼베 장삼으로 돌아가고 있다는 것이지만 이 승려는 그렇게 깊은 종지의 의미를 알 수 없었다. 만법은 하나로 돌아간다. 하나는 만법 위에 나타나 있기 때문에 이것을 '만법 즉 일심, 일심 즉 만법'이라 한다.

『법화경』에도 '오직 일승법뿐이며, 둘도 없고 또한 셋도 없다(唯有一乘法, 無二亦無三)'라고 말한다. '일승법뿐인가'라고 하면 그 일승법 가운데에 있어서 하나의 방편으로 둘이라 말하고 셋으로 열어서 말하고 있는 것이다. 상대가 끊어진 절대의 하나로 돌아간다고 하여도 그 하나로부터 만사에 응해서 만사에 작동하여 드러나게 되는 것이다. 결코 천편일률적인 변화가 없는 것은 아니다. 이는 모든 면에 응용되어 변화의 묘가 거기에 나타난다. 다도는 하나로 있으면서도 응하는 소작은 각기 달라서 여러 가지 유파로 구분된다. 다도에 있어서 센산케(千三家)는 처음부터의 일이며, 야부노우치, 마쓰오, 엔슈, 세키슈라는 것도 각각 의미가 있다.

풍래하처(風來何處)

바람은 어디에서 오는가, 바람이 온 곳을 신실하게 보는 공안이다. '바람이 불어오지 않는 곳이 없다'란 반산(盤山) 보적선사(宝積禪師)의 말로 온 천지에 바람은 가득 차 있지만 바람이 되돌아갈 때에는 느낌이 없다. 바람이 폭풍우로 되면 어떤 큰 나무도 뿌리가 뽑히고, 큰 배도 나뭇잎같이 흔들리고 다음에는 전복하지만 정작 바람이 왔던 곳이 어딘지 물으면 상당히 대답하기가 곤란하다. 이와 마찬가지로 우리들이 온 곳도 대답하기 곤란하다. 고보(弘法)대사의 『비장보륜(秘藏宝鑰)』에는 '태어나고 태어나고 태어나고 태어나서 생의 시작에 어둡고, 죽고 죽고 죽고 죽어서 죽음의 끝에 어둡다(生生生生暗生始, 死死死死冥死終)'라고 기술되어 있지만, 온 곳도 가는 곳도 알 수 없는 것이 우리들 범부의 모습이다. 그러나 일단 깨달음의 눈을 열고 보면 진여로서 오기도 하고 진여로서 가기도 하기 때문에 이것을 '여래여거(如來如去)'라고 한다. 여래 부처님의 존엄한 모습이 드러나게 되는 것이다. 거기에 조금도 가고 오는 상(相)을 보지 않고, 오고 가는 그대로의 모습으로 되어 있는 것처럼 이 다도도 그와 같이 다실에 들어오는 것도, 나가는 것도 거래의 상을 보지 않고 여법하게 오고 가는 것이 선차삼매의 사람이라고 말할 수 있을 것이다.

거거래래(去去來來)

거거래래란 별도로 의지가 있어 오고 가는 것이 아니라 갈 때는 가고 올 때는 오는 것이라는 의미이다. 이것은 파도 치고 물결이 이는 대로 어떠한 것에도 의지하지 않고 자유로이 오고 가는 것을 표방한 선어이다. 본체의 입장에서 말하면, 가는 것 없고 오는 것 없지만 감정을 떠나서 인연에 따라 자유롭게 가고 오는 상(相)을 나타내기 때문에 그 자체에 붙잡히지 않는 모습이며, 거기에 조금도 무리가 없는, 있는 그대로의 모습을 직관하지 않으면 안 된다. 무리를 한다는 것은 가장 나쁜 것이기 때문에 다도에 있어서도 무리를 하지 않고 당연히 있어야 하는 것처럼 여법(如法)하게 앉고 일어나고 나아가고 물러가야만 한다.

수처작주(隨處作主)

이것은 임제선사의 글귀로 자세하게 말하면 '수처의 주인이 된다면 입처(入處)가 모두 진(眞)이 된다(隨處作主, 立處皆眞)'라는 것이다. 어느 곳에 가도 자기가 주인공임을 잃지 않고, 타자의 속박을 받지 않는 것으로, 독립자존의 의미가 있다. '이르는 곳마다 존귀하다고 칭한다(到處稱尊)'라는 선어도 있지만 그것과 마찬가지로 가는 곳마다 주인공이 되어 만연만경(萬緣万境)을 자유롭게 사용하여 구사하는 것이다. 즉 우리들의 생활에 있어서도 순경(順境)의 때가 있다면 역경(逆境)의 때도 있다. 순경과 역경에 조금도 좌우되지 않고, 초연하게 탈출하여 본래 자유인으로 되어 무엇을 하여도 불심을 잃지 않는다면 모두 불작불행(仏作仏行)이 나타나게 된다. 이것은 '처하는 곳 모두 진실이다(立處皆眞)'라는 의미로서 상당한 수행을 쌓은 사람만이 비로소 가능한 것으로, 보통 사람으로는 할 수 없는 움직임이다. 이와 같이 선차를 하는 사람도 자기의 주인공으로 깨어나서 통달하고 자유자재로 다사를 하는 것이 가능하다면 실지로 수처작주의 뜻을 체득한 사람이라고 할 수 있다.

월백풍청(月白風淸)

'달은 희고 바람은 맑다'는 뜻으로 마음속에 한 점 구름이 없는 것을 말한다. 이것은 송대의 시인 소동파(蘇東坡, 1036~1101)의 글귀로, 선의 어록에도 자주 인용되고 있다. 마음 가운데에 어떤 막힘도 없고, 나아가 응체(凝滯)하는 것이 없다. 실로 시원한 기분을 나타내어 '월백풍청'이라고 한 것이다. 그러한 심경은 상당한 오도(悟道)에 일관한 사람이 아니고서는 얻어지는 것이 아니다. 다도를 할 때 이와 같은 기분을 가지고 한다면 선차의 신수(神髓)에 투철한 사람이라 할 수 있다.

청풍명월(淸風明月)

청풍명월을 명월청풍이라고도 하지만 이것도 앞의 월백풍청과 같은 의미이다. 실로 마음속에 한 점 구름이 없는 경지이지만, 이것을 자기가 본래 갖고 있는 불심, 불성의 덕에도 이름을 붙이고 있다. '누구 집엔들 명월청풍이 없을 것인가'라고 한다면 누구의 집에도 불심불성이 있고, 누구나 본래 갖추고 있는 불심불성이 있다는 의미로 『벽암록』 제6칙의 착어에 나와 있다. 또한 '명월청풍무진장(明月淸風無盡藏)' 등으로 말하여 불심의 덕이 무진장 자기의 성품 속에 거두어지고, 또한 무진장 만연만경(萬緣萬境)에 응하여 불성의 덕이 드러나게 된다는 것이다.

요컨대 청풍명월은 가슴속에 한 점 망상분별이 없는 모습을 나타낸 것으로, 백일청천(白日青天)에 한 점의 구름도 없이 날씨가 맑은 경지이다. 이와 같은 경지에서 다사를 한다면 진실로 선차삼매에 들었던 사람이며, 자기가 본래 갖추고 있는 자성청정심을 나타내어 불심의 덕에 의해서 불작불행을 행한 대다인이라 할 수 있다.

천리동풍(千里同風)

천리동풍이란 어느 곳에서도 모두 똑같다는 의미이다. 또한 '천리동풍, 만민화락(萬民和樂)'이라 하여 실로 태평 무사를 구가한 노랫말로도 사용되고 있다. 또 '신년의 새해 인사, 천리동풍'이라 하여 경사스러운 일에 축하의 구절로도 사용되고 있다. 지금 이것을 선어로서 설명하자면 진여의 보편적 실재를 나타낸 것으로, 진여의 덕에 도달되지 않는 것이 없다. 즉, 어느 곳에서도 진여가 편재해 있어서 진여가 되지 않는 것은 없다는 의미이다.

이 진여에는 진실여상(眞實如常)의 의미가 있고 또한 불변(不變)과 수연의 두 가지 뜻을 갖추고 있다고도 설하고 있다. 즉 불변이란 상주불변(常主不變)의 덕을 갖추고 있기 때문에 이것은 진여의 이치 방면을 나타내고, 수연이란 수연연기라고 하여 모두 일체만법으로 되어 나타나기 때문에 이것은 진여의 사상(事象)의 방면을 가리키고 있다. 그리고 이 진여는 불심, 불성, 일심, 자성청정심, 본래의 면목 등 여러 가지 이름으로 부르고 있으며, 천진불, 법신불이라고 하는 것도 모두 이 진여를 나타낸 단어이다. 그렇기 때문에 본래는 이름 붙일 수 없는 것이지만 임시로 여러 가지 이름을 붙여서 그 실재를 알게 한 것이다. 그 실재를 지금은 천리동풍이라고 하여 진여의 실재를 이야기했을 뿐, 핵심은 근본의 실재를 높이 내걸어서 '천리동풍, 처처일여'를 나타낸 것으로 보아야만 한다. 선차의 도도 이 근본의 실재에 투철하여 자타의 분별심을 여의는 것에 마음을 두지 않으면 안 된다.

교외별전(敎外別傳)

이것은 선종의 종지 그 자체를 드러낸 말로, 상세하게 말하면 '불립문자, 교외별전, 직지인심, 견성성불'이다. 선종에서 본의로 하는 것은 석존께서 설하신 경전의 문자에 의지하지 않는다. 다른 종지에서는 모두 소의 경전에 의해서 종의(宗義)을 설하고 있다. 가령 천태종에서는『법화경』에 의거하고, 진언종은『대일경(大日經)』과『금강정경(金剛頂經)』에 의거하고 있다. 또한 정토종에서는『 아미타경(阿彌陀經)』등의 삼부경에 의해서 종지를 열었지만, 이 선종만은 불립문자이며, 경전의 문자에 의지해서 종지를 세우고 있는 것은 아니다.

그렇다면 선종은 무엇에 의거하여 종지를 열었는가. 바로 석존께서 깨달았던 마음을 제자도 깨달아서 스승과 제자의 마음에서 마음으로 전해진 '이심전심'의 종지이다. 석존이 깨달았던 경지는 도저히 입으로 설할 수 있는 것이 아니다. 또한 문자를 가지고 나타낼 수 있는 것도 아니다. 하여 이를 '일자불설(一字不說)'이라고 한다. 석존은『대반야경(大般若經)』제425권에도 '나는 일찍이 매우 깊은 바라밀다상응의 뜻 중에서 한 글자도 설하지 않았다. 그대 또한 들은 바가 없는데 어떤 이해가 있겠는가'라고 설하고,『능가경』에도 일자불설의 뜻이 설해져 있다. 그러므로 석존이 깨달았던 경지는 불가언(不可言), 불가설(不可說), 불가사의(不可思議)한 것이라 일자불설이라든가, 불립문자라든가 하는 것은 당연한 것으로 여겨진다. 도쿠가와시대의 학승 멘잔화상(面山和尙, 1683~1769)의 노래에도

한 입에 삼키는 물의 맛도
묻는 사람이 있다면 어떻게 답하나.

라고 하지만, 하물며 석존 자내증(自內証)의 경지를 언어와 문자로 모든 사람들이 다 알 수 있도록 제시할 수는 없다. 그렇지만 말하지 않고서는 중생을 교화할 수단이 없다. 거기에 여러 가지 방편의 손을 드리워서 45년간의 설법이 되고, 그것을 편찬해서 경전이 되었다는 것이다. 말하자면 일체의 경전은 중생교화를 위한 수단이자 방편에 지나지 않는다. 진정한 것은 그 교화의 법문 외에 별도로 전하고 있는 이심전심의 법문이 있는 것을 알아서 그것을 향해 수행해 가는 것이 선종의 본령이며, 이것을 '교외별전'이라 한다. 즉 자기의 불심, 불성을 끝까지 지켜보는 것에서 성불하기 때문에 달마대사는 '직지인심, 견성성불'이라고 말했던 것이다.

'견성성불(見性成佛)'이라는 것도 자기의 불성을 본 뒤에 비로소 부처가 되는 것처럼 생각하지만 실은 '견불(見佛)'이며, 자신은 처음부터 불심을 가지고 있다. 불성을 본래 갖고 있기 때문에 그것을 여실하게 보고, 여실하게 일상에서 불작불행으로 나타나면 좋은 것으로, 별도로 부처가 되는 것은 아니다. 자신이 부처라고 본다면 좋다고 설한다. 여기에 즉심즉불 혹은 즉심시불을 설한 선종의 종장도 있다.

이야기가 선종의 종지로 흘러 매우 어렵게 되었지만 요컨대 석존은 좌선을 하여 스스로 깨달았기 때문에 선종도 좌선을 해서 깨닫게 되면 스승이 그 깨달음이 올바른가 아닌가를 인가증명하는데 이를 '이심전심', '교외별전의 종지'라고 하는 것이다. 다도도 결국 그 비법은 스승으로부터 배우는 것이 아니라 스스로 깨달아서 내가 그 비법을 사물에 수득해야 하는 것이다. 결코 손쉽게 알 수 있는 도는 아니다. 이는 지극하고 엄격하여 교외별전, 그 지점에 있음을 알지 않으면 안 된다.

다선일미(茶禪一味)

다도의 비법은 선과 일치하기 때문에 선종의 깨달음의 마음으로 다도도 잘 음미하여 터득하라고 설하는 것이다. 또한 선종도 옛날부터 이 다탕의 행사에 의해서 여러 가지의 법요를 임무로 하여 빈객 등의 접대를 하고 있다. 옛날부터 『백장청규』를 비롯해서 일본의 『영평청규』에 그것을 설명해 보이고 있다. 또한 에이사이선사도 『끽다양생기』 1권을 저술해서 끽다의 일을 자세하게 설하고, 다조 주코는 잇큐화상에 의해서 선차의 작법을 전수받았으며, 리큐도 고케이화상을 찾아가서 선차의 비법을 터득했다. 또한 그 손자 소탄은 『다선동일미』를 지어서 선차의 정신을 상세하게 말하고 있다. 이와 같이 모두 차와 선에 깊은 관계가 있는 것을 이야기한다.

물론 선 그 자체로부터 말하면 특별히 다도에 한한 것만은 아니다. 선은 무위무작의 법문이어서 항상 우리들의 조작을 떠난 무심의 경지에 있는 깨달음을 설한 것으로, 어디에나 깨달음이 존재하고 있음을 말하는 것이다. 다도의 생명도 오도 밖에 따로 있는 것은 아니다. 오도에 의해서 차의 정신이 발휘되는 것이라 보고, 선차를 설명하여 그 동일미인 것을 특히 고취시킨 것이다.

오자관(五字關)

본래무일물(本來無一物)

이 선어는 널리 알려져 있지만 그 진의를 쉽게 이해할 수 있는 것은 아니다. 이 선어는 육조 혜능대사의 오도의 게송에 나와 있다. 옛날 중국 선종 제5조 홍인 대만선사(大滿禪師)는 제자가 700명으로 그 가운데 제1좌에 신수(神秀)라는 대덕이 있었다. 이 5조가 만년에 제6조가 될 사람을 선정하기 위해서 제자들에게 게송을 지어 올리도록 명하였다. 그러자 제1좌에 있는 신수는

몸은 보리의 나무요 (身是菩提樹)
마음은 밝은 거울과 같나니 (心如明鏡臺)
때때로 부지런히 닦아서 (時時勤拂拭)
티끌과 먼지 묻지 않게 하라 (勿使惹塵埃)

라고 게송을 올렸지만 5조는 허락하지 않았다. 그때 가끔 절에서 잡일을 하는 사람으로 벼를 찧고 있던 혜능이 그 게송은 아직 충분하지 않다고 하며 자신도 게송 하나를 지어 올렸다.

보리는 본래 나무가 없고 (菩提本無樹)
밝은 거울 또한 받침대가 없네 (明鏡亦非臺)
본래 한 물건도 없으니 (本來無一物)
어느 곳에 티끌과 먼지가 있으리오 (何處惹塵埃)

이 혜능의 게송과 앞의 신수의 게송을 비교해보면, 신수의 게송은 우리들의 신심은 실로 훌륭한 것으로 부처와 조금도 다르지 않지만, 항상 번뇌의 티끌과 먼지에 의해서 더러워지기 때문에 때때로 그것을 털고 닦지 않으면 안 된다고 나타낸 것이다. 그런데 혜능의 게송은 '본래무일물'이어서 자신의 몸도 없고, 마음도 없는데 거기에 티끌과 먼지가 쌓인다든가 그것을 털고 닦는다든가 하는 것은 모두 분별 위에서 생각하는 것이라 표현한다. 망상도 심하다 하여 높은 곳에서 본래무일물로 갈파한다. 모든 대립적인 양변을 초월한 경지가 실로 신수의 게송보다 뛰어나다. 결국 5조 홍인대사는 혜능을 인가하고 전법의(傳法衣)를 건네주어 제6조로 삼았다.

무엇인가 올리고 싶다고 생각하면
달마종에는 일물(一物)도 없다

신수의 게송은 불도수행이라는 입장에서 설한 것으로 틀린 것은 아니다. 훌륭한 게송이지만, 거기에는 분별의 마음이 있고, 조작의 마음이 더해져 있다. 자신의 몸이 있는 것을 인정하고, 자신이 수행한다는 조작의 마음이 있기 때문에, 유심의 사람이라고 하지 않을 수 없다. 그런데 혜능의 게송은 대립적인 분별에서 초월해 있다.

몸이라든가 마음이라든가 하는 분별도 없고, 수행하여 깨달음을 열겠다고 하는 조작의 마음도 없다. 진실로 무아무심의 경지이기 때문에 본래무일물이라는 근본을 가리켜 보이고 있다. 한 점의 구름도 없는 모든 것이 근본의 지점에서 기거동작, 언어운위(言語運爲)하는 것이기 때문에 이것을 불작불행이라고 하는 것이다. 게다가 부처라고 해서 범부와 각기 떨어져 있는 것처럼 생각되지만 실은 부처와 범부는 일체이기 때문에 부처라든가 범부라든가 하는 분별조차 없다. 정말로 존귀한 본래무일물의 근본 뜻에서 혜능의 게송은 지어져 있다. 다도도 이 근본의 지점에서 일관하여 다사를 이루지 않으면 안 된다. 거기에 조금이라도 유심(有心)이 생기고 분별하는 마음으로 우물쭈물하게 되면 그것은 진실한 선다인이라고 할 수 없다.

일일시호일(日日是好日)

이것도 유명한 선어이다. 『벽암록』 제6칙에 운문이 수어(垂語)하여 말하길 '15일 이전은 너에게 묻지 않고 15일 이후 일구(一句)를 가져와라'며 스스로 대신해서 말하길 '하루하루가 좋은 날(日日是好日)'이라고 한 것이 이 선어의 근거이다. 하루하루가 좋은 날이라는 것은 무엇으로도 설명할 수 있지만, 진실한 선의 종지의 의미는 알 수 없다. 백은선사와 같은 이는 '강의를 통해 해석할 수 없는 난투난해(難透難解)이다'라고 말하고, 그 제자 동령선사(東嶺禪師)도 '운문종의 대사(大事)'라 하여 그 종지가 너무나 깊다는 것을 이야기하고 있다.

운문대사는 운문종의 종조로 많은 공안을 남긴 조사이지만, 그 공안 중의 공안이 바로 일일시호일(日日是好日)이기 때문에 도저히 보통 사람으로는 감당할 수 있는 것이 아니다. 이때 15일 이전이든가 이후라고 말한 부분에 특별한 의미는 없다. 해가 항상 동쪽에서 떠서 서쪽으로 지는 것은 당연한 일로, 여기에 좋은 날이라든가 나쁜 날이라든가 하는 것은 우리들이 말하는 것이지 정해져 있는 것은 아니다. 비가 오는 날도 있고 바람이 부는 날도 있는 것처럼 좋은 날씨만 있는 것은 아니다. 또 좋은 날씨만 있어서는 곤란하기 때문에 오풍십우(五風十雨)라고 하여 바람과 비도 없어서는 안 된다는 것을 나타낸다.

요컨대 좋은 날, 나쁜 날은 자기중심의 좁은 생각에서 말하는 것으로, 우주 전체의 넓은 마음에서 말하는 것은 아니다. 우주 전체의 마음이 되어 천지간의 자연현상을 보게 되면 좋고 나쁜 하루도, 길흉도 없다. 오히려 자신이 이 우주 자연의 큰 힘에 포함되어 상대분별의 생각에서 빠져 진실로 자유의 천지에 느긋하게 살아가는 것이 참된 '살림살이'이다. 이 경지에 도달하여 오늘도 좋은 날, 오늘도 좋은 날, 자연과 함께 경사스러운 날을 보내는 것이 이 공안의 진면목은 아닐까 한다.

오늘이라고 해도 어제 혹은 내일이라는 날과 비교해서 말하는 것은 아니다. 항상 오늘, 오늘이며 이 오늘은 오직 지금의 나의 마음이다.

> 당면한 오늘의 일만 생각한다.
> 다만 지나가지 않은 어제, 알 수 없는 다음날

이 노래는 백은선사의 스승인 정수(正受) 도인이 노래하고, 또 '성인은 하루에 산다'라는 것까지 쓰여 있다. 즉 '성인은 하루에 산다' 중에 '일대사(一大事)'라는 말은 바로 오늘, 지금의 마음이다. 오늘을 소홀히 하면서 다음날을 기약할 수 없다. 왜냐하면 다음날은 있는 것이 아니기 때문이다. 모든 사람은 일을 생각하여 궁리하지만 눈앞에 마주치는 지금을 잃어버리게 되면 결코 깨달음에 이를 수가 없다'라고 설하고 있다. 이 눈앞에 마주치는 지금을 안목(眼目)이라 하고 오늘은 오직 지금의 마음을 알아차려서 진짜 자신의 주인공을 눈뜨게 하여, 모든 외경의 이욕에 유혹되지 않게 된다면 이것이 일일시호일이라 하겠다.

이 같은 호일(好日)은 실로 존중해야만 하는 하루이자 사랑해야만 하는 하루이다. 선차의 사람도 이 애호할 만한 하루를 보내고, 잠에서 깬 마음으로 다사를 하게 된다면 이 '날마다 좋은 날'의 선어를 마음으로부터 이해하고, 몸을 가지고 실증한 사람이라고 말할 수 있다.

무사시귀인(無事是貴人)

이것은 임제선사의 귀중한 선어이다. 『임제록』에 '일 없는 것이 귀한 사람이니, 일부러 조작하지 말고 평상 그대로 하면 될 뿐이다'라고 설하며, 평상무사(平生無事)라든가 본래무사(本來無事)라든가, 일생무사(一生無事)라는 말도 나와 있다. 즉 무사는 승조(僧肇)의 『보장론(寶藏論)』에도 나와 있지만 번거로운 일 없이 무심으로 하는 것이다. 쉽게 말하면 '마음에 여유가 있는 사람' 즉 '무사인 사람'이 하는 일이라고도 할 수 있다. 만약 그 반대의 사람을 말하면 사소한 일에 걱정이 많은 사람으로, 여러 가지 생각이 일어나 치달리고 억지로 조작하는 사람이 '유사(有事)의 사람'이라고 해야 할 것이다.

임제는 항상 자기라는 것을 깊이 바라보고 거기에서부터 종지를 설하고 있다. 자기만큼 완전한 것은 없다. 눈으로는 사물을 보고, 귀로는 소리를 듣고, 코로는 향기를 맡고, 입으로는 담론을 하며, 손으로는 물건을 들고 발로는 옮긴다. 어떤 것도 빠뜨리지 않는 훌륭한 오체를 가지고 있는데 무엇을 망설이는가? 밖을 향해 부처를 구하고, 조사를 찾아서 여기로 가고, 저기에서 일을 만들어서야 되겠는가? 그것들은 모두 조작이고 업을 짓는 것이며, 삼계에 윤회하는 근본종자라고 설하고 있다. '그대, 지금 응당 쓰고 있는 곳은 무엇인가 빠지는 것을 적게 하라' 하고, 또한 '늠름한 대장부가 머리를 가지고 머리를 찾는다. 그대여! 일언지하에 스스로 회광반조(回光返照)하고, 나아가 특별히 구하지 않고, 자기의 신심(身心)이 조사나 부처와 조금도 다르지 않다는 것을 알고, 그때 그곳에 일 없음을 체득하는 것이 바로 득법(得法)이라 한다'라고 말하고 있다. 오직 자기 자신을 생각하고, 본래 부처와 조금도 다름이 없는 오체(五體)를 가지고 있으면서 자기 마음 밖에서 다른 부처를 찾는 것은 마치 '머리를 가지고 머리를 찾는 것이다'라고 나타낸 것이다.

그래서 '일 없는 것이 귀한 사람(無事是貴人)'이란 본래 자신이 부처이기 때문에 무사로 하라는 것으로, 무사가 귀인이고 부처라는 의미가 된다. 때문에 우리들은 먼저 자기를 회광반조하여 자기가 부처인 것을 깨닫고, 일생을 일 없음으로 보낸다. 평상시의 착의끽반(着衣喫飯)이 그대로 불작불행으로 나타나야 한다. 이것을 임제는 항상 '평상무사', '일생무사'라 설했던 것이다. 또 임제는 여러 가지 조작하는 사람을 '업을 짓는 사람'이라 하여 삼계의 고과(苦果)를 부르는 원인이 되기 때문에 '이같이 무사이면서 순일무잡이다'라고 하여 무심하게 일을 처리한다고 한다. 무심이라든가 무사라는 말이 결코 아무 일도 하지 않고 노는 것으로 하루를 보낸다는 의미는 아니다. 이 말은 맡은 일을 하지만 아침부터 밤까지 바쁘게 움직일 정도의 다망한 일에도 마음을 뺏기지 않는 것을 말한다. 아무 일도 없는 것처럼 맡은 일을 순서에 맞게 행하는 무심의 조작을 말한다. 거기에 조금도 막히는 것이 없는 모습을 '무사이면서 순일무잡'이라고 한 것이다. 무심이 되어 일 없는 것같이 다사를 순서에 잘 옮겨서 행한다면, 그것은 대다인으로 '일 없는 것이 귀한 사람이다'라는 '무사시귀인'이라는 선어에도 잘 상응하는 사람이라고 할 수 있을 것이다.

일무위진인(一無位眞人)

이것도 임제선사의 유명한 선어이다. 『임제록』 가운데

> 상당하여 말씀하였다.
> "붉은 살덩이 위에 자리 없는 참사람 하나가 있어서 항상 그대들 모두의 얼굴로 드나드니 아직 확증을 잡지 못한 사람을 살펴보아라"
> 그때 한 스님이 나와 물었다.
> "무엇이 자리 없는 참사람입니까?"
> 스님은 선상에서 내려와 그를 움켜잡고 말씀하셨다.
> "말해라, 말해!"
> 그가 머뭇거리자 스님은 그를 탁 놓아버리면서 말씀하시길,
> "자리 없는 참사람이라니, 무슨 마른 똥막대기 같은 소리냐"
> 하고는 방장실로 돌아가 버렸다.

라고 하는 유명한 공안이 있다. 붉은 살덩이란 우리들의 오체, 즉,

몸을 가리킨다. 일무위진인(一無位眞人, 자리 없는 참사람)이란 우리들이 본래 갖고 있는 불심이다. 불심이 오체 위에 드러나서, 보려고 생각하면 보고, 들으려고 생각하면 듣는다. 지금 그런 생각이 없어도 눈도 움직이고, 귀도 움직인다. 실로 불가사의한 감각기관이 응용하여 자재로 움직인 후, 그 근본의 불심을 잡아 '너희들 모든 사람의 면전에 출입한다'라고 한 것이다. '자, 그 불심을 진실로 보아라, 보아라'라고 말씀하시자, 근기가 둔한 한 승려가 나와서 '그 일무위의 진인이란 어떠한 사람입니까?'라고 물었다. 그러자 임제는 바로 선상(禪上)에 올라서서 그 승려의 멱살을 움켜쥐고 '자 말해라 말해' 하고 위협하였지만, 근기가 둔한 승려는 전혀 어떠한 말도 할 수 없었다. 자기의 불심을 알지 못하기 때문에 꾸물댈 뿐이다. 도저히 참을 수 없던 임제는 '이 똥막대기와 같은, 더럽기 짝이 없는 멍청이'라고 욕을 하여 그 승려를 쫓아버렸다는 것이 이 상당설법(上堂說法)의 대강의 줄거리이다.

그래서 이 '일무위진인'에 관해서는 『종용록(從容錄)』 제38칙에 공안으로 되어 실참실구(實參實究)해야만 하는 것으로 되어 있지만, 여기서는 다만 그 글자에 관해서 기술해보겠다. 먼저 지위가 없는 참사람으로, 보살이라든가 부처라든가 하는 지위가 없는 사람, 범부라든가 성자라든가 하는 계급이 있지 않는 사람, 유(有)라든가 무(無)라든가 하는 한 물건에 의지하지 않는 사람이라는 의미로, 임제는 또한 '무의(無依)의 도인(道人)'으로도 부르고 있다. 우리들은 무언가에 의지하고 있다. 재산이 있는 사람은 재산에 의지하고, 학문이 있는 사람은 학문에 의지한다. 가문이 훌륭한 사람은 그 가문에 의지한다. 위계훈(位階勳) 등이 있는 사람은 위계훈 등에 의지하지만, 무의(無依)의 도인(道人)은 어떤 물건에도 의지하지 않는다.

세속에서 말하는 맨손이라 할 수 있다. 몸에 조금도 옷을 걸치지 않고, 장식을 붙이지도 않는다. 벌거숭이 사람이라고 하지만 이것은 자기 본래의 자성청정심이며, 불심 혹은 불성이라고도 한다. 그러나 본래 이름할 수 없기 때문에 선불교에서는 저것 혹은 이것이라고 하거나, 이 한 사람(那一人)이라든가 이 한 물건(那一物) 등으로 말하고 있다. 이것을 알기 쉽게 말하면 '한 물건(一物)'이라는 정도의 의미이다.

이 '한 물건'은 이것을 실제로 보는 것, 철저하게 보는 것, 철골철수(徹骨徹髓)하게 지켜보는 것이 선불교의 일대사이다. 이것만 될 수 있다면 일생 참학(參學)의 일은 끝난다고 하지만, 이것은 그렇게 쉽게 파악되는 것이 아니다. 일무위진인을 보는 것을 터득해서 그것을 일상 아래에 활발하게 그리고, 응용무애하게 하는 것이 이 선어의 살아 있는 설법이다. 선차의 사람도 이 공안에 참가하여 살아가는 진인이 되어서 다사를 이루는 것이 이 공안을 진실로 본 사람이라고 말할 수 있을 것이다.

일물불장래(一物不將來)

이것은 『종용록』 제57칙에 나와 있는 공안의 말로,

엄양존자(嚴陽尊者)가 조주선사(趙州禪師)에게 물었다.
"한 물건도 가져오지 않았을 때는 어찌 합니까?"
조주선사가 답하길
"놓아버려라."
엄양이 다시 물었다.

"한 물건도 가지고 오지 않았는데, 무얼 놓아버립니까?"

그러자 조주선사가 대답했다.

"그렇다면 짊어지고 가거라."

라고 기술하고 있다. 엄양은 '일물불장래(一物不將來)'라는 일물을 가지고 조주의 처소로 와서, 그것을 조주에게 견파당하여 전신의 자유를 빼기고 있었기 때문에 '짊어지고 가라'라고 설복한 것이다.

즉, 일물불장래란 물건 하나도 지참하지 않는다는 의미로, 보살의 자리도 부처의 자리도 없다. 단지 맨손일 뿐이라 하며, 그 맨손이라는 '지지리 못난 놈'을 지참하고 있는 것이다. 지금 엄양이 입으로는 '일물불장래'라고 그럴듯하게 말하고 있지만, 실제는 불장래라는 큰 일물을 가지고 조주의 거처로 와서 물었던 것이다. 때문에 조주는 그 성가신 물건을 버려버리라는 의미로 '방하착(放下着)'이라 말했지만 엄양은 그것을 시원하게 알 수 없었기 때문에 변함없이 자기 견해에 집착하여 '일물불장래라고 하며 그 무엇을 내려놓아야 하는가?'라고 말했다. 이미 여기에 이르러서는 정말로 어떻게 할 방법이 없다. '그 정도로 애석한 것이라면 그 일물불장래를 짊어지고 돌아가라'라고 조주는 최후의 결단을 내렸기 때문에 엄양은 더욱더 부담을 짊어지고 여기저기를 돌아다니지 않으면 안 되는 궁지로 몰리게 되었다. 하지만 결코 엄양만을 비웃을 수는 없다. 세간의 많은 사람들이 무언가 짊어지고 있는 것이 있지 않을까. 나는 재산 따위에 의지하고 있지 않다 혹은 학문 따위에 의지하고 있지 않다는 그 '의지하지 않는다'라는 것을 짊어지고 돌아다니는 모양으로는 이 공안의 진의를 간파하는 것은 불가능하다. 선차의 사람도 나는 무심으로 다사를 하고 있다는 식으로 말하지만, 오히려 그 무심을 짊어지고 돌아다녀서는 곤란하다. 방하착은 상당히 어려운 일 중에서도 어려운 일이다.

일념만년거(一念万年去)

일념만년(一念万年)이란 일념이 바로 만 년이고 만 년이 일념이라는 의미로, 삼조 승찬대사의 『신심명』에 '종(宗)은 촉급과 지연에 있지 않고 일념만년'이라는 말이 있다. 또한 『도수록(道樹錄)』의 제57칙에는 석상칠거(石霜七去)의 하나로서 '일념만년으로 간다'라는 공안이 나와 있다. 요컨대 우리들의 불심은 무시무종의 실재이며 시간적으로 말하면 일념이 곧 만 년이다. 일념이라 해도 짧지 않고, 만 년이라 해도 길지 않다. 천만 년의 긴 것도 당처의 일념 속에 들어가는 것이기 때문에 이 일념이 가장 유의미하다. 이 일념의 여하에 의지하여 선도(善道)나 악도(惡道)로도 나눈다. 미혹도 깨달음도 단지 이 일념이면서 아울러 지금에 있기 때문에 이것을 잊어서는 안 된다. 도겐선사의 『정법안장(正法眼藏)』에도 '지금은 사람들의 오늘이 되고 내 생각으로 하여금 과거, 미래, 현재, 몇천 만이 되어도 지금이 되어 오늘이 된다. 사람들의 분별상에서는 반드시 지금이 된다'라고 말하지만 실제로 지금의 일념이 가장 중요하다. 과거나 미래, 현재라고 해도 단지 현재의 의식 안에 있어서 한순간의 존재에 지나지 않는다. 과거라고 해도 단지 기억으로서 존재하는 것이고, 미래라고 해도 단지 기대로서 있는 것이다. 그렇기 때문에 기억하는 것도 기대하는 것도 모두 현재의 한순간, 의식 안에 존재하는 자기라는 주인공과 모든 것이 관계되어 있다. 때문에 이것이 '일념의 나'라는 공안이 가리키는 바이다. 선차의 사람도 이 '일념의 나'를 잊지 않고 일념으로 훌륭한 다사와 일체가 되어서 행하는 것이야말로 '일념만년거'의 진실한 뜻에 도달하는 길이다.

평상심시도(平常心是道)

이것은 『무문관(無門關)』 제19칙에 나와 있는 유명한 공안이다. 어느 날 남전(南泉) 보원선사(普願禪師, 748~834)의 처소에 제자 조주(趙州)가 와서 "어떤 것이 도입니까?"라고 물었다. 남전이 답하여 말하길 "평소의 그 마음이 도다(平常心是道)"라고 했다. 조주 또한 물어 말하길 "찾아 나아갈 수 있습니까?"라고 하니, 남전이 답하여 말하길 "나아가고자 하면 곧 어긋난다"라고 했다. 나아가 거기에 남전이 가리키는 바가 있지만, 그 요점이 되는 부분은 '평상심시도'와 '나아가고자 하면 곧 어긋난다'에 있다고 생각한다. 여기서 말하는 도는 불도나 대도와 같은 것으로, 석존이 깨달았던 '아뇩다라삼막삼보리'이다. 이것을 번역하여 무상정진도(無上正眞道)라고도 하는데 이는 천지의 대도, 우주의 본체, 법의 근원, 우리들 인간이 밟아 가야 할 지도원리와 같은 것이다. 실로 매우 깊고 미묘한 것이라서 조주는 높은 곳만 바라보고, 먼 곳에서 구하고 있었던 것 같다. 그것을 남전은 낮은 곳으로 설하고 가까운 곳을 가리키며 '평상심시도'라고 설한 것이다.

노자도 "도를 도라고 하면 진정한 도가 아니고, 명을 명이라 하면 진정한 명이 아니다(道可道非常道, 名可名非常名)"라고 말하고 있지만, 지금 조주가 질문한 도는 최대지고(最大至高)의 절대 도임에 반해 남전의 답은 정말로 낮고 가까운 곳에 있는 도를 가리켜 보인 것으로 '도는 한순간도 나를 떠나 있지 않다. 만약 떠난다면 그것은 도가 아니다(道也者不可須臾離也. 可離非道也)'라는 중용의 기술과 같이, 도 가운데에 우리들은 행주좌와(行住坐臥)하고 진지동작(進止動作)하고 있는 것이다. 남전의 스승은 유명한 마조도일(馬祖道一) 선사이다. 한 승려가 마조에게 물어 말하길 "어떠한 것이 부처입니까" 하자, 마조가 답하여 말하길 "즉심즉불(卽心卽佛)"이라 했다. 승려는 또한 물어 말하길 "어떠한 것이 도입니까" 하자, 마조가 답하여 이르길 "무심이 도이다"라고 했다. 이에 승려가 다시 물어 말하길 "부처도, 도도 서로 가는 것이 다소(多少)이다"라고 하자 마조가 답하여 말하길 "부처는 손을 펼치는 것 같고, 도는 주먹을 쥐는 것과 비슷하다"라고 했다. 마조가 말한 무심이 도라고 하는 것과 지금 남전이 말한 평상심시도는 같은 것인가, 다른 것인가. 이 문제는 깊이 음미하지 않으면 안 된다.

요컨대 평상심이 도라고 해도 우리들의 일상에 일어나는 탐욕의 마음은 아니고, 진애의 마음도 아니며 또 우치의 마음도 아니다. 이는 우리들 본래 갖추고 있는 불심을 가리킨 것이며, 자성청정심을 가리킨 것이다. 무아무심의 본심을 가리킨 것이다. 당나라 말 조동종의 종조 동산 양개선사(良价禪師, 807~869)는 '도는 무심이면서 사람과 합하고, 사람은 무심이면서 도에 합한다'라고 말하고 있는데 이 말은 정말로 진리이다.

도라고 말하면 무언가 일정한 법칙이 있는 것처럼 생각하여, 조주가 "부디 도가 나아가야 할 방향을 제시해주십시오"라고 하자, 남전은 "나아가고자 하면 바로 어긋난다"라고 답했다. 나아가고자 한다면, 이미 나아간다는 자기와 향하게 되는 도가 둘이 된다. 이 두 개의 지점을 분별이라 하고, 유심이라고 하는 것이지, 무심으로는 되지 않는다. 그러므로 유심에서는 도에 어긋난 것으로 되어 거기에서는 이야기가 되지 않는다는 것이다. 또한 여기에서는 조주에 대해서 신중하게 지시되고 있지만, 무심에는 도가 있고, 유심에는 대도가 없다. 이 공안은 깨끗하고 산뜻한 대허공 가운데 한 점의 구름도 없는 확연동활(廓然洞豁)한 지점에 대도가 있다고 하여, 남전이 노파심에 친절하게 지시하여 이에 조주는 활연하게 대오했다고 끝을 맺고 있다.

이 공안에 대해서 『무문관』의 저자인 무문 혜개(慧開, 1183~1260)는 다음과 같은 게송을 지었다. 그 게송이 너무나 뛰어나기에 족자 등에 자주 쓰인다.

> 봄에는 갖가지 꽃, 가을에는 두둥실 달 (春有百花秋有月)
> 여름에는 서늘한 바람, 겨울에는 하얀 눈 (夏有凉風冬有雪)
> 만약 쓸데없는 일 마음에 두지 않는다면 (若無閑事挂心頭)
> 이것이 곧 인간세상 좋은 시절 (便是人間好時節)

앞의 두 구절은 춘하추동의 좋은 풍경을 그려낸 것으로 거기에 어떤 의심해야 할 여지가 없는 천지자연의 본래의 풍광이다. 평상심시도의 모습을 노래한 것이다. 그러나 거기에 조금이라도 몸에 응어리지는 쓸데없는 일이 있어 일념이 심두(心頭)에 걸린다고 한다면 본지의 풍광에 구름이 걸리게 된다. '만약 쓸데없는 일을 마음에 두지 않는다면 이것이 더 인간의 호시절'이며 대도는 거기에서 확실히 나타난다. 흔히 인간은 분별의 일념에 의해서 선악을 말하고 득실을 논하고 지부지(知不知)를 세우고 득부득(得不得)을 인정하기 때문에 봄에 피는 갖가지 꽃에 근심하기도 하고 슬퍼하기도 한다. 가을의 맑은 달에도 울기도 하고 웃기도 한다. 여름의 시원한 바람에도 즐거워하지 않고 겨울의 눈에도 원망하곤 한다. 인생의 설월화(雪

月花)의 정토에서 살아가는 것을 자신의 일념심두(一念心頭)가 흐린 것 때문에 정토(淨土)도 예토(穢土)로 변한다. 이것은 시비득실 취사증애의 세계가 되어 추한 투쟁의 장이 되며, 평상심시도의 진실한 뜻에서는 멀어져버리기 때문에 선차를 하는 사람도 이 점에 크게 유의해야 한다. 일거수일투족 모든 평상의 마음이 도가 되어 기거하고 왕래하고 끽다하고 끽반하여 도와 떨어지지 않도록 한다면 그것이 바로 인간의 호시절이라는 것이다.

직심시도량(直心是道場)

직심이 도량이라는 말은 『유마경(維摩經)』에 나와 있다. 『유마경』의 보살품 제4에서 광엄동자(光嚴童子)와 문답할 때 유마는 '직심은 도량이다. 왜냐하면 허가(虛仮)가 없기 때문'이라고 말하고 있다. 도량이란 수행의 장처(場處)라는 의미로, 고요한 산중이나 사람과 마을을 떠난 곳처럼 생각되지만, 유마는 '정직한 마음, 즉 순진한 마음으로 있다면 어떤 곳도 도량 아닌 곳이 없다'고 하였다. 어떤 산중이나 한적한 곳에 있어도 망상의 마음이 일어나고 사심이 있다면 도량이 아니다. 도량은 그 장처에 있는 것이 아니라 그 사람의 마음에 있다고 가리키고 있기 때문에 여기에 '한 걸음 한 걸음 이것이 도량'이라는 의미도 나타나 있다. 『유마경』에는 모든 곳에 도량이 있다고 하여 31종의 도량을 들고 있다. 즉 발심(發心)도, 심심(深心)도, 보리심도, 육바라밀도 모두 도량이 되지 않는 것이 없다. 모든 제선만행(諸善万行)은 모두 수행의 도량이 된다. 그 행의 한 걸음 한 걸음이 불도의 완성에 가까운 한 걸음 한 걸음이라는 의미로, '한 걸음 한 걸음 이것이 도량', '한 걸음 한 걸음에 청풍이 일어난다'라고 하여 일념심두(一念心頭)에 사념(邪念)이 없게 된다면 인간이 도착하는 곳에 청풍이 일어나고 청량정미(淸風淨味)를 만끽하는 것이 가능하다는 것이다. 그러므로 선차의 사람도 이 마음으로 다사를 해야만 한다.

정전백수자(庭前柏樹子)

이것은 『무문관』 제37칙에 나와 있는 유명한 공안이다. 어느 날 한 스님이 조주화상의 처소에 와서 '무엇이 조사가 서쪽에서 온 뜻입니까?'라고 물었다. 그러자 조주는 '뜰 앞의 잣나무(庭前柏樹子)'라고 답했다고 한다. 여기서 조사는 달마대사를 가리키고 있다. 따라서 '조사가 서쪽에서 온 뜻(祖師西來意)'이란, 달마가 서천 인도에서 중국으로 건너온 의미라는 것이다. 달마는 특별히 한 권의 경전도 번역하지 않고, 강의도 하지 않고, 주석한 책도 쓰지 않았기 때문에 달마의 종지라고 말할 특별한 것이 없다. 단지 면벽 9년이라 하여 좌선만 하고 있었기에 '그 좌선의 종지란 어떤 것일까'라는 것이 '조사가 서쪽에서 온 뜻'이라는 의미이다. 이것을 교외별전, 불립문자의 종지라고 세간의 많은 사람들이 말하고 있지만, 정말로 달마의 의지가 무엇일까 하는 것이 그 당시 선을 참구하는 사람들의 문제의식이었을 뿐만 아니라 현안이 되고 있었기 때문에 여기에 이 승려도 조주의 거처에 와서 물었을 것이다. 그러자 조주는 단지 '뜰 앞의 잣나무'라고 답했다. 이것은 무언가 확실하고 시원하지는 않다. 뜰 앞에 있는 백수자라는 것이지만 이 '자(子)'는 어조사로서 특별한 의미가 있는 것은 아니다. 백수는 나무의 이름으로 잣나무 혹은 떡갈나무라고 부르는 나무지만, 이것이 '조사가 서쪽에서 온 뜻'과는 어떤 관계에 있을까? 이것은 선에서는 실제로 참구하는 것밖에 달리 길은 없다는 것이다. 가령 앞에서 동산의 마삼근이라 하고, 운문이 '무엇이 부처인가'라는 물음에 대해서 '마른 똥막대기'로 답한 것과 같은 방식으로 봐야 할까, 하여튼 분별을 가지고 헤아려서 보고 판단해야만 하는 것은 아니다. 묘심사의 개산 무상대사(無相大師)는 '잣나무의 이야기는 도적의 낌새가 있다'라고 말하였는데 이 '도적의 낌새'라는 것도 유명한 공안이 되었다.

여기서 조주의 '뜰 앞의 잣나무'에 관해서 설명을 하자면, 조주가 살고 있던 관음원에는 큰 잣나무가 있었기 때문에 그렇게 답한 것이다. 즉 잣나무에 한한 것은 아니다. 소나무라 해도 좋고 매화나무라 해도 좋다. '그 나무가 무엇일까?'라는 분별을 일으키면 이 공안은 볼 수 없다. 이것도 조주의 속을 간파하여 꿰뚫어 볼 만한 것이다. 도생법사(道生法師)는 '청청한 취죽이 모두 진여이다. 울창한 황화, 반야에 나타나 있지 않는 것이 없다'라고 하여 뜰 앞의 잣나무도 이 진여로, 반야의 당체로 보지 않으면 안 된다.

독좌대웅봉(獨坐大雄峰)

이것은『벽암록』제26칙에 나와 있다. 어느 날 한 승려가 백장선사(百丈禪師, 720~814)의 처소에 와서 '무엇이 기특한 일인가?'라고 물었다. 그러자 백장이 '독좌대웅봉(獨坐大雄峰, 홀로 큰 웅봉에 앉는다)'이라고 답했기 때문에 승려는 바로 절을 올렸다. 백장은 절을 받는 것이 거슬렸던지 갑자기 그를 쳤다.

대웅봉이란 백장이 살고 있었던 곳으로, 백장산이라고도 한다. 지금의 강서성 홍주 남창부에 있는 대웅산으로, 거기에 선원을 축조

하여 선원총림의 개창자로서 유명한 '백장청규'를 지었다. 선종의 청승(淸僧)이 지켜야만 하는 규칙을 정해서 스스로 그것을 엄격하게 지키고, 대중에게 앞서서 책무를 하여 '하루 일하지 않으면 하루 먹지 않는다'라는 천고불마(千古不磨)의 격언을 남긴 도덕실행가의 본보기였던 것이다. 어느 날 백장의 처소에 온 스님이 '무언가 기묘하고 특별한 일은 없는가?'라고 물었다. 백장의 처소에 그런 것이 있을 리가 없었다. 단지 서로 변하지 않는 한 사람, 듬직한 대웅봉에 좌선하고 있을 뿐이다. 이와 같이 독좌대웅봉 외에 특별히 진기한 것이 있는 것일까, 기묘한 일 아닌가. 불가사의하게 이것은 손도 있고 발도 있다. 손이 있어서 집고 잡으며, 발이 있어서 걷고 달린다. 차를 만나서는 차를 마시고 밥을 만나서는 밥을 먹는다. 손님이 오면 응대하고 손님이 없으면 홀로 앉는다. 거기에 무심한 무위무작의 동작이 있어 백장의 진면목이 엄연하게 있는 것을 보고 알아차리지 않으면 안 된다. 언뜻 보기에 참으로 평범한 것처럼 생각되지만 정말로 선의 진수를 체득한 사람은 거기에 광명이 빛나고 있는 것이다. 선의 진수를 체득하지 않는 사람은 무언가 기적과 같은 것을 좋아하여 엉뚱한 언행을 부리지만, 정말로 기이하고 특별한 일은 결코 그곳에 없다. 백장의 일거수일투족, 평상사(平常事)를 평상사 그대로 행하는 곳에 독좌대웅봉의 대광명이 빛나고 있다.

송수천년취(松樹千年翠)

소나무의 푸른색을 나타낸 글귀이다. 아무리 천년의 시간이 지나도 조금도 색이 변하지 않는 것에 소나무의 귀한 바가 있다. 이에 반해 낙엽수는 한때 꽃을 피우고 사람들로부터 칭찬을 받지만 그것은

정말로 한때의 꿈에 지나지 않는다. 대강선사(大綱禪師, 1722~1787)의 노래에

> 아라시야마(嵐山)에 꽃이 한창일 때 와서 보면
> 소나무(松)을 남겨두고 쌓이는 흰 눈.

이라는 구절이 있는데 이 '송(松)'이라는 한 글자를 주의해서 보아야 한다. 벚나무 꽃이 한창일 때 와서 보면 꽃만 떠올리지만, 이것은 낙화가 되기도 하고, 낙엽이 되기도 하며, 매우 춥고 눈 내릴 때에는 실로 적적함을 안겨준다. 하지만 소나무는 그렇지 않다. 가령 흰 눈이 내려도 천년의 푸른색을 드러내며 언제나 변하지 않는 모습인 채로 있기 때문에 이 글귀는 사람에 따라서 여러 가지로 설명할 수가 있다. 현인이나 군자의 미덕을 상찬하기도 하고, 선 수행자의 보리심으로 비유하기도 하고, 본래 갖추고 있는 불심은 아무리 번뇌, 망상의 더러움 속에 있어도 자성청정심의 덕은 오염되지 않는 것을 나타낸 것으로도 볼 수 있다. 선차에서 말한다면, 여러 가지 유행품을 나란히 세워서 다사를 해야만 하는 것은 아니다. 다사에 마음을 고요히 해서 다사삼매에 드는 것이 목적이다. 이것이 바로 '송수천년취'이며, 도구만단(道具萬端)에 사로잡혀서 일시적으로 유행품을 좇아 즐기는 것은 가장 피해야 하는 일이다.

일출건곤휘(日出乾坤輝)

이 선어는 '해가 뜨자, 건곤이 빛난다'로 읽는다. 『선림구집(禪林句集)』 5자관의 처음에 언급하고 있는 글귀로, 경사스러울 때 거는

족자에 자주 쓰인다. 태양이 동쪽 하늘에서 나와서 천지간의 사물을 모두 비추기 때문에 그 정도로 밝고 또렷하며 확실한 것은 없다. 산은 산의 모습으로 높게 서 있고, 강은 강의 모습으로 낮게 흐르며, 닭은 울고, 새는 지저귀며, 인마(人馬)는 여기저기로 달리는 광경, 그곳을 얻고 그 자체의 진실을 나타내고 있는 것이 바로 이 '일출건곤휘'라는 글귀의 의미일 것이다. 조금도 분쟁이 없는 평화로운 마을, 평화로운 나라, 천지간 모든 것이 평화 일색인 것 같은 느낌을 받는 구절로, 거기에는 또한 깊은 의미가 있다.

신광조천지(神光照天地)

이것도 앞의 일출건곤휘와 같은 의미로 『벽암록』 제86칙의 송에 나와 있다. 여러 가지 의미로 해석되지만, 지금은 신광(神光)을 본래의 광명으로 잡고, 우리들 본심자성의 광명이 천지간을 비추어, 그 자체 진실의 모습을 그려낸다는 의미로 쓰인다.

> 높은 산에서 계곡 아래를 보면
> 오이나 가지 꽃이 한창이다

태양의 빛에 의해서 천지간의 사사물물이 확실하게 되는 것처럼, 우리들의 본심자성은 본래 원만하게 갖추어진 신광에 의해서, 일체제법의 실상 그대로를 비추어낸다는 것이지만, 거기에 비춘다는 것도 비추어지는 것도 있어서는 안 된다. 능소(能所)가 함께 융화하고, 주객이 함께 일체가 되어서 무심과 무심이 합치하여 비로소 진실이 되기 때문이다. 태양은 천지간을 비추기에, 비추고자 하는 의지는 더더욱 없고, 태양은 열과 빛의 덩어리로, 자연에 무위로 비추고, 무작으로 빛나는 것이다. 때문에 우리들도 본래원구(本來圓具)의 신광을 드러내어, 무심하게 일상의 동작 위에 빛나지 않으면 안 된다. 선차를 하는 사람도 먼저 나라는 생각과 나의 것이라는 생각을 마음에서 놓아버리고, 다시 삼매에 드는 것이 이 '신광조천지' 선어의 뜻을 나타내는 것이다.

산호만세성(山呼萬歲聲)

이것은 '산이 부르는 만세 소리'라는 의미이다. 이 선어는 경사스러운 일이 있을 때 다실에 걸어둔다. 『선어자휘(禪語字彙)』에 옛날 한나라 무제 때 환호의 소리가 산에 울려서 만세로 들렸다는 고사를 언급하고 있다. 특별히 산이 만세라고 부른 것은 아니다. 백성이 만세를 환호하는 소리가 산에 울려서 산이 만세라고 부르는 것같이 들렸다는 것이다. 실로 태평성대를 축하하는 소리이며, 경사스러움의 끝을 만들었던 구(句)이다. 그러나 선어로서 읽으면 단순하게 경사스럽다는 것만이 아니라 산 그 자체도 만세의 소리가 있다. 외연하게 솟아 있는 곳이 산의 청정법신불이다. 산은 높고, 산은 외연하게 솟아 있다는 진리는 항상 변하지 않는다. 이 변하지 않는 곳, 그곳이 만세, 만세, 만만세의 소리이다. 그 소리는 우리들의 귀에는 들리지 않지만 그 소리 없는 소리를 듣는 곳에 선의 존귀함이 있다. 특별히 소리라 말했다고 해서 오직 이근(耳根)의 상대가 되는 것은 아니다. 색성향미촉법 이들 육진(六塵)의 경계는 모두 소리를 내고, 그 자체를 나타내어 자성 그대로를 설법하고 있기 때문에, 잘 듣지 않으면 안 된다. 홍법대사의 『성자실상의(聲字實相義)』에도 오대(五大)에 모두 소리가 있고 십계(十界)에 언어를 갖춘다. 육진이 모두 문자가 되고 법신은 그 실상이 된다고 설하고 있지만 이들에 의해서 깊이 알 수가 있다. 때문에 선차의 사람도 차호, 다완, 차샤쿠, 그 외의 물건이 모두 만세의 소리로 부르고 있는 것을 듣는다면 그 사람은 정말로 이 '산호만세성'의 선의를 이해한 사람이라고 할 수 있다.

동산수상행(東山水上行)

이 공안은 유명하여 족자에 자주 쓰인다. 어느 날 한 스님이 운문종의 시조 운문대사의 거처에 와서 "무엇이 제불(諸佛)의 몸이 있는 곳입니까?"라고 물었다. 그러자 운문은 "동산은 물 위로 간다(東山水上行)"라고 답했다. 이것은 너무나 이해할 수 없는 답이다. 우리는 항상 산은 움직이지 않는 것, 물은 움직이는 것으로 생각하기에 동산이 움직여 물 위로 간다는 이 말의 의미는 도무지 상식으로는 판단할 수 없다는 것이다. 일설에는 이 공안이 동과 정이라는 두 개의 상을 초월한 화두로서, 진실한 곳은 실참실구(實參實究) 이외에 달리 방법이 없다고 말하고 있다.

그러나 지금 일단은 여기에 군더더기 말을 더한다면 우리들은 항상 동과 정이라는 두 개의 상으로 분별하여 보고 있다. 산은 부동인 존재이고, 물은 유동인 존재라 생각하지만 이 분별은 미망의 근원이 되기 때문에, 거기에서 여러 가지의 대립적인 생각이 나온다. 가령 세간의 길흉화복에 대해서도 길과 복이란 좋은 것, 흉과 화는 나쁜 것으로 선한 것은 구하지만 나쁜 것은 피하는 것처럼, 여러 가지 분별을 일으키고, 망상으로 달려 신구의(身口意)의 삼업 위에 죄를 짓는 것이 되기 때문에 그 근본은 분별이자 대립적인 생각이다. 그러므로 산은 산의 모습만 보고, 물은 물의 모습만을 본다면 동과 부동이라는 두 개의 상을 일으키지 않을 것이다. 비교하기 때문에 산은 부동이 되고 물은 동이 된다. 산은 외연하게 솟아서 움직이지 않는 것으로 정해지고, 물은 유동하여 항상 높은 곳에서 낮은 곳으로 흐른다고만 생각하는 것이다. 그런데 이와 같이 분별해가면 동산이 물 위에 흐른다는 것도 틀리게 말하는 것처럼 생각되어 거기로부터 나아가 분별이 더해질 뿐이다.

그런데 이런 대립적인 생각을 초월해서 보면 동정일여(動靜一如)이다. 따라서 산에도 동과 정이라는 두 개의 상이 있고, 물에도 동과 정이라는 두 개의 상이 있는 것으로, 이것을 일방적으로 고집해서는 안 된다. 물을 정(靜)으로 보고 또한 부동으로 본다면, 산이 동으로 되어 흘러간다고 보지 않으면 안 된다. 동산도 항상 물 위를 가고, 항상 흐르며, 항상 변화의 상으로 옮겨가고 있는 것이 된다. 이것과 같은 글귀로 '청산상운보(靑山常運步)'라는 선어가 있다.

청산상운보(靑山常運步)

이것은 '청산은 늘 걸음을 옮긴다(靑山常運步)'라는 의미이지만, 공안 쪽에서는 '청산은 늘 발을 든다(靑山常擧足)'로 되어 있다. 『종용록』 제41칙에 나와 있는데 당의 낙포산(落浦山) 원안선사(元安禪師, 834~898)가 임종 때 대중에게 보이며 말하기를 "지금 일사(一事)가 있어 난사를 여러 사람에게 묻는다. 이것이 만약 있다고 한다면 머리 위에 머리를 둔다. 만약 아니라고 한다면 바로 머리를 쳐서 삶을 찾는다"라고 했다. 이때 수좌가 말하길 "청산은 항상 발을 든다"라는 것이다. 여기에 일사라는 것은 절대의 진리이다. 이것을 선에서는 저개(這箇)라고 한다. 속어로 말하면 '이 물건, 이것'이라는 정도의 의미가 되지만 '이것'이 어지간해서는 알 수 없다. 이는 절대의 나일물(那一物)로 또한 나일인(那一人)이라 해도 좋다. 이것은 시비 선악을 떠나 있기 때문에, 이것을 맞다고 하면 머리 위에 머리를 둔다고 하여 괜한 일, 사족을 더하는 것과 같은 것이 된다. 또한 반대로 아니라고 한다면 머리를 베어버리고 삶을 구할 수 없이 상담하게 된다. 그런데 "시(是), 불시(不是)를 떠나서 뭐라고 한 구절 말해보아라"라고 했을 때, 수좌가 나와서 "청산상거족(青山常擧足)"으로 답한 것이다. '청산원부동(青山元不動)'이라는 선어도 있다. 부동의 청산이 발을 들어서 걸어가고 있기 때문에 이것 또한 이해가 힘든 답이지만, 이것도 동부동(動不動)을 일여(一如)로 보고, 청산도 움직인다고 본 것이다. 절대의 경지는 이 공안을 보지 않으면 알 수 없다. 청산은 부동이며 상주인 존재로 생각하지만 결코 상주인 존재가 아니다. 청산도 항상 무상에 의해 지배되고 있다. 청산이라고 하지만 가을이 되면 단풍이 들고 겨울이 되면 낙엽이 진다. 몇천만 년 뒤에는 산의 형태도 변하고, 제각각 변화하여 유동하는 면도 있음을 잊어서는 안 된다.

구지수일지(俱胝竪一指)

'구지, 일지를 세운다'라는 뜻으로 이것은 구지화상(俱胝和尙)의 일지두(一指頭) 선으로 유명한 공안이다. 구지의 전기는 확실하지 않지만 마조도일(馬祖道一), 대매법상(大梅法常)으로 이어지는데 이 대매(大梅)의 제자로는 천룡화상(天龍和尙)이 있었다. 이 화상이 일지두의 선을 설한 사람이다. 그에 의해서 깨달았던 구지화상은 일생 동안 오직 손가락 하나를 세우고, 별도로 어떤 것을 제시하여 주장도 하지 않고, 임종 때에 '나는 천룡화상으로부터 일지두의 선을 얻어 일생을 써도 다 쓰지 못했다'라고 말하고 입적했다고 한다. 이 공안은 『벽암록』 제19칙, 『무문관』 제3칙 그 외에도 나와 있다.

구지화상의 이름은 이 사람이 항상 이 준제관음(準提觀音)의 진언을 제창하였기 때문에 그 이름을 불러서 구지화상이라 했다고 하지만, 정확한 이름은 알 수가 없다. 그가 어릴 때 무주(婺州)의 금화산(金華山)에 있는 암자에 머물고 있었는데 한 비구니가 찾아와서 삿갓을 쓴 채로 석장(錫杖)을 흔들면서 무서운 기세로 구지 주변을 세 번 돌고서 '도를 얻는다면 바로 삿갓을 벗겠다'라고 하며 세 번 거듭해 물었지만 구지는 아무런 답을 하지 못했다. 그래서 그 비구니가 돌아가려고 하자 구지가 말하길 '곧 날도 저물 텐데 여기서 하룻밤을 자고 가는 것이 어떤가'라고 하자 이에 비구니는 '도를 얻는다면 바로 묵겠다'라고 말했다. 구지는 그 질문에 대해서도 아무런 답을 하지 못했다. 그래서 그 비구니는 바로 그 자리에서 일어나 떠나버렸다. 그때 구지는 '나는 장부의 모습을 갖고 있으면서 저 비구니에게도 미치지 못했다. 어떻게든지 도를 얻지 않으면 안 된다'라고 하며 스스로 크게 한탄하였다. 큰 분발심을 일으키는 곳으로 천룡화상이 우연히 왔다. 이 사람이야말로 육신보살이라 생각하여 그를 환영하며 자신의 모자라고 한심한 점을 그대로 고했다. 천룡은 아무것도 말하지 않고 단지 엄지손가락을 세워서 이것을 내보였고, 구지는 그때 확연하게 깨달았다. 그로부터 구지는 한평생 이 엄지손가락을 세워서 모든 것을 교화했다는 실로 좀 색다르게 바뀐 종지를 거양한 선의 스승으로 유명해졌다.

구지화상의 처소에 와서 부처를 물어도, 보살을 물어도, 생사를 물어도 엄지손가락을 세워서 답했다고 하지만 이 손가락 화두에는 천지도 삼키고, 생불(生佛)도 궁진(窮盡)하고, 미오범성(迷悟凡聖), 있는 것을 모두 삼켜버리고, 오직 한 손가락뿐임을 담고 있다. 때문에 이 한 손가락의 화두는 이치를 붙여서 봐야 하는 것은 아니다. 단지 구지가 깨달았던 마음을 꿰뚫어보지 않으면 안 되지만 이것은 그렇게 쉬운 일이 아니다.

구지의 제자 가운데 한 동자가 구지의 손가락 일을 기억하여 모습을 흉내내고 있었다. 이를 알게 된 구지는 그 동자의 손가락을 베어 버렸다. 동자가 아파 통곡하면서 그곳을 떠나려고 할 때 구지가 동자의 이름을 불렀다. 그러자 동자는 무심코 머리를 돌려서 뒤돌아 보았고 구지는 손가락을 세워 보였다. 순간 동자는 회심하여 깨달았다고 한다. 이것은 구지의 자비에 대한 가르침이며, 동자는 손가락이 끊어졌지만 그 손가락에서 진실한 바를 깨친 것으로 결국 그 끊어진 손가락을 살린 것이다.

요컨대 이 공안은 오직 손가락이라고 말하고 있기 때문에, 선이 손가락에 있는 것과 같이 생각하고, 손가락까지 깨달으면 좋은 것처럼 생각하는 사람도 있겠지만, 도리어 그것은 크게 어긋난 생각이다. 선은 손가락을 세울 수도 있고, 주먹을 들 수도 있고, 먼지털이나 지팡이 등을 들 수도 있다. 그러나 그것들을 아무리 분석해본다고 해도 그 속에는 선이 없을 뿐만 아니라 깨달음도 없다. 그런 것에 갇혀 있다면 그것은 오히려 집착이 되어 깨달음을 얻는 데 장애가 될 것이다. 그러한 상이 있는 것 모두에는 깨달음 그 자체도 없다. 천룡의 손가락 화두는 단지 석존의 교화를 보인 것이며 삼세제불의 자비의 설법을 보인 것으로도 전해지고 있다. 『원각경(圓覺經)』에도

'수다라의 가르침은 달을 표시하는 손가락과 같다'라고 설하고 있는데 여기서 수다라는 인도어로, 경전을 말한다. 석존 일대에 설해진 경전은 달의 방향을 가리키는 손가락과 같은 것이다. 그 손가락에서 진실한 달을 보지 않으면 안 된다. 손가락은 단지 그 달의 방향을 가리킨 것에 지나지 않는다. 그러나 그 손가락에만 집착하여 진리의 달을 깨닫지 않는다면 도리에 크게 어긋나는 것이다. 그것보다도 바로 달의 세계로 가서, 달 그 자체가 되지 않고서는 달의 참된 상을 붙잡았다고 말할 수 없다. 그리고 그 진리를 붙잡아 일상에서 무심을 드러낸다는 것은 매우 어려운 일이다. 이에 손가락의 화두도 매우 깊은 의미가 있다.

통신시수안(通身是手眼)

이것은『벽암록』제89칙,『종용록』제54칙에 나와 있는 유명한 공안이다. 어느 날 운암담성(雲巖曇晟, ?~841)이 도오원지(道吾圓智, ?~835)를 향하여 '관세음보살에게는 많은 손이 있고, 눈이 있는데 그것을 어떻게 사용합니까?'라고 물었다. 도오는 '한밤중에 눈을 감고 베개를 더듬어 찾는 것과 같은 것으로 마치 손 앞에 눈이 붙어 있는 것과 같은 것이다'라고 답했다. 그러자 운암은 '과연, 알았다'라고 말했다. 그래서 도오가 '무엇을 알았는가?'라고 묻자 운암은 '편신(遍身)이 손이요 눈이다(遍身是手眼)'라고 답했다. 그러자 도오가 '그것으로는 충분하지 않다. 열이면 겨우 여덟을 알았을 뿐이다'라고 하였다. 운암은 '그러면 사형은 무엇이라 말하겠는가?'라고 힐문하자 도오는 '몸 전체가 손이요 눈이다(通身是手眼)'라고 답했다는 것이 이 공안의 개요이다.

이것은 천수천안관세음보살에 관해서 문답한 공안이지만, 이 천수관음의 의미는 『천수다라니경』 가운데 자세하게 그 인연이 설해져 있다. 즉 천의 눈으로 보고, 천의 손으로 삼계이십오유(三界二十五有)를 헤매는 중생을 구제하고자 하는 서원을 세웠던 대자대비의 보살이 바로 천수관음보살이다. 때문에 손은 40개가 있어 그것이 25유(有)의 미혹한 중생계에 활동하기 때문에 천의 손이 되고, 그 손바닥 안에는 눈이 붙어 있다. 물론 이것은 모두 서원의 손이며, 천수관음의 정신을 형태로 드러낸 것이다. 그리고 천수관음보살이 여러 가지 물건을 지니고 있는 것은, 모두 천수관음의 서원을 표시한 것에 지나지 않는다. 그 40개의 손이 지닌 물건도 『천수다라니경』 속에 자세히 설명되어 있다.

그런데 천수관음의 천의 손, 천의 눈이 각각 움직이는 것은 아니다. 무심하게 이것이 움직여 중생을 구하는 마음을 나타낸 것으로, 이것을 무연(無緣)의 대자비라 한다. 연(緣)이 되지 않는 것은 없다는 광대무변의 대자비심을 이 보살의 모습으로 보아도 좋다. '편신시수안'이든 '통신시수안'이든 특별히 글자에 매일 필요는 없다. 이것은 같은 말을 다르게 표현한 것으로 8할 정도라고 말해도 그 말 속에 10할의 뜻이 들어 있다. '통신시수안'이라는 말은 전신이 수안화(手眼化)되어 있다는 의미이며, '편신시수안'은 신체의 어느 부분도 손이나 눈이 된다는 것으로, 여기에는 구체적으로 돌려서 말하는 부분도 있다. 이것은 도오와 운암의 가풍의 차이로, 말을 사용하는 방법의 차이일 뿐 특별히 양자 사이에 우열이 있는 것은 아니다. 다만 여기에 주의하지 않으면 안 되는 것은 이 양자가 함께 천수관음으로 완전히 변한다는 것이다. 우리들이 정말로 천수관음으로 변해 그것을 평상(平常)에 활용하지 않고서는 이 공안을 보았다고 할 수 없다. 선차의 사람도 다사를 행하는 과정에서 무심하게 다사와 일체가 된다면 천의 손, 천의 눈이 동시에 움직인 것이다. 단지 자신의 하나의 손에만 마음이 머무르면 다른 999개의 손은 전혀 필요가 없는 것이 된다. 그래서는 천수관음으로 온전하게 변했다고 말할 수 없다. 결국 천수관음과 전적으로 하나가 되지 못한 사람은 이 '통신시수안'의 선어를 깨달았다고 할 수 없는 것이다.

대도투장안(大道透長安)

이것은 '큰길은 장안으로 통한다'라는 의미의 선어로 『선림류총(禪林類叢)』 제5권에 나와 있다. 장안이란 지금의 중국 시안으로, 옛날에는 제국의 수도였다. 이 제국의 수도에 통하는 큰길은 사방으로 열려 있었다. 큰길은 천하의 대도여서 모두 제국의 수도인 장안으로 향하여 통하고 있다는 의미이지만, 이것을 선에서 보면 근본은 자기의 본분뿐이며, 여러 가지의 공안이 있지만, 모두 본분을 떠나지 않는다. 자기의 본분 즉, 자기의 본래의 모습을 깨닫게 하기 위한 공안이다. 때문에 그 공안에 의해서 우리들은 모두 자기 본래의 제국의 수도로 되돌아가 진실한 자기를 친히 보라는 것이다. 또한 이것을 불교 전체의 입장에서 본다면, 불교에는 소승이 있고 대승이 있으며, 삼승이 있고 일승이 있다. 성도문, 정토문 혹은 현교, 밀교, 혹은 교종, 선종 등으로 나누어져 있지만 그 도달하는 곳은 모두 진리의 제국의 수도 이외에는 없다고 보는 것이다.

올라가는 산기슭의 길은 많지만
같은 고근(高根)의 달을 보기나 할까

올라가는 산기슭의 길은 여러 가지로 나뉘어 있어도, 그 도달하는 절정은 같은 곳으로, 진리의 달을 보고 자기의 불심에 눈을 뜨는 것 외에 길은 없다는 것이다.

또한 이것을 다른 방면에서 생각해보면, 도라고 하여 밖에 있는 것은 아니다. 큰길은 제국의 수도에 통하는 길이며, 사람이 통하면 말도 통한다. 소가 통하면 차도 통한다. 모든 것을 통해서 대도를 밟는다. 아무리 길을 밟아도 길은 나아가 불평을 하지 않는다. 대도는 의연하게 대도 그대로의 모습을 나타내어 장안으로 가기 위해서 통해 있다. 거기에 대도의 면목은 생생하게 드러나 빛난다. 그것이 대도의 본분인 것과 마찬가지로, 우리들도 그 본분에 눈을 뜨고 어떠한 역경과 고난에도 인내하여 대도의 면목을 발휘하도록 힘써야 한다.

만리일조철(萬里一條鐵)

혹은 '천리만리일조철(千里萬里一條鐵)'이라고도 하는데 이는. 『괴안국어(槐安國語)』 제2권에 나와 있다. 이것은 '만리일조의 철'이라 하여 조금도 변하지 않는 만고불역(萬古不易)이라는 것을 의미하는 글귀로, 속어로 말하면 '시종일관 세게 꿰뚫다'라는 의미를 표현한 것이다. 천고의 예부터 지금에 이르기까지 조금도 이변이 없는 것으로, 진리 그 자체이다. 그 진리는 근본적인 것으로, 무시무종의 존재라고 한다. 세간의 모든 것은 모두 현상이며 잠시 현현하다가 순식간에 사라지는 것이다. 이는 마치 환영과 같고 꿈과 같은 존재이지만 그것들을 제거한 근본적인 실재는 본체이며 이것을 선에서는 본래면목 혹은 본분저(本分底)라고도 하고, 이 본분저에서 시종일관 쭉 꿰뚫는 것을 '만리일조철'이라고 한 것이다.

혹은 천리만리를 차별로 보고 일조철을 평등으로 보며 일체의 모든 차별은 모두 평등한 곳으로 귀결한다는 의미를 표현한 선어라고 보는 사람도 있다. 즉 우리들이 평상시에 행주좌와하는 것이 모두 근본의 본분저로부터 나오는 일거일동이 되지 않으면 안 된다. 단지 그때의 망동이나 분별에 의해서 움직이는 것은 일조철(一條鐵)이라고 할 수 없다. 어디까지나 본분저를 떠나지 않고 본분저로부터 드러나서 기거동작을 한다면, 그것은 바로 선의 종지와 일치하는 것으로, 소위 '위의가 곧 불법이고 작법이 곧 종지(威儀卽作法, 作法卽宗旨)'라고 하는 본령에 계합하는 것이다. 때문에 먼저 이 본분저를 깨닫고 그것을 내 것으로 만들어, 일용광중(日用光中)에 진실로 실증한다는 것이 요점이다. 즉 다사를 한다면 선차의 정신을 몸에 붙여 거기서부터 시종일관 선차로 완수한다는 것이 만리일조철(萬里一條鐵)의 의미일 것이다.

호중일월장(壺中日月長)

이것은 '항아리 속에 세월은 길다'라는 의미로 『허당록(虛堂錄)』 제6권에 나와 있다. 항아리 속이란 좁은 곳이지만 편안하고 한가하며 일이 없는 경지로, 스스로 깨닫고 즐기는 것이다. 여러 가지 일을 넓게 보고 듣기보다는 스스로 얻는 바가 있어서 그것을 홀로 즐긴다는 내면적인 심경을 드러낸 글귀이다. 외경에만 마음을 뺏기고 동분서주하기보다는 차라리 자기의 입장을 각하조고(脚下照顧, 자기의 발 밑을 잘 비추어 돌이켜 본다는 뜻)하여 만족할 줄 알아서 도와 친해지는 것도 중요하다. 그것과 마찬가지로 선차도 여러 가지의 유파를 익히고, 견문을 넓혀서 박학을 자랑하는 것보다는 차라리 겸허한 정신으로 스스로 만족하기를 권한다.

백운포유석(白雲抱幽石)

이것은 『한산시(寒山詩)』에 나와 있는 유명한 글귀이다. '흰 구름이 그윽한 보석을 품다'라는 의미로 심산유곡의 모습을 나타내며, 세간의 시끄러운 곳을 떠나 정적한 심경을 드러낸 글귀로 보아도 좋다. 이 세간은 물질적 욕망에 사로잡혀 탐내고, 사람과 사람의 다툼, 화내고 우희고락(憂喜苦樂)의 지나친 수라(修羅)의 갈림길이라 해도 과언이 아니다. 그것에 대해서 이 '백운포유석'의 한 구절은 충분히 선인(仙人)적인 기분을 드러내어 혼자 초연하게 탈속적인 심경을 즐기며, 자연적인 대도(大道)와 일치한 고귀한 곳이 높이 표현되어 있다.

팔풍취부동(八風吹不動)

이것은 『종용록』 제33칙의 송과 『선림류총(禪林類叢)』 제2권에 나와 있다. 팔풍(八風)이란 이쇠(利衰), 훼예(毁譽), 칭기(称譏), 고락(苦樂)의 여덟이며 이들은 세간적인 바람이다. 이쇠란 성쇠와 같은 것으로 영고성쇠(榮枯盛衰)를 의미한다. 훼예에서 훼란 세간에서 박해가 가해지는 것을 가리키고, 예는 그 반대로 명예가 주어지는 것을 말한다. 칭기란 세간에서 칭양되는 것 또는 그 반대로 비난을 받아 낭떨어지로 떨어지는 것을 말하며, 고락은 세간의 순경(順境)에 즐거워하거나 그 반대로 역경(逆境)에 괴로워하는 것이다. 이것들은 모두 이 세간의 무상한 모습을 나타내어 바람과 같은 것이라는 측면에서 팔풍이라고 한다. 이 팔풍에 의해서 우리들의 감정은 동요하기 쉽기 때문에 풍동(風動)에 비유한 것이다.

여기서 '팔풍이 불어도 움직이지 않는다(八風吹不動)'란 팔풍이 아무리 세게 불어도 조금도 동요하지 않는 확고한 불발(不拔)의 신념을 나타낸 글귀로 보아도 좋다. 어떠한 세간의 공명이욕(功名利欲), 순경역경의 바람이 사방팔방에서 휘몰아쳐 와도 조금도 동요하지 않는다. 마치 후지산과 같이, 쳐다보면 볼수록 더욱 높고, 불에 녹이면 녹일수록 더욱 단단해지는 사해에도 비교할 수 없는 덕과 높고 존귀한 신념을 가진 선자를 상찬한 선어이다.

호사불여무(好事不如無)

'좋은 일도 없는 것만 못하다'라는 선어는 『벽암록』 제86칙의 본칙 및 제69칙의 착어에 나와 있다. 호사(好事)는 호오(好惡)의 호로, 경사스러운 것, 기쁜 것, 좋은 것을 의미한다, 이것은 백 사람이면 백 사람이 모두 바라는 것이 되기 때문에 없는 것보다는 있는 편이 좋다고 생각된다. 그렇다면 지금 여기 '없는 것만 못하다'라는 이 선어를 어떻게 보면 좋을까. 이것은 본래 세간의 견해가 아니다. 출세간적으로 말하면 호오를 초월한 곳에서 보지 않으면 안 된다. 호오로 분별하고 싫은 일을 기피하고 혐오하면, 좋은 일을 좋아하여 구하려는 마음이 일어난다. 또한 좋은 일이 생기면 그 좋은 일에 집착한다. 나아가 좋은 일을 계속해서 많이 구하고자 하는 마음이 이어지기 때문에 이 구하는 마음을 싫어했던 것이다. 구하는 마음의 근원은 분별심으로, 호오로 분별하여 좋은 것을 취하고 싫은 것을 버린다는 취사증애의 마음이 번뇌의 씨앗이 되어, 삼계윤회의 괴로움과 우환의 원인을 이룬다. 그러므로 호오의 분별을 일체 버리고, 좋은 일은 좋은 일에 맡기고, 싫은 일은 싫은 일에 맡겨 취하지도 버리지도 않는, 있는 그대로 받아들이는 무심의 경지가 귀하다고 보고 여기에 '호사불여무(好事不如無)'라고 했던 것이다.

이 '좋은 일도 없는 것만 못하다'라고 읽는 것을 일설에는 '호사도 무에 미치지 못한다'라고 하여, 무(無)라는 한 글자를 특히 높이 들어보는 설도 있다. 여기서 무는 절대의 무이지, 상대적인 유무의 무는 아니다. 좋은 일은 상대적인 호오의 호이기 때문에 세간적인 분별이 있다. 망상과 번뇌가 되기 때문에 이것은 출세간적인 무, 절대의 무와 같지 않다는 의미가 되는 것이다. 하여튼 세간적 분별망상을 버리고, 취하지 않고 버리지 않는 심경이 되지 않으면 안 된다. 육조 혜능대사도 '취하지도 말고 버리지도 말라, 이것을 견성성불이라고 한다'라고 말씀한 것처럼 어느 경우에도 시비선악을 세워서 취사증애하는 분별심이 번뇌의 근원이 되는 것이다.

일대사인연(一大事因緣)

이것은 『법화경』 방편품에 나와 있는 말이며, 여러 가지 의미로 설명된다. 먼저 『법화경』의 입장에서 말하면, 석존이 이 사바세계에 출현한 것은 이 세계의 모든 존재로 하여금 불심을 깨닫게 하여, 불심 그대로 생활하도록 이끌기 위해서였다. 또한 선의 입장에서 말하면, 달마대사를 시작으로 역대의 조사가 출현해서 우리들을 위해 여러 가지 교화의 법을 나타낸 것이지만, 이 교화의 근본 뜻을 일대사인연(一大事因緣)으로 보았으므로, 우리들은 이 근본 뜻을 깨닫기 위해 수행을 하고, 이것을 실증하는 것이 우리들의 일대사인연이 되는 것이다.

그러나 이것을 통속적으로 생각하여 우리 개인의 입장에서 말하면, 부모의 인연에 의해서 우리가 이 세상에 태어났다는 것은 거기에 깊은 인연이 있다고 믿고, 친자의 인연, 부부의 인연, 형제자매와의 인연을 일대사가 된다고 깨달아서, 이로부터 자기의 생활에 눈을 뜨는 행지(行持)를 이루는 것, 이것도 일대사인연이라 할 수 있다. 이와 같이 불도에 있어서는 인연의 깊은 도리를 나타내어, 일대사가 가리키는 것이 무엇인지 보여준다. 즉 일대사인연은 이 세상에 태어난 것을 일대 사명으로 자각하고, 거기에 완전히 교체된 생활태도가 있기를 바란다고 생각하는 것이다.

물론 사람마다 각자 인연이 다르다. 또한 일대사라고 하는 것도 각자 다 다르지만, 그것을 철저하게 자각하는 것이 자기의 생활태도의 기본이 되기 때문에, 이것은 이 세상을 살아가는 데 가장 큰 의의가 있는 것이다. 인간이 항상 자각적인 존재라고 하여 다른 동물보다 뛰어나다고 하는 자부심은 바로 이 자각이 있기 때문이다. 이 '일대사인연'이라는 다섯 자는 깊게 생각하면 생각할수록 그 근저를 알 수 없는 것이 있다.

육자관(六字關)

전삼삼후삼삼(前三三後三三)

이것은 『벽암록』 제35칙에 나와 있는 공안이다. 거기에는 문수(文殊)와 무착(無著, 820~899)의 문답이 나와 있다. 무착에 관해서는 여러 가지 설이 있는데, 당의 무착선사가 오대산의 문수보살에게 참예했을 때의 꿈 이야기로 보는 설도 있다. 문수가 무착을 향하여 '가까운 마을 어느 곳에서 왔는가?'라고 물었더니 무착은 '남쪽에서 왔다'라고 답했다. 그러자 문수는 '남쪽의 불법은 어떠한가?'라고 물었다. 무착은 '말법 세상이지만 조금 계율을 지키는 것이 있다'라고 했다. 문수가 나아가 그 지키고 있는 것의 숫자를 묻자, 무착은 '삼백 혹은 오백'으로 답했다. 이번에는 반대로 무착이 '이 지방은 어떠한가?'라고 묻자, 문수는 '범부와 성인이 거처를 같이하고(凡聖同居) 용과 뱀이 어지러이 섞여 있다(龍蛇混雜)'라고 답했다. 나아가 무착이 그 수를 물으니 문수가 이 '전삼삼후삼삼(前三三後三三)'이라는 말을 가지고 답했다는 것이다.

여기서 이 전삼삼후삼삼의 의미를 어떻게 설명할 것인가 하는 것이 문제이다. 먼저 전후를 피차와 같은 의미로 보아, '저기에도 삼삼오오 여기에도 삼삼오오'라고 하여 실로 수가 적은 것을 나타낸 말로 보는 설명과 삼삼(三三)을 무한 무수의 의미로 받아들여, 전후가 필요 없이 단지 삼삼만을 취하고, 오히려 수량을 초월한 언어로 보는 설명도 있다. 이 두 개의 설명 가운데 선의 입장에서는 항상 뒤의 설명을 취하고 있다. 즉 앞의 무착의 답에는 '삼백 혹은 오백'이라 하여 세간적 수량으로 말하고, 뒤의 문수의 답에는 '전삼삼후삼삼'으로 출세간적 수량으로 말한 것이다. 여기서 전삼삼후삼삼을 설명하여 '앞도 삼삼, 뒤도 삼삼'이라는 의미로 보아도 좋고, '앞이 삼삼이라면 뒤도 삼삼'이라는 의미로 보아도 좋다. 하여튼 삼삼은 무한 무수의 수량, 수량을 초월한 언어로 보는 것이다.

오도일이관지(吾道一以貫之)

이것은 『논어』에 나와 있는 말로, 증자(曾子)는 이 일(一)을 가지고 '서(恕)이다'라고 말하고 있지만, 선에서는 천지일관(天地一貫)의 대도(大道)에 대한 일심(一心)이라고 한다. 이 대도를 지도(至道)라고도 하는데, 이는 지극한 대도이며 최고의 진리이다. 이것은 모든 존재의 근원으로 절대적인 것이기 때문에 분별하여 여러 가지로 설명할 수 없다. 오직 수행하여 여실한 경지에서 체득하는 것 이외에 달리 길은 없다. 그래서 '나의 도는 하나로써 그것을 꿰뚫는다'라고 하여, 이 하나는 분별을 더할 수 없는 것이다. 일심이 되어 대도와 일체가 되는 것이다. 어떤 일도 일체, 일체가 되어서 기를 쓰고 일에 당면하는 것이다. 거기에 조금이라도 잡용심(雜用心)이 있어서는 안 된다. 때문에 선에서는 이 대도를 높은 곳으로 설한다거나 먼 곳으로 제시한다거나 하지 않는다. 즉, '평상심이 도'라고도 말하며,

사람마다 원만하게 갖추고 있는 부처님 마음, 중생과 부처가 둘이 아니라는 견지에서 설한 것이다. 일상의 다반사가 모두 불작불행(佛作佛行)으로 나타나서, 본래 원만하게 갖춘 부처님 마음 그대로, 배고프면 먹고 목마르면 마시는 상태로 꿰뚫는 곳에 저절로 도와 일체로 될 수가 있다.

화불입신가문(禍不入愼家門)

'화(禍)는 삼가 조심하는 가문에는 들어가지 않는다'는 의미로 『종용록』 제82칙의 착어에 나와 있다. 이 선어에서는 신(愼)이라는 한 글자를 가장 주의해 보고 있다. 신이란 근신(槿愼) 혹은, 계신(戒愼)이라 하여, 삼가 조심한다는 의미로 만사에 주의해서 경솔함이 없는 것이다. 모든 것에 용심(用心)을 깊게 한다면 도적도 그 집에 들어갈 수가 없기 때문에, 화(禍)라는 글자를 도적의 적(賊)이라는 글자로 대신 사용하는 경우도 있다. 이 말을 선의 입장에서 하면 정념(正念)이다. 항시 정념으로 부단히 상속한다면 어떠한 유혹에도 걸리지 않고, 번뇌의 마도 범할 수가 없다. 백은선사와 같이 '정념공부 부단상속(正念工夫不斷相續)'을 설하여, 오직 잠시의 깨달음보다도 이 부단상속의 중요함을 특별히 제시하지만, 실로 이 대도는 방심이 있어서는 안 된다. 부단한 정진과 노력, 이것을 실로 잊어서는 안 된다는 것을 이 신(愼)이라는 한 글자가 우리에게 시사해준다. 또한 화(禍)라는 글자에 관해서도, 화는 화복(禍福)의 화로 분별 속의 화이다. 때문에 선에서는 화복의 두 생각으로 건너가는 것을 삼가라고 하며, 삼가 조심하는 것을 지향하는 가문에는 화와 복이라는 두 생각이 없다. 화는 화로서 탈락하고, 복은 복으로서 탈락하여,

함께 탈락신심(脫落身心)이며 사리초월(事理超越)이다. 화도 잊고 복도 잊어 그 화복의 이름조차 잊어버린 일용광중(日用光中)의 경지, 이것을 태평무사의 경지라고 할 수 있다.

강월조송풍취(江月照松風吹)

이것은 영가대사의 『증도가(証道歌)』의 한 구절로, '강에 달이 비치고 솔바람이 부는 긴 밤의 푸른 저녁, 무엇을 위함인가(江月照, 松風吹, 永夜淸宵何所爲)'라는 뜻이다. 이것은 뛰어나고 아름다운 경치를 제시하여, 자기도 그 아름다운 경치 속에 몰입하여 말로 표현하고자 하여도 표현할 수 없는 것으로 여겨졌다. 옛사람은 이 아름다운 경치를 설하여 '밤이 되어 월화(月華)가 창 아래에 희고, 어느 때는 송운[4]이 침근(枕根)에게 말을 건다. 이 소식은 가령 천성(千聖)이 나와 무애의 말재주를 갖추고 있다고 하여도 표현할 수 없는 것이다. 밝은 달은 교교하게 넓은 허공을 비추고, 미풍은 삽삽하게 청송을 흔든다. 이 긴 밤의 맑게 갠 저녁은 대체 무엇을 위한 소식일까, 본래부터 자연히 비추고 저절로 분다고 하면 그것까지의 일이지만, 도에 마음이 있는 사람은 단지 무관심하게 이것을 바라보아서는 안 된다. 현성(現成) 아래 즉 이것만 받지 않고, 거기에 무한의 법미(法味)를 느끼고 위대한, 혹은 어떤 사물과도 일체가 되어 영적으로 삼매왕삼매(三昧王三昧)를 체득하는 것이 이 선어의 참된 뜻일 것이다.

4) 송운(松韻): 바람에 흔들리는 소나무의 맑은 소리

홍로상일점설(紅爐上一点雪)

이것은 『벽암록』 제67칙의 수시(垂示)에 나와 있는 선어로 화로를 열 때 거는 족자에 쓰인다. 이를 화로 곁에 차도 마시고 로지(露地)에 눈이 내리는 풍경을 바라보는 것과 같이 생각해서는 안 된다. 선에서는 이 선어를 조금 더 깊은 의미로 보고 있다. 그것은 붉은 화로 위에 쌓인 흰 눈이 순식간에 사라지는 것과 같이, 우리들 모두 본래 갖추고 있는 부처님 마음이 불의 옥(玉)이 되어 빛나고 있는 곳에 다소의 분별심이 나타나도 순식간에 사라져 큰 불꽃이 되어 융합한다는 의미이다. 아무리 대선지식이라고 불리는 명승고덕의 사람도 모든 일에 좋은 행위만을 할 수는 없다. 다소는 분별심이 일어나도 불의 구슬인 부처님 마음 앞에서는 곧바로 타버려 정화되고, 청정무구한 절대의 행위가 되어 빛난다는 것이다. 때문에 이 부처님 마음의 큰 불꽃은 항상 불의 구슬이 되어 어떤 물건도 소진한다는 열의가 있어야 한다. 이는 단지 자연에 임한다는 것이 아니라, 마음속에 타오르는 불의 구슬, 즉 부처님 마음의 불꽃을 나타낸 선어라고 보아도 좋다.

백부지백불회(百不知百不會)

이 선어는 아무것도 알지 못하는 어리석은 물건인 목각 인형을 가리키는 것으로 '백불능(百不能)'으로 쓰는 경우도 있다. 무엇을 시켜도 아무것도 할 수 없는 바보의 어리석음이라는 의미를 가리키는데 선어로서는 여기에 보다 깊은 의미가 있다. 그것은 지부지(知不知)를 초월한 사람, 능불능(能不能)을 잊은 사람, 회불회(會不會)에 관계하지 않는 사람을 뜻하며, 언어로는 어떻게도 말할 수 없는 사람이기에, 이것을 선어로 말하면 '절학무위(絶學無爲)의 한가한 도인'이라고 할 수 있을 것이다.

절학무위의 한가한 도인이란 영가대사의 『증도가』 처음에 나와 있는 말로서 자기의 불심을 깨닫고 나서, 그 이룬 것이 분별심을 떠난 무위무작이며, 바보로도 현인으로도 비유할 수 없는, 실로 몹시 철저한 사람을 일컫는 것이다. '오(悟)는 미오(未悟)와 같다'라는 말도 있지만 깨달아버리면 정말로 무아무심의 마음이 되어, 나아가 다른 것을 구하는 바가 없기 때문에 한가한 도인이라고 한 것이다. 이것을 통속적인 말로 하면 '크게 현명한 것은 어리석은 것과 같다'라고 하고, 선어에서는 '큰 어리석음'이라 부른다. 대부분의 사람들은 학문이 있으면 학문을 내세우고, 재산이 있으면 재산에 얽매인다. 명문가의 사람은 언제까지나 명문이라 하여 그것이 잊혀지지 않는다. 그것을 지금 모두 잊어버리고, 어떠한 사물에도 얽매이지 않는 절학무위의 한도인, 이것이 선에서 말하는 '백불능의 정체(正体)'이며 '백부지백불회(百不知百不會)'의 진가이다.

불사선불사악(不思善不思惡)

이것은 『무문관』 제23칙에 나와 있는 유명한 공안이다. 육조 혜능대사가 오조의 법을 이어서 전법의(傳法衣)를 가지고 남쪽에 숨으려고 했을 때 혜명이라는 난폭한 사람이 그 전법의를 빼앗으려고 육조의 자취를 쫓아 마침내 대유령(大庾嶺)에서 육조를 따라잡고 전법의를 뺏으려고 했다. 육조는 전법의를 바위 위에 놓고 말하기를 '이 옷은 믿음을 나타낸다. 힘으로 겨루어보자, 네가 가져가면 맡기겠다'라고 했다. 여기서 육조가 말한 의미는, 이 전법의는 법을 잇는 신증(信証)

이다, 법을 잇지 않는 자가 마음대로 가져갈 수 없는 것이지만, 만약 난폭하게 가져간다고 한다면, 가지고 가는 것을 허락하겠다는 것이다. 그리하여 혜명이 바위 위의 옷을 집으려고 했지만 아무리 들려고 해도 옷이 들어지지 않았다. 이에 혜명은 크게 놀랐다. 이는 육조가 말한 대로 전법의를 난폭하게 빼앗아도 아무 소용이 없다는 것을 깨닫고 혜명이 마음을 고쳐 말하길, '내가 온 것은 법을 구하기 위함이지 옷을 구하기 위함이 아니다'라면서 '어떤가, 나를 위해 법문을 개시해줄 수 있겠는가?'라고 육조에게 간절히 애원했다. 이것은 정말로 사심을 버리고 불심을 나타낸 것이다. 때문에 육조도 그것을 간파해서 법문을 개시했다. 육조가 '선도 생각하지 말고 악도 생각하지 말라. 선과 악이라는 생각이 일어나지 않는 순간, 이것이 혜명상좌(慧明上座)의 본래면목'이라고 설하자, 혜명은 그 말이 끝나자마자 바로 크게 깨달음을 얻고는 온몸에 땀이 흘렀다고 한다. 그런데 이 불사선불사악(不思善不思惡)의 공안은 어떻게 이해하면 좋을까? 바로 이것이 문제다.

본래부터 이것은 설명할 수 있는 것이 아니지만, 일단 그 대의를 설한다고 하면 선악의 분별을 초월해 벗어나는 것이다. 우리들은 항상 분별 의식 속에 있어 시비선악, 이해득실의 일만을 말한다. 대체 어떤 것이 그와 같이 분별을 일으키는가, 그 근본의 지점을 끝까지 지켜보지 않으면 안 된다. 그것은 말할 것도 없이 자신이라는 입장이다. 자신이라는 것을 주체라고 생각하고 거기에서 타인을 바라보면, 모든 것에 대한 대립적 생각이 일어나서 여러 가지로 분별하고, 망상하고, 번뇌가 되어 삼계윤회(三界輪廻)의 인(因)을 만든다는 것이다. 그런데 그렇게 되면 본래의 불심은 숨어버리고 아견과 아만, 아애와 아집의 생활이 되어 불도는 정말로 연과 멀리

동떨어진 것이 된다.

> 구름보다 높은 곳에 나와서 보아라
> 어찌하여 달에 차별이 있으리오.

라는 무소국사의 노래이지만, 분별망상의 구름보다도 높이 나와서, 불심의 광명을 드러내도록 이 불사선불사악의 공안에 찾아가서 공안삼매가 되지 않으면 안 된다.

칠자관(七字關)

조문도석사가야(朝聞道夕死可也)

'아침에 도를 들으면 저녁에 죽어도 좋다'라는 것은 『논어』에 나오는 유명한 말이다. 이것은 도의 중요성을 기술한 것이다. 이 도란 어떤 것일까? 유교에서는 인의(仁義)라고 하고, 도교에서는 허무의 대도라고 하며, 신도(神道)에서는 유신(惟神)의 도라 하지만, 불교에서는 지도(至道)라 하여 지극(至極)의 대도를 가리킨다. 육조 혜능 대사는 '성상이 여여(性相如如)하고 상주(常主)하여 옮기지 않는 것, 이것을 이름하여 도라 한다'고 설하고 있다. 만고불역의 대도이며 사방팔방에 널리 통하는 것이지만 이것은 결코 높은 곳, 먼 곳에 있는 것이 아니다. 도는 평상심을 일컬으며 우리들의 일상생활, 행주좌와 하는 곳에 있어 항상 도 가운데 처하고, 도와 함께 기거하며, 왕래하고, 하루 종일 도와 떨어지지 않는 것이다.

그런데 우리들은 그 도 가운데 있으면서 도의 일을 모르고 있다. 지금 이것을 깨우쳐 도와 일체가 된 후 일상생활 위에 도를 드러내며 아침에 일어나도 도, 움직이는 것도 도, 밤에 잘 때에도 도로 시종일관 한다면 이미 생사의 일은 문제가 되지 않는다. 죽음도 결국은 도와 떨어지지 않는 것이기 때문이다.

수가무명월청풍(誰家無明月淸風)

'누구의 집에 청풍명월이 없을 것인가'라는 선어는 『벽암록』 제6칙의 착어에 나와 있다. 즉 '매일이 좋은 날'이라는 운문대사의 말에 관해서 원오선사가 착어한 것이다. 명월청풍이란 잘 쓰는 말로 조금도 번뇌의 더러움이 없는 심경을 가리킨 것이다. '백일청천(白日靑天)'과 같은 의미로 깨끗하고 산뜻한 불심 혹은 불성을 말한다. 사람들이 본래 갖추고 있으며 개개인마다 원만하게 이루어진 불심이기 때문에 누구도 불심이 아닌 것은 없다. 단지 그것을 알지 못하는 것이다. 이것과 같은 의미로 '누구 집 아궁이인들 불에 연기가 없을 것인가(誰家竈裡火無烟)'라는 말이 있다. 그 의미는 어느 집에도 불을 피우지 않는 집은 없고, 불에 연기가 없는 일은 없다는 것과 마찬가지로 불심 혹은 불성이 없는 사람은 없다는 것이다.

『열반경(涅槃經)』에도 '일체중생은 모두 불성이 있다(一切衆生悉有佛性)'라는 유명한 말이 있다. 일체중생으로 온갖 살아 있는 일체의 인간에서부터 동물에 이르기까지 모두 부처의 본심본성을 구비하고 있다. 때문에 그것을 진실로 자각하는 것이 제일 중요한 문제이다. 게다가 인간은 자각적 존재라고 하여 스스로 그것을 인정하고 있지만, 그것을 자각하지 않으면 안 된다. 그러나 그것을 자각하기에는 반드시 수행이라는 것을 하여 깨닫고, 깨달아서 자신의 것으로 체득하는 것이 가장 중요한 것이다. 도겐선사의 『정법안장(正法眼藏)』에도 '사람들의 본분상에 풍부하게 있다고 할지라도 아직 닦지 않는 것이 있지 않으면 보증하지 않는 것은 없다'라고 제시되고 있는데 이는, 실로 천고(千古)의 지언(至言)이다. 단지 입으로만 알았다는 것으로는 내 것이 되지 않는다. 내 것으로 하려면 선에 실참실구(實參實究)한다는 것을 강하게 나타낸 선어라고 보아도 좋다.

화진산운해월정(話盡山雲海月情)

이것은 『벽암록』 제53칙 송에 나와 있다. '이야기를 다하는 산운해월(山雲海月)의 정(情)'이란 서로 속까지 터놓고 이야기한다는 의미로 좋은 사람의 동지, 의기투합한 위의 이야기이다. 때문에 선에서는 깨달은 사람끼리 회합해서 선의 종지의 일을 실컷 이야기하여 말이 통한다는 의미를 가지고 있다. 그래서 일설에서는 우주의 진리, 자연의 묘취, 인정(人情)의 극치 등을 형용한 것으로도 이해되고 있다.

심두무사일상관(心頭無事一床寬)

'마음속에 일삼는 것이 없다면 일상이 너그럽다'란 마음속에 조금도 걸린 구름 없이, 깨끗하고 산뜻한 무사(無事)의 경계로 있다면 실로 유유하고 한가롭다고도 말할 수 없는 마음의 너그러움을 몸에 붙인다는 것이다. 무사란, 여러 가지 번잡한 일이 없는 것이고, 번민뇌란(煩悶惱亂)의 세계로부터 탈출한 높은 경지에 서 있다는 의미이다. 마쓰시마(松島) 서암사(瑞巖寺) 중흥의 운고(雲居)국사의 게송에

삼독이 생길 때 두 눈이 어둡고 (三毒生時雙眼暗)
만 가지 인연을 벗은 곳에 일신이 편안하다 (萬緣脫處一身安)

승려의 행함은 오직 이와 같이 (衲僧行李只如是)
우산 아래 장두 천지가 너그럽다 (傘下杖頭天地寬)

라는 것이 있는데 이것은 실로 '심두무사일상관(心頭無事一床寬)'의 선어 그대로를 노래한 것이라고 할 수 있다. 삼독이란 탐욕, 진에, 우치를 가리킨 말로, 번뇌의 대표적인 것이다. 즉 순경에 대해서는 탐욕을 일으키고, 나아가 많은 것을 바라며, 역경에 대해서는 진에를 일으켜서 생각처럼 되지 않는 것에 화를 내지만 그 근본을 말하면 사물의 도리를 알지 못하는 것이다. 그것을 우치라 하여 번뇌의 근원을 이루는 것이라고 말하고 있다. 이들 삼독이 생기면 우리들의 두 눈은 어둡게 된다. 이 눈이 어두운 곳에서 탈출하려면 온갖 인연의 그물을 버리지 않고서는 안 된다. 온갖 인연의 그물을 버린다면 마음속에 걸린 구름도 없어져 '무사가 귀인이다'라는 경계로 된다. 선승의 행함으로써 비로소 천지의 넓은 마음의 경계, 천지에 도달하는 곳, 무애의 대도를 밟는 것이 가능하게 된다는 것이다.

불풍유처야풍류(不風流處也風流)

이것은 『벽암록』 제67칙의 송에 착어로서 나와 있다. '풍류가 없는 곳에 또한 풍류가 있다(不風流處也風流)'라고 하여 풍류가 없는 곳에도 말로 표현할 수 없는 풍류가 있다는 의미이며, 이것을 선의 측면에서 말하면 향상종승(向上宗乘)의 이야기만으로는 중생을 제도할 수 없다는 것이다. 중생을 제도하기 위해서는 향하타락(向下墮落)하여 세간으로부터 비웃음을 받는 일을 하고 또한 거기에 말할 수 없는 선의 묘미가 드러나고 있다는 것이다. 단지 한쪽으로 치우쳐서는 안 된다. 단조롭지 않아서 때로는 풍류가 없다고 해도 그 풍류가 없는 곳에 말로 표현할 수 없는 재미가 있는 것이다.

물론 충분히 선의 오도를 꿰뚫은 사람이 아니고서는 할 수 없는 선교방편(善巧方便)이지만 처음부터 아무것도 알 수 없는 불풍류의 것은 아니다. 세간에서 자주 말하는 잇큐화상과 같은 사람은 실로 재치가 뛰어난 사람으로 우스꽝스러운 일도 많았다. 그러나 잇큐화상이라는 선의 대종장(大宗匠)이 있었기 때문에 거기에 잇큐가 아니고서는 이룰 수 없는 주탈[5]이 있었던 것이다. 평범한 사람이 처음부터 불풍류(不風流)의 것으로 잇큐의 흉내를 내면 큰일이 난다. 센류(川柳)에도

잇큐를 흉내 내어 절에서 쫓겨난다.

라는 것이 있지만 흉내로는 이야기가 안 된다. 이 불풍류의 세 글자를 깊이 완미하여 진실한 것을 체득해야 한다. 특히 다도에 있어서는 애완되는 다완과 같이 정말로 불풍류한 것이다. 균제(均齊)를 취하지 않는 것이 많지만 거기에 재미가 있어 균제를 취하는 다완보다 아끼고 있다. 다완뿐만이 아니라 다호, 다기, 물항아리, 다실에 이르기까지 다구미술품이라고 하는 것 모두 단정한 것은 재미가 없다. 균제를 취하지 않는 불풍류인 곳에 말로 표현할 수 없는 특색이 나타나 있다. 이것을 다도에서는 '수기(數奇)라고도 한다. 수기의 기(奇)는 기수(奇數)의 기로 있어 나누어지지 않는 숫자이다. 이 나누어지지 않는 것, 가를 수 없는 무한의 숫자라는 것에 무한의 재미가 보이며 여기에 이 '불풍류처야풍류(不風流處也風流)'의 선어의 진의를 충

5) 주탈(洒脫): 속기(俗氣)가 없는 후련한 모습

분히 터득하는 것이 가능하다고 생각한다.

안면고와대청산(安眠高臥對青山)

이것은 『오등회원(五燈會元)』 제18에 나와 있고 또한 『선림구집(禪林句集)』 7언에도 나와 있다. '늙으니 외롭고 게을러 할 일이 없구나, 편히 잠자고 누워 청산을 바라본다(老倒疎慵無事日, 安眠高臥對青山)' 가운데 아래의 구이다. 이는 노후산거(老後山居)의 모습을 노래한 것으로, 자못 나이를 먹어 매일의 일을 행하는 데 소홀해지기 쉬워서 아무 일도 할 수 없고 하루 종일 일 없이 시간을 보내고 있다. 여기서 '무사(無事)'라는 두 자에는 깊은 의미가 있다. 유유자적, 공을 이루어 이름을 날리는 이 부세에 아무런 집착심도 없다. 깨끗하고 산뜻한 마음으로 안면고와(安眠高臥)하고, 찾아오는 사람도 없기 때문에 자기 혼자 마음 가는 대로 산에 들어가 땔감을 모으고, 탕을 끓여 차를 마시며, 청산을 바라보며 송풍을 듣는 모습으로 대자연 속에 녹아들어 가는 것이다. 이는 자신이라는 작은 나를 잊고서 고답적인 깨달음의 경지가 눈에 비치는 것처럼 생각되는 선어이며, 또한 청적의 다심도 충분히 나타나는 그윽하고 기품 있는 어구이다.

각근하방대광명(脚跟下放大光明)

이것은 『벽암록』 제1칙의 착어에 나온다. '발 아래 대광명을 발한다'란 자기의 본분저를 나타낸 글귀로, 자기의 발밑을 비추어 보라는 의미이다. 공연히 다른 사람을 향하여 부처를 구하는 법을 찾고 있는 순간은 모든 것이 미혹이다. 그것은 자신과 불법이 따로따로 있기 때문이다. 밖에 불법이 있다고 생각하여 자신은 부재중인 상태로 다른 쪽만을 찾아 구하고 있기 때문에 헤맨다는 것이다. 불법은 밖에 있는 것이 아니다. 자기의 기거동작, 평소 행주좌와 하는 곳에 불법이 있다. 따라서 아침에 일어나는 것, 낮에 활동하는 것, 저녁에 자는 것, 그 하나하나가 모두 불법을 드러낸 것이다. 즉, 불법은 자신을 떠나서는 있을 수 없다. 때문에 먼저 자기의 발아래를 돌아보고 반성해본다. 거기에서 불법은 대광명의 빛을 발하고 있다. 자기의 일거수일투족이 부처의 신통광명으로 되어 비추고 있기 때문이다. 그래서 임제선사도 '만약 어떤 사람이 나에게 부처 구하는 법을 물으면 나는 바로 청정의 경계에 따라 나온다. 사람들이 나에게 보살을 묻는다면 나는 바로 자비의 경계에 따라 나온다. 사람들이 나에게 보리를 묻는다면 나는 정묘(淨妙)의 경계에 따라 나온다. 사람들이 나에게 열반을 묻는다면 나는 바로 적정의 경계에 따라 나온다. 경(境)은 만반차별(萬般差別)이지만 사람은 있지 않다. 때문에 사물에 따라서 형태를 드러내고 물 속의 달과 같이'라고 설하고 있다. 자신은 하나의 주인공으로 있어 따로 있는 것은 아니다. 다만 불법을 진실로 체득하고 있기 때문에 만반차별의 경계에 따라서 자유자재로 형을 드러내는 것이다. 즉 자신을 주인공으로 나타내어 항상 대광명을 발하고 행주좌와 위에 빛나는 것을 나타낸 선어이다.

백척간두진일보(百尺竿頭進一步)

이것은『무문관』제46칙의 공안이다. 석상화상(石霜和尙)이 말하길 백척간두에 어떻게 걸음을 옮기는가, 또한 고덕(古德)이 말하길 백척간두에 앉아 있는 사람, 게다가 깨달았다고 해도 아직 진실이라고 하지 못한다. 모름지기 백척간두에 걸음을 옮겨가야만 시방세계에 전신을 드러낸다'라는 것이 공안이다. 석상화상에 관해서는 다른 설이 있다. 많게는 석상 경제선사(慶諸禪師, ?~887)로 보지만 연대적으로 말하면 석상 초원선사(楚圓禪師, 987~1040)인 것 같다. 여기에 고덕이란 조주화상의 동문인 장사(長沙)의 경잠(景岑)선사이다. 백척간두란 긴 장대의 꼭대기 끝까지 올라간 것이다. 그 정상에서 한 걸음을 더 옮긴다는 것이 이 공안의 주지이다. 어떻게 나간다 해도 정상에서는 나아갈 여지가 없다. 거기에서 한 걸음 나아가려고 하면 공중으로 날아올라 가는 것 외에 달리 길은 없다. 날아오르면 반드시 떨어져서 죽게 된다. 그래서는 몸을 잃고 명을 잃게 되므로 여기에 문제가 있는 것이다.

이 백척간두의 끝까지 오른다는 것은, 선의 종지에서 말하면 향상종승(向上宗乘)의 깨달음의 경지에 머무는 것이다. 깨달음의 경지에서 나아가 일보를 옮긴다는 것은 나아가는 것이 아니라 물러나는 것이다. 즉, 퇴보하는 것을 의미한다. 단지 깨달았다고 하여 깨달음의 경지에 머물지 않고 물러나서 그 장대의 아래로 내려와 중생제도를 하는 것이다. 중생제도를 위해 회두토면(灰頭土面)의 모습이 되어 열심히 움직이는 것이다. 지금까지 수행하여 깨달음을 열었던 것을 실지(實地)에 도움이 되게 하기 위해, 세상을 위해, 사람들을 위해 행하는 것이다. 단지 자기 한 사람이 깨달았다고 하여 깨달았던 곳에 마음이 머물지 않고, 그것을 실제의 하화중생을 위해 시방세계에 전신을 나타내 몸도 마음도 혼도 집어넣어 활약하는 것을 '시방세계에 전신을 드러낸다'라고 하여 이 공안을 끝맺었던 것이다.

회광반조학퇴보(回光返照學退步)

이것은 도겐선사의 『보권좌선의(普勸坐禪儀)』에 나오는 유명한 선어이다. 이 『보권좌선의』는 조동종에서는 실로 중요한 책이다. 도겐이 중국에서 귀국한 뒤 최초의 저작으로 28세 무렵부터 저술하기 시작하여 수정의 과정을 거친 뒤 오늘날과 같은 훌륭한 책이 된 것이다. 때문에 조동종이라는 종지의 '입교개종(立教開宗)의 선언서'라고도 여겨진다. 이것을 일반 승려와 속인에게 제시하고 좌선의 진정한 취지를 설명하여 널리 좌선을 권유한 종의서로 보아도 좋다. 그 가운데의 일절에 '모름지기 말을 찾고 말을 쫓아 풀어가는 것을 쉬어야만 한다. 모름지기 회광반조의 퇴보를 배워야만 한다. 신심자연에 탈락하여 본래의 면목을 현전하라. 이런 일을 얻으려고 한다면 얼른 이런 일에 힘쓰라'라고 기술하고 있다. 이 삼대육구(三對六句)의 명문은 실로 금언(金言)이다. 처음의 일대이구(一對二句)는 좌선의 용심(用心)을 제시하고, 다음의 일대이구(一對二句)는 좌선의 효능을 언급하며, 뒤의 일대이구(一對二句)는 좌선의 실행을 권한 것으로 볼 수 있다. 좌선의 용심이란 좌선하는 사람의 마음만을 나타낸 것으로 공연히 다른 것을 구해서는 안 된다. 다른 사람의 말이나 문자의 일을 말하여 그게 이렇다고 논의해도 그런 곳에 선의 종지가 있는 것은 아니다. 그것은 단지 다른 사람의 보물을 헤아리는 것과 같은 것으로, 자신에게 있어서는 반문의 가치도 없기 때문에 그보다는 자기에게 되돌아가서 자기 자신의 본래 모습을 응시해야 한다. 회광반조란 '빛을 되돌려서 비추어 본다'라는 것으로, 자기의 본심 불성을 분명하게 비추어 본다는 것이다. 퇴보란 자기의 입장을 물러서고 본래의 모습을 잘 응시하는 것이다. 그리고 거기에 신심탈락의 경지가 자연히 드러나서 본래의 면목이 현전한다고 설한 것이다. 임마(恁麽)란 송나라 시대의 속어로 '이것과 같이'라는 정도의 의미이다. 이와 같이 신심 탈락하여 본래의 면목을 현전시키기 위해서는 좌선에 힘쓰지 않으면 안 된다고 권한 것이다.

팔자관(八字關)

신심탈락탈락신심(身心脫落脫落身心)

이것은 도겐선사가 송나라의 천동산(天童山) 여정선사(如淨禪師, 1163~1228)의 거처에서 대오(大悟)했을 때의 문답에 나와 있는 선어이다. 탈(脫)이란 해탈의 탈로, 모든 속박에서 벗어나 자유자재가 된 모습을 말하고, 락(落)이란 쇄락(洒落)의 락으로, 조금도 침체하는 바가 없어, 몸도 마음도 기려(奇麗)하고 산뜻하게 된 것을 '신심탈락(身心脫落)'이라 했던 것이다. 그래서 이 신심탈락에서 다시 되돌아와 '탈락신심(脫落身心)'이라고 말한 것에 깊은 묘미가 있다. 즉 탈락해서 자유자재로 움직이게 된 것으로부터 한 걸음 나아가서 몸도 되고 마음도 되어 때와 장소에 따라서 일용광중(日用光中)에 항상 탈락으로 움직인다는 것이다. 이것은 앞서 기술한 '백척간두에 일보를 옮긴다' 혹은 '회광반조하여 퇴보를 배운다'라는 의미와도 같다. 단지 말을 나타내는 쪽의 차이뿐으로 선의 종지에서 말하면 같은 것이 된다. 자신 한 사람만 깨달았다고 하여 청정의 생활을 하는 것이 선의 종지는 아니다. 그 청정의 생활에서부터 아래로 내려와서, 불청정(不淸淨)으로 보이는 사회생활, 미혹한 중생의 삶으로 들어가, 중생과 같은 생활을 보내면서 거기에 말로 표현할 수 없는 선의 묘미를 얻어 그 미혹한 중생을 청정케 하는 것에 중생제도가 가능하다는 것이다.

일심불생만법무구(一心不生萬法無咎)

이것은 삼조 승찬대사의 『신심명』의 선어로, '일심이 생기지 않는다면 만법에 허물이 없다'라고 한다. 이를 통속적으로 말하면 우리에게 망상분별의 마음이 없다면, 일체 만법에 있어서 사랑하면 취하고 미우면 버리는 허물이 있을 만한 도리가 없다는 것이다. 나아가 그것을 깊이 이해하면, 일심은 절대의 일심이며 불생불멸이다. 그 일심불생(一心不生)의 소현(所現)이 일체 만법이어서 만법과 일심은 별개의 것이 아니다. 일심이 곧 만법이고 만법이 곧 일심이다. 일심불생이라 하여 특별히 공견(空見)을 의미하는 것이 아니라, 일체 만유의 모든 법은 모두 일심의 광명편편(光明片片)이라고 본다.

자연에 물들이는 사람은 없지만 저절로
버들은 녹색, 꽃은 다홍색.

버들의 녹색은 천연의 녹색이며, 꽃이 다홍색인 것은 자연히 다홍색이다. 누군가가 억지로 만든 것이 아니다. 이는 본래 절대 차이가 없는 일심으로부터 생긴 현상차별심의 묘덕묘용(妙德妙用)으로 보아야만 할 것이다. 그러므로 일심과 만법은 일(一)도 아니고, 이(二)도 아니며 평등하여 무엇이라고 정할 수가 없는 것이다. 차별이라 하여 정해져서는 안 된다. 만법 그대로 중도실상(中道實相)으로,

온 천지 모두 진여가 나타나 있어 불법 아닌 것은 없다는 것이다.

응무소주이생기심(応無所住而生其心)

이것은 『금강경』에 나오는 말로서, 육조 혜능대사가 이 말에 의해서 깨달음을 열었다고 하는 유명한 경문이다. '응당 머무는 바 없이 그 마음을 내어라'로 읽고 있다. 여기서 '머문다'란 주착(住着)하는 것으로 주착하여 같은 곳에 머무르는 마음을 말하는 것이다. 다쿠안 화상의 『부동지신묘록(不動智神妙錄)』에도 '이 머무르는 마음으로부터 집착의 마음이 일어나고, 윤회도 일어나며, 이는 생사의 밧줄이 되기도 한다'라고 말하고 있다. 이 말은 마음을 공하게 하여 어느 쪽에도 마음을 두지 않는 것을 나타낸다. 마음이 한곳에 머물러 정착한다면 결코 자유롭게 움직이지 않을 것이다. 단지 그 한곳에만 머물러서 그 이외의 곳에는 마음이 움직이지 않는다. 때문에 다쿠안 선사도 '한곳에 머무는 마음은 자유롭게 움직이지 않게 된다'라고 설한다. 차의 바퀴도 딱딱하지 않아야 돌아가며, 한곳에 막힌다면 돌지 않게 된다. 마음도 한곳에 정해지면 움직이지 않게 된다. 마음속에 무언가 생각하는 일이 있다면 남이 말하는 것을 들어도 들리지 않게 된다. 생각하는 일에 마음이 머물기 때문이다. 마음이 그 생각하는 일에 있어서 한쪽으로 치우치고, 한쪽으로 치우친 것에 의하게 되면, 사물을 들어도 들리지 않고, 보아도 보이지 않게 된다. 사물이 있다는 생각은 마음에 존재하기 때문에 일어나게 된다. 물(物)을 버린다면, 마음은 무심이 되어 단지 쓰임(用)의 시간에만 움직이고, 그 쓰임에 맞다고 할 것이다.

'그 마음을 내어라'라는 말은 본심본성, 즉 불심이 생긴다는 것이다. 원래부터 불심은 생긴다든가 생기지 않는다든가 등으로 말할 수 없는 것이지만, 단지 마음이 무심이라면 그것은 그대로 불심이기 때문에 특별히 불심이라는 이름이 있어야 하는 것은 아니다. 마음이 무심이라면 자유자재로 그 쓰임에 따라서 움직이는 것이다. 마음이 한곳에 머물러서 자유롭게 되지 않는 것은 손발을 자유롭게 씻을 수가 없는 얼음과 같은 것이다. 얼음이 녹이서 물이 된 후 어디든지 자유롭게 흐르게 되면 비로소 손발도 자유자재로 씻을 수가 있다. 이처럼 마음 또한 한곳에 머무는 것이 없다면, 그것이 불심으로 만반의 일에 도움이 된다는 것이다. 『유마경』에도 '무주(無住)로써 근본으로 한다'라고 설하고 있으며 이 무주의 두 자에 크게 착안하지 않으면 안 된다.

호설편편불락별처(好雪片片不落別處)

이것은 눈이 내리는 날 등에 걸어두면 좋은 족자이다. '멋진 눈이로구나! 송이송이 딴 곳으로 떨어지지 않는구나'라는 의미로 『벽암록』 제42칙에 나와 있다. 즉 마조도일의 법을 이은 거사에 방온(厖蘊)이라는 사람이 있었다. 어느 날 약산 유엄선사가 계신 곳에서 작별을 고하고 문밖으로 나왔다. 열 명의 선객이 문 앞에 전송하러 나왔을 때 방거사는 공중에서 내리는 눈을 가리키며 '멋진 눈이로구나! 송이송이 딴 곳으로 떨어지지 않는구나'라고 했다. 그때 전선객(全禪客)이라는 사람이 '어느 곳에 떨어지는가?'라고 물었다. 그러자 방거사는 바로 전선객을 손바닥으로 때렸고, 이 때문에 유명한 공안이 되었다. 바로 이 별처가 문제가 된 것으로, 다른 곳이라 하여 자기와 눈을 별도의 존재로 보기 때문에 그 다른 곳에 매이게 되는 것이다.

눈이 내리는 경치만을 정신없이 바라보며 '멋진 눈이로구나! 송이송이 딴 곳으로 떨어지지 않는구나'라고 하여 자신과 눈이 일체가 되어서 무심의 경지를 나타낸다. 천지는 백묘(白妙)의 은세계(銀世界)이다. 자신도 이 은세계 속에 포함되어 나라는 하나의 존재조차 없다. 단지 호설편편으로 되어버린 모습뿐이다. 이는 '다른 곳(別處)에 떨어지지 않는다'라는 뜻으로 따로따로 움직이고 있는 것 같지만 다른 곳에 떨어지는 것이 아니다. 자연 그대로 움직이고 있는 것을 바라본 방거사의 무심의 동작을 접하지 않고서는 이 공안을 진실로 볼 수 없다.

두상만만각하만만(頭上漫漫脚下漫漫)

이것은 『벽암록』 제2칙의 착어에 나와 있다. '두두현로(頭頭現露) 물물전진(物物全眞)'이라고 한 것과 같은 의미로, '머리 위에도, 다리 아래에도, 그 어디에도 모두 본분저가 아닌 것이 없다'라고 한다. 본분저란 본래의 모습이며 그 모습 그대로 본연의 모습을 나타낸 것이다. 하늘은 높게, 땅은 낮게, 산은 높이 솟고, 강은 낮게 흐르며, 새는 공중에 있어 자유자재로 날아다니고, 물고기는 수중에 있어 무심으로 헤엄치는 모습은 모두 자기 본래 모습의 현현이자 우주 진리의 발로다. 봄에는 무심히 꽃이 피고, 가을은 자연히 낙엽이 되는 것, 이 본래의 묘상(妙相)으로 그것을 그 자체로 바라보고, 자기의 가슴속에 한 점의 더러움을 남기지 않는 것이 '두상만만각하만만(頭上漫漫脚下漫漫)'의 의미일 것이다. 여기서 만만(漫漫)은 제한이 없다는 뜻이며 어디까지나 본분저를 나타낸다.

욕득현전모존순역(欲得現前莫存順逆)

이것은 3조 승찬대사의 『신심명』에 나오는 말로 '현전(現前)을 얻으려고 한다면 순역(順逆)을 두지 말라'로 읽는다. 현전이란 눈앞에 겉으로 드러나는 것이고, 순역이란 자신에게 따르는 것과 거슬리는 것이다. 자신의 마음에 적합한 것을 순(順)이라 하고, 자신의 마음에 어긋나는 것을 역(逆)이라 한다. 순의 경계에 대해서는 즐겨 구하는 마음이 일어나고, 역의 경계에 대해서는 싫어서 피하는 마음이 생긴다. 때문에 진리를 눈앞에 드러낸다는 것은 자기 마음대로 순과 역의 두 경계에 대해서 취사증애의 마음을 일으켜서는 안 된다는 의미이다. 이것은 누구라도 쉽게 이해하지만 이 선어의 의미를 깊이 생각해보면, 이 천지간의 사사물물은 모두 진여실상의 현현이다. 온 세계는 일찍이 감추지 않고 명력력 로당당으로 나타나 있다. 그것을 지금 '현전을 얻으려고 한다면'이라고 하여 약간 도리에 맞지 않는 것처럼 여기지만, 그것은 우리들의 미혹이다. 우리들은 현전의 일에 대해서 마음대로 순역의 생각을 일으키고, 취사증애하기 때문에 자기의 본심을 어둡게 하여 순역이 존재하게 된다. 때문에 이 순역의 대립적 견해를 일으키는 마음을 제거하는 것이 가장 중요하다.

이 세상에 반드시 순역으로 존재하는 것은 있을 수 없다. 단지 비교상의 이야기이며 분별망상 위의 일일 뿐이다. 순역본래부일물(順逆本來無一物)이라 하여 어느 것을 순이라 하고 어느 것을 역이라 고집할 것은 없다. 가령 '달에는 촌운(村雲), 꽃에는 바람(嵐)'이라고 하여 역을 말한다. 그러나 이것은 때와 장소에 따라서 변하기 때문에 순으로도 되고 역으로도 된다. 봄에 벚꽃이 만개할 때 폭풍우가 불어서 꽃을 흩트린다면, 이 바람은 꽃에게는 역이지만 풍력에 의해 꽃이 개화한다면, 그 바람은 꽃을 위한 순이 된다. 또한 혹서일 때 일진의 시원한 바람이 되어 분다면 이것은 순이 되지만, 210일의 계절에 폭풍이 되어 논밭에 분다면 이것은 대단한 역이 된다. 이와 마찬가지로 구름도 명월의 밤에 나오면 역이 되고, 무조건 촌운이 달을 덮는 것도 있다. 그러나 구름은 무심으로 나올 뿐, 순정(順情)도 없고 역념(逆念)도 없다. 구름이 나와서 비가 되고, 이 비가 여름의 큰 가뭄에 자비로운 비가 되어 나타난다면 그 또한 대단한 순이 된다. 그러므로 순은 철저하게 순으로 정해진 것이 아니며, 또한 역도 철저하게 역으로 정해진 것이 아니다. 단지 때와 장소에 따라서 천변만화한다는 것을 알아서, 순역본래무일물의 근원으로 돌아가, 순의 순임을 잊고 역의 역임을 잊고, 천지간의 사사물물 모두 법이자연의 대도이자, 진여실상의 현현임을 철저하게 보지 않으면 안 된다.

일유다종이무양반(一有多種二無兩般)

이것은 『벽암록』 제2칙의 송에 나와 있다. '하나에 많은 씨앗이 있고 둘에 양반(兩般)이 없다'라고 하여, 진여는 하나로 있지만 이것을 차별 면에서 말하면 다종다양하게 된다. 또한 둘이라 하여 절대와 상대, 평등과 차별이라는 것처럼 나눠져 있는 것으로 생각되지만 양반 없이 있는 그 자체가 독립 독존이어서 다른 성가신 존재로 되지 않는다. 즉, 이는 개개 절대라는 의미이다. 반(般)이란 독립한 사물을 헤아릴 때에 사용하는 문자로, 개(個)라는 글자도 거의 같은 의미이다. 봄의 꽃, 가을의 달, 그 자체의 절대 독립으로 타자와 분별하여 보아서는 안 된다. 천지간의 사사물물 모두 절대 독립,

불가사의한 존재가 아닌 것은 없다. 파초(芭蕉)의 구(句)에

잘 보면 냉이꽃이 피어 울타리구나.

라고 하였다. 눈에도 머물지 않는 길가의 꽃도 그 꽃 자신에게서 본다면 절대 독립, 자기 본래의 모습을 환출(丸出)하면서 현현하기 때문에 잘 보면 보는 만큼 불가사의한 존재이다. 작은 꽃은 작은 꽃으로 큰 꽃은 큰 꽃으로 절대 독립이다. 작다든가 크다든가, 아름답다든가 추하다든가 하고 보는 것은 우리들의 분별에서 말하는 것으로, 꽃 자신은 본래 갖추고 있는 꽃의 절대를 그대로 드러내고 있을 뿐이다. 때문에 어느 것을 작다, 어느 것을 크다고 봐야만 하는 것이 아니다. 하물며 미추의 생각 같은 것은 실로 인간분별의 망상분별이라고 말하지 않으며 안 된다. 적절히 그 절대 독립의 모습을 바라보고, 불가사의한 존재인 것을 알아 천지자연의 묘상에 접하는 것이 무엇보다도 중요한 일이다.

직지인심견성성불(直指人心見性成佛)

이것은 달마대사의 그림에 자주 찬(贊)하는 말이다. 달마대사가 항상 말씀하셨다고 전하는 선어로, 선종에서는 입버릇처럼 외는 말이다. 직지인심이란 우리들 본심을 직지하는 것이다. 견성성불이란 우리들의 본심본성이 그대로 불심불성이어서 그것을 그대로 드러내면 부처가 된다(成佛)는 것이다. 성불이라는 것도 지금까지는 범부였지만 견성에 의해서 부처를 이룬 것처럼 보이나 여기서 성불이라는 것은 시불(是佛)의 의미이다. 즉, 밖에 부처가 있는 것이 아니라

자신이 부처인데 지금까지는 그것을 몰랐을 뿐이다. 지금 바로 자기 본래의 불심으로 되는 일을 끝까지 보고 확인한다는 것이다. 지금까지는 다른 것을 쫓아다녀서 자신이라는 것을 반조(返照)하지 않았지만 지금 자신의 본심을 직지하여 끝까지 보고 확인하는 것, 이는 자신이 본래부터 부처였다는 것을 깨닫는 것이다. 때문에 마조 도일 선사와 같은 이는 즉심즉불로 해서 우리들의 본심이 그대로 본불인 것을 설하여 모든 것을 교화했다는 이야기이다.

구자관(九字關)

불시심불시불불시물(不是心不是佛不是物)

마조 도일선사의 유명한 '즉심즉불(卽心卽佛)'은 공안으로서 『무문관』 제30칙에 나와 있다. 처음 대매산(大梅山)의 법상선사(法常禪師, 752~839)가 마조에게 찾아가서 '어떠한 것이 부처입니까?'라고 물었다. 마조는 '즉심즉불'이라고 답했다. 이는 자신의 본심이 그대로 본불이라는 의미로 어느 날 한 승려가 마조에게 '어떠한 것이 부처입니까?'라고 물었을 때 그는 '비심비불(非心非仏)'이라고 답하기도 했다. 이것은 『무문관』 제33칙의 공안으로 같은 물음에 대해서 다르게 답을 하는 것에는 깊은 의미가 있다. 『전등록(傳燈錄)』에 '승려가 마조에게 묻기를 어째서 즉심즉불로 설합니까?'라고 하자 조사가 말하길 '어린아이의 울음을 멈추기 위해서이다'라고 답했다. 이에 승려가 '울음이 그쳤을 때는 어떻게 합니까?'라고 묻자 조사가 말하길 '비심비불이다'라고 답했다. 이어 승려가 '이 두 종류를 제외하고 사람이 온다면 어떻게 제시하겠습니까?'라고 묻자 조사가 말하길 '너를 향하여 말하겠다. 이것은 사물에 있지 않다'라고 했다. 나아가 마조의 제자 남전 보원선사가 계신 곳에 한 승려가 와서

'다시 와서 사람을 위해 설하지 않은 종류의 법이 있습니까?'라고 물었다. 그때 남전은 '있다'라고 답했다. 승려는 '어떤 사람을 위해 설하지 않은 종류의 법입니까?'라고 물었다. 그때 남전은 '마음도 아니고, 부처도 아니고, 사물도 아니다(不是心,不是佛,不是物)'라고 답했다.

이 '마음도 아니고, 부처도 아니고, 사물도 아니다'라는 말도 『무문관』 제27칙에 공안으로 되어 참구되고 있다. 이것들은 모두 설명할 수 있는 것이 아니라 여실하게 참구해야만 할 것이지만 지금 여기서 문자상의 설명을 더한다고 한다면 마조는 항상 '즉심즉불'로 말하며 제자를 교화했다. 자신의 본래 마음이 바로 본래 부처라는 의미이지만 그 본심본불은 결코 자타 분별이 있어서는 안 된다. 자타, 혹은 주관 객관이라는 분별을 세우지 않고 모두가 절대평등, 본래일여, 자타불이의 진법신(眞法身)임을 알아야 한다. 생각을 일으켜 머리로만 아는 것이 아니라 진실로 그 자체가 되는 '즉심즉불'이기 때문에 이것을 입으로만 설명하는 것은 좋지 않다.

옛날 태원(太原)의 부상좌(孚上座)라는 사람이 있었다. 뒤에는 설봉(雪峰) 의존선사(義存禪師, 823~908)의 법을 계승한 사람이지만 이 사람은 처음 교상(教相)학자로 능숙하게 경론의 강의를 하고 있었다. 어느 날 양주(揚州)의 광효사(光孝寺)에서 『열반경』 강의를 하며 법신의 묘한 이치를 설명했다. '법신의 이치는 마치 큰 허공과 같다. 세로로는 과거, 현재, 미래의 시간을 다하고 가로로는 시방에 걸쳐 있다'라고 하며 마치 물이 흐르는 것처럼 막힘없이 설하고 있었다. 한 선승이 그것을 듣고서 무심코 크게 실소하였다. 그래서 강의를 마치고 부상좌는 선승이 웃은 이유를 물었다. 그때 선승이 말하길 '상좌의 강의는 틀렸다고는 말할 수 없다. 단지 법신(法身)

양변(兩邊)의 일만을 설하여 아직 진실한 법신을 알지 못한다'라고 하고, '진실로 법신을 알려고 한다면 모름지기 강의를 그만두고 열흘 동안 실내에서 좌선을 하여 선악 등의 모든 연을 방각(放却)하라'고 가르쳤다. 이에 부상좌도 선승의 말에 감동하여 가르쳐준 것과 같이 좌선하여 자신이 그대로 법신이 되는 것을 깨닫고, 점점 선의 수행을 실지에 쌓았다고 한다.

선은 설명으로는 안 된다. 타(他)에 법신불을 세워서 법신양변(法身兩邊)의 일을 능숙하게 설하는 것을 능사라고 할 수 없다. 직접 법신이 되어야 하는 것으로 마조는 바로 이것을 '즉심즉불'이라고 말했던 것이다. 즉심즉불이 정말로 깨달음을 얻은 사람이라면 그 사람이야말로 그대로 불의(佛衣)을 입고, 불반(佛飯)을 먹으며, 불어(佛語)를 말하고, 불행(佛行)을 행하는 사람으로, 즉신즉불이라고 말해도 좋다. 그러나 정말로 즉심즉불을 깨닫지 못하고 단지 마음이라든가 부처라든가 하여 양변에 갇혀서 마음을 찾고 부처에 집착한다면 그것은 결코 즉심즉불을 체득한 사람은 아니며 즉심즉불을 잘못 이해한 사람이라고 할 수 있다. 때문에 마조는 그 집착의 견해를 뺏기 위해 어느 때는 비심비불로 답했던 것이다.

이것에 관해서 『전등록』에는 어떤 사람이 마조에게 '무엇 때문에 즉심즉불을 말하는가?'라고 물었을 때 마조는 어린아이의 울음을 멈추게 하기 위한 방편으로 즉심즉불을 설한다라고 하고, 나아가 울음을 그칠 때는 어떻게 하는지 물으면 '비심비불'이라 답했지만 이것은 일단의 설명으로, 문자로 말하면 즉심즉불은 주는 말이며, 비심비불은 뺏는 말로 보아도 좋다. 하나는 긍정적이고 하나는 부정적이어서 진실한 바는 불심과 함께 불가득의 것으로 그 진상은 긍정적인 것도 아니고 부정적인 것도 아니다. 마음은 마음에 드러나지 않는 것을 마음이라 말하고, 부처는 부처에 드러나지 않는 것을 부처라고 하기 때문에 마조는 '비심비불'이라고 말했던 것이다.

즉심즉불이라 하고 비심비불이라고 한 마조의 말은 실로 심원한 의미가 있어서 진실한 것은 설명할 수 있는 것이 아니다. 단지 실참실구하여 그 진의를 나의 것으로 체득하지 않으면 안 되고 일방적으로 사려분별해야만 하는 것도 아니다. 그래서 그 제자인 남전 보원선사가 '스승 마조는 즉심즉불을 설했지만 나는 그렇게 설하지 않는다. 마음도 아니고, 부처도 아니며 사물도 아니다. 여기에 허물이 있는가 없는가?'라고 말하자 남전의 제자 조주는 예배하고 바로 그곳을 떠났다고 한다. 이것은 남전 독자의 설법으로 또한 일찍이 삼세제불도 설하지 않았던 것이라 하여 '남을 위해 설하지 않은 법'이라고 말하고 있다.

요컨대 마음이나 부처 혹은 사물이라 말하여 이런저런 일이 있는 것처럼 집착하여 거기에서 즉심즉불, 비심비불, 혹은 본래무일물이라고 하지만 그들 일체를 제거한 남전 독자의 설법에 귀를 기울여 '설하지 않은 법'을 깨닫지 않으면 안 된다.

임마야득불임마야득(恁麽也得不恁麽也得)

이것은 『벽암록』 제3칙의 수시(垂示)에 나와 있으며 '찾아도 좋고, 찾지 못해도 좋다'로 읽고 있다. 임마(恁麽)란 당송시대의 속어로, 여러 가지의 의미가 있다. 통속적으로는 '이런', '어떤', '그것'과 같은 뜻을 취하고 있다. 지금의 '임마를 찾아도 좋고, 찾지 못해도 좋다'란 어느 쪽에 있어도 좋다는 의미로, 우주만유 그대로가 대광명을 두루 비추고 있기 때문에 어느 쪽에 있어도 좋다. 또는 있다고 해도 좋고 없다고 해도 좋다고 설한다. 진실한 바를 깨닫고 있다면 무엇을 말해도 좋지만, 만약 그 반대로 진실한 것을 깨닫지 못했다면 어떤 것을 말해도 어긋나기 때문에 '찾아도 좋지 않고 찾지 못해도 좋지 않다.'라는 말도 있다.

퇴보취기수명삼팔구(退步就己須明三八九)

'퇴보하여 이것에 관해서 모름지기 389가 밝아진다'로 읽는다. 이는 한 걸음 물러나서 자기를 반성하고 자기의 본심본성을 구명해보라는 의미이다. 389 각각의 숫자를 합하면 20이 된다. 20은 속어에 염(念)과 통하여 사용하는 숫자이다. 때문에 389란 일념, 일심이라는 의미를 취하여 '389를 밝히는 것이 아니면 경(境)에 대해서 생각하는 바가 많다'라는 말이 백은선사의 『괴안국어』 제5에도 나와 있다. 또한 '389를 밝히지 않으면 조사의 관문을 통과하기 어렵다'와 같은 말도 있다. 우리들의 분별의 생각을 밝히고 한마음 한뜻으로 선사의 관문을 통과하지 않으면 안 된다. 그것에는 자기를 깊이 반성하는 것이 중요하다. 한걸음 물러나서 고요하게 가라앉힌 뒤 자기를 내관(內觀) 반성하여 자기의 본심본성이 본래 불심불성임을 깨닫는다. 그리고 그것을 자신의 평소 행위 위에 드러내는 것이 가장 중요하다. 단지 깨달았다는 것만으로는 안 되며 그것을 실제 자기의 행위 위에 나타내는 것이야말로 진실한 깨달음이라는 것이다.

십자관(十字關)

일화개오엽결과자연성(一華開五葉結果自然成)

이 두 개의 구절은 달마대사가 법을 부촉하여 전수한 게송으로서, 네 개의 구절 가운데 뒤의 두 구절이다. 달마가 썼다고 전해지는 『혈맥론(血脈論)』 끝에 나와 있지만 또한 육조대사의 『법보단경(法寶壇經)』 부촉(付囑) 제10에도 나와 있다.

내가 본래 이 땅에 온 것은 (吾本來此(玆)土)
법을 전해 미혹한 중생을 건지려 함이니 (傳法救迷情)
한 송이 꽃에 다섯 꽃잎 열려 (一華(花)開五葉)
결과는 저절로 맺어지리라. (結果自然成)

이 일화오엽에 관해서는 여러 가지 설이 있다. 그 가운데 일설에 관해서 말하면, '일심(一心) 오지(五智)가 개발되면 불과(佛果)는 저절로 성취된다'는 의미를 취한다. 오지란 대원경지(大圓鏡智), 평등성지(平等性智), 묘관찰지(妙觀察智), 성소작지(成所作智), 법계체성지(法界体性智)를 말한다. 이것들은 불(佛)의 심의 작용을 다섯으로 열기까지의 것으로, 그 근본은 일심이다. 모든 심은 근본에 있어 그 심이 여러 가지로 움직인다. 눈은 보고, 귀는 듣고, 입으로는 담론하고, 손으로는 집어 들고, 발로는 움직이지만 그 근본은 심의 본체로 돌아간다. 그 심의 본체는 원래 우리들의 분별의식으로는 알 수 있는 게 아니다. 만약 심에 분별망상이 일어났다면 결코 불과는 이룰 수 없다. 무심이 되어 비로소 불과는 자연히 성취된다는 것이다.

무심이란 분별망상이 없는 심이라는 의미로, 달마가 썼다는 『오성론』에도 '시방의 제불이 모두 무심으로써 심을 본다'라고 한다. 또한 '허망이 없을 때는 일심이 이 일불국(一佛國)으로 되고, 망상이 있을 때는 일심, 이것이 지옥으로 된다'라고도 하여 망상분별이 있으면 불과는 나타나지 않는다. 때문에 선의 종지에서는 이 망상분별의 집착을 떠나서 본래무일물의 근본을 나타내도록 권유하는 것이다.

군간차화지중유풍로향(君看此花枝中有風露香)

이것은 유명한 소동파의 구절로, '그대여! 보라. 이 꽃가지 안에 바람과 이슬의 향이 있다'라고 읽는다. 꽃가지는 우리들의 본심자성에 비유하고, 풍로의 향이란 본심의 미묘상(微妙相)을 나타낸 것이다. 즉 꽃가지는 심, 향은 심의 묘상에 비유한 것으로 보고, 마음의 실체를 잘 관찰하여 '그대여! 보라. 이 꽃가지'라고 설한 것이다. 물론 꽃은 무심으로 피지만 그것이 무심한 것같이 우리들의 본심도 무심한 것이어서 산을 보면 산의 마음이 되고, 강을 보면 자연히 강의 마음이 된다. 경계에 따라서 실로 무심히 굴러가 미묘한 모습을 보고 취하는 것이 중요하다.

심수만경전전처실능유(心隨万境轉轉處實能幽)

이것은 『경덕전등록(景德伝燈錄)』 제3에 나와 있다. 제22대 조사라고 하는 마라나존자의 부법전법(付法伝法) 게송으로서 다음과 같이 나와 있다.

마음은 만경에 따라서 구르고 (心隨万境轉)
구르는 곳 실로 능히 그윽하다. (轉處實能幽)
따라 흘러서 성품을 인득한다면 (隨流認得性)
기쁨도 없고 또한 근심도 없다. (無喜亦無憂)

마음은 여러 가지로 외계의 경계에 연해서 일어나는 것이지만 외계 경계에만 주착하는 것이 아니다. 자유자재로 속속 굴러가서 무심의 활약이야말로 실로 능히 유현한 것으로, 무엇으로도 말할 수 없이 불가사의한 것이다. 그리고 그 마음의 본체본성을 깨닫고 본다면 특별히 기뻐할 것도 없고 슬퍼할 것도 없다. 투명한 거울의 본체와 같이 한 점의 먼지도 인정할 수 없다는 것이다. 그러므로 여러 가지 것들이 와서 그 거울의 표면에 비추어도 무심히 그 만경의 모습 그대로를 그리고, 나아가 잡기도 하고 버리지도 않는다. 아름다운 것이 오면 아름다운 그대로를 그리고, 추한 것이 오면 추한 그대로를 비추기 때문에 거기에 어떤 유심한 것은 없는 것과 같다. 또한 우리들의 본심도 만경에 따라서 여러 가지의 모습을 그리지만, 거기에 한 점의 티끌과 먼지를 머물게 하지 않고 무심하게 마음은 만경에 따라서 구른다. 그 구르는 곳이 실로 유현이라고 하여 이는 선의 깨달음의 경지를 충분히 잘 나타낸 선어라고 볼 수 있다.

수류원입해월낙불리천(水流元入海月落不離天)

‘물은 흘러서 원래의 바다로 들어가고, 달은 져서 하늘을 떠나지 않는다’라고 읽으며 실로 깊은 의미를 담고 있다. 중봉(中峰) 명본선사(明本禪師, 1263~1324)에게 어느 날 한 승려가 묻기를 ‘어느 곳에 나아가 생사거래의 흔적을 찾는다. 생은 어느 곳에서 왔는가’라고 하자 선사가 바로 말하길 ‘물은 흘러서 원래의 바다로 들어간다’라고 했다. ‘죽어서 어느 곳으로 향해서 가는가’라고 물으면 바로 말하길 ‘달은 져서 하늘을 떠나지 않는다’라고 하였다.

‘이것은 어떤 뜻인가’라고 하면 물은 밤낮을 나누지 않고, 한순간도 멈추지 않고 흘러서 바다로 흘러간다. 게다가 물은 부증불감이다. 잘 살펴보면 거기에 상주불변의 진리가 나타나 있다. 또한 달도 항상 동쪽 하늘에서 나와서 서쪽 하늘로 지므로 잘 살펴보면 달에도 불생불멸의 진리가 나타나 있다. 이 두 구절은 실로 우주의 본래 그 자체를 적절히 나타내고 있고 또한 다른 면에서 관찰해보면 제행무상의 도리도 포함되어 있다. 즉, 물은 항상 밤낮을 나누지 않고 흐르며 항상 유동하고 있다. 달도 항상 동쪽 하늘에서 서쪽 하늘로 이동하고 있지만, 달은 가득할 때도 기울 때도 있어서 결코 한 모습이라고는 말할 수 없다. 대개 그 무상의 모습을 나타내고 있다고 보지 않으면 안 된다.

일면에서 말하면 상주불변으로 있고 또한 다른 일면에서 말하면 생멸무상의 것이다. 실로 불생불멸의 본체의 것으로 항상 생멸무상의 모습을 드러내고 있다고 할 수 있다. 이 천지간의 사사물물 모두 양면에서 관찰한다면 불가사의하고 미묘한 대자연의 운행으로 말하지 않으면 안 된다. 우리도 이 대자연의 운행 속에 생존하고 있는 것이다. 게다가 물은 흘러서 대해로 돌아가고, 달은 만수(万水)에 그림자를 떨어뜨려도 본래의 천변(天邊)을 떠나지 않는 것처럼, 우리도 돌아가는 곳에서 그 근본을 잊어서는 안 된다. 근본은 본심본성의 본가향(本家鄕)으로 있어 그것을 나타내기 위해서는 촌음을 아껴 부단한 노력을 해야 한다. 오랜 세월 끝없이 수용하여 다함이 없음을 깨달아 진실한 본심으로부터 눈을 뜨고 대자연과 함께 융합하지 않으면 안 된다. 깊게 맛보면 맛보는 만큼 묘미진진한 선어이다.

아심사추월벽담청교결(我心似秋月碧潭清皎潔)

이것은 『한산시』에 나오는 선어로 '내 마음은 가을 달과 비슷하고, 푸른 못은 맑아 달빛이 깨끗하다'로 읽는다. 내 마음은 맑은 가을밤의 명월과 같고, 빛은 시방으로 비추며 벽담의 아래까지 맑고 청결하여 한 점의 티끌도 없다는 것이다. 이는 우리 마음의 청정무구한 것을 나타낸 것이지만 사심(私心)은 아니다. 천지 우주에 편재하는 마음의 본체로 있어 에이사이선사의 『흥선호국론(興禪護國論)』 처음에도 나와 있다. '하늘의 높이도 최고라 할 수 없다. 마음은 하늘 위에 나온다. 땅의 두께도 측정할 수 없다. 마음은 땅 아래에 나온다. 일월의 빛도 넘을 수 없다. 마음은 일월광면의 겉에 나온다. 대천사계(大千沙界)도 헤아릴 수 없다. 마음은 대천사계의 밖에 나온다'라고 설하고 있지만 실로 마음의 본체는 무아무심으로, 십방세계를 비추며 건너서 원응무방(圓応無方)한 것이다.

나를 떠나서 본다면 마음만큼

밝은 경세(鏡世)에 나타난다.

이 노래와 같이 사심사욕 개인의 정을 떠나서 천지간의 사사물물을 본다면 가을밤의 명월과 같이 벽담이 푸르러서 그 바닥까지 맑다 해도 조금도 변하지 않는다. 달은 무심하게 상하의 간격이 없고 구중(九重)의 구름 위에도 둥그렇고, 낮은 오두막의 창에도 휘둥그렇다. 평등하게 비추며 더욱더 변하지 않는 것, 그것이 내 마음의 본체이며, 그것을 우리의 일용광중에 비추어 나타나지 않으면 안 된다는 것이다.

고송담반야유조농진여(古松談般若幽鳥弄眞如)

『인천안목(人天眼目)』의 하권에 나와 있는 이 선어는 '고송(古松)은 반야(般若)를 이야기하고, 유조(幽鳥)는 진여를 농한다'로 읽는다. 송풍, 새소리는 거짓이 없는 진리의 설법이며 음성인 것으로 보는 선어이다. 또한 고송 그 자체를 반야로 보아도 좋다. 반야에도 실상반야, 관조반야, 문자반야가 있지만, 제법실상의 모습이 되지 않는 것은 없다. 송은 소나무로서 천년의 녹색을 보이는 것이 소나무의 실상이며 부처의 모습이다. 반야는 부처의 지혜를 의미하며『금강경』에서는 여여부동의 곳, 반야의 설법이라고 설하고 있다. 송은 소나무로서 높고 여여한 부동의 모습이 반야를 이야기하고 있는 것이다. 유조라고 하여 고요한 곳에서 울고 있는 새소리 또한 거짓 없는 소리로, 진여를 가지고 노는, 진여 그 자체의 모습이다. 실로 천지간의 사사물물 모두 깨달은 사람의 눈에 비칠 때에는 부처의 모습이며, 깨달은 사람의 귀로 들으면 모든 설법의 음성이 되기 때문에 저 유명한 소동파의 깨달음의 시에는 다음과 같은 것이 있다.

시냇물 소리 광장설이니 (谿聲便是廣長舌)
산 빛은 어찌 청정한 몸이 아니겠는가. (山色豈非淸淨身)
밤에 팔만 사천의 게가 오니 (夜來八万四千偈)
훗날 나가지만 사람에게 과시한다. (他日奈何拳似人)

계곡을 흐르는 물의 소리도 부처의 설법 소리로 들을 수가 있다. 또한 만산의 홍엽, 이것도 청정법신불의 모습으로 절을 할 수 있다. 야래(夜來)의 바람소리, 이것도 팔만 사천의 여래의 경문과 같은 것이지만, 이 경문의 음성을 들었던 자신의 심경은 매우 다른 사람에게 들어서 설명하여 보일 수 없다. 깨달음을 통달한 사람만이 아는 심오하고 현묘한 가르침으로, 그 사람 자신에게 차고 따뜻한 것을 스스로 알고, 실지에 체험하여 미득하는 것 외에 도는 없다. 이러한 심경이야말로 비로소 선차에 가까이할 수가 있다고 말할 수 있으며 선차의 진실한 곳은 그 사람 자신의 심경에 관계하고 있다고 할 수 있다.

송무고금색죽유상하절(松無古今色竹有上下節)

『괴안국어』에 나와 있는 선어로 '소나무에 고금(古今)의 기색이 없고, 대나무에 상하(上下)의 마디가 있다'라고 한다. 일(一)은 평등을 나타내고, 타(他)는 차별을 나타낸 구로 보고 있으며 이것을 깊게 생각해보면 소나무는 사시의 기후 변화에도 조금도 그 색이 변하지 않는, 정말로 현인군자와 같은 풍격이 있다. 선어에 '바람이 불어도 움직이지 않는, 천변(天邊)의 달, 눈이 눌러도 꺾기 어려운 큰 소나무' 라는 말이 있는데 그 부동의 곳, 불변의 곳은 실로 의지의 견고함을 나타낸 것이다. 아무리 세간의 순경역경(順境逆境)에 대해서도 자기 집 안의 소나무를 더욱더 성장시켜서 초록의 빛을 나타낸다는 것이 이 '송무고금색(松無古今色)'이 제시하는 의미이다. 하여튼 세간의 인정은 부동(浮動)하기 쉬운 것이다. 그것에 대처해서 고결한 지기(志氣)를 떨쳐 조금도 그 절개가 변하지 않는 곳에 소나무의 존귀한 바가 있다.

날개 누르는 힘도 있는 눈의 대나무

소나무처럼 대나무에도 아무리 눈이 눌러도 굽히지 않고 힘차게 본래 상태로 되돌리는 힘이 있다. 대나무에 상하의 마디가 있는 것같이, 상하의 차별이 있어 비로소 사회가 평등하게 다스려진다. 상위의 사람은 상위의 사람처럼, 하위의 사람은 하위의 사람처럼 각각 그 자리를 얻어서 서로 협동하여 융화하고, 해야 할 곳을 향해서 친절을 다하는 것이 중요하다. 물론 사회에는 귀천빈부, 노약남녀의 차별은 있지만 이를 넘어서 서로 친절을 다하고 마음과 마음이 융합하는 것, 그것을 '대나무에는 상하 마디가 있다'라는 선어로 나타낸 것이다. 다도를 배우는 것에도 상하의 심득이 있어 빈주(賓主)가 허물없이 차를 완미(玩味)하는 곳에 대나무 같은 진지한 마음이 생기고, 대나무의 내강(內腔)이 공인 것같이 무심으로 선차의 심오하고 현묘한 가르침으로 만끽할 수가 있다는 것이다.

국수월재수농화향만의(掬水月在手弄花香滿依)

'물을 움켜쥔다면 달이 손에 있다. 꽃을 농한다면 향이 옷에 가득하다'라고 『허당록』의 제3에 나와 있다. 이 선어는 천지간의 사사물물 모두 본분저의 것으로 촉처(觸處)가 본래의 면목으로 되지 않는 것이 없기 때문에, 그 사람이 모르는 사이에 본분저의 가운데로 끌어넣어 간다는 것이다. '향기가 있다면 자연히 향기롭다'라는 말도 있다. 만약 그 사람이 선소(善所)에 발을 넣는다면 선연(善緣)이 되어서 반드시 선과(善果)를 맺게 된다. 물을 움켜쥔다면 달이 자연히 그 가운데를 비추어 진여의 달을 깨달을 수가 있다. 또한 실상의 꽃을 가지고 노는 가운데 그 꽃의 향기가 옷으로 옮겨와 자연히 그 사람의 덕이 된다는 것이다. '물을 움켜잡고 달이 손에 있다'는 구절은 어느 곳에나 진여가 있다는 것을 나타내며, '꽃을 가지고 놀면 향기가 옷에 가득하다'라는 구절은 어떠한 때에도 실상은 나타난다는 것이다. 그러므로 선차의 사람도 다실에 들어가서 다사와 가까이하는 것, 거기에 자연과 다인답게 탈속의 덕이 갖추어진다는 것이며, 마음의 수양이 모르는 사이에 쌓여간다는 것이다.

십일자관(十一字關) 이상

진십방법계진시자기광명(盡十方法界盡是自己光明)

'시방 법계를 다하는 것이 전부 자기의 광명이다'라고 하여 이 천지간의 사사물물은 모두 자기이며, 그것의 빛은 모두 자기의 광명으로 보는 것이다. 이것은 선의 입장에서 말하는 것으로, 무한대의 우주를 가지고 자기 신앙의 대상으로서 바라보는 것과 동시에 자기도 작은 자기를 버리고, 우주의 절대인 신령 속에 융합하여 자기와 우주가 일체가 되어 자기의 일거수일투족 모두가 이 우주의 영광 속에서 나타난다고 깨닫는 것이다.

나라는 작은 마음을 버리고 보라
삼천세계 전부 저절로 된다.

이는 무아, 즉 대아를 설하지만 작은 자기를 버리고 큰 우주정신과 합치하는 것이다. 그렇게 되면 우주 간의 일체의 모습이 부처의 신령스런 빛으로 느껴지고, 자연계 사시(四時)의 운행도 모두 무정(無情)의 설법으로서 알아들을 수가 있다. 꽃이 있고 새가 있어 웃고 말하는 것도 느껴지고, 계곡이 있고 물이 있어 소리를 내어 자세히 말하는 것을 부처의 광장설로 받을 수가 있다. 즉, 자기가 자연계 속에 융화되어 모든 것이 자기의 대광명을 발하는 모습으로 되는 것이다.

천지여아동근만물아일체(天地与我同根萬物我一體)

'천지와 나는 같은 뿌리이며, 만물도 나와 일체가 된다'라 하여 승조법사(僧肇法師)의 『열반무명론(涅槃無名論)』에 나와 있다. 천지와 만물은 객관적 외계의 경계로 그것과 주관적 자아가 일여일체(一如一體)라는 의미이다. 이것에 관해서는 『벽암록』 제40칙에 공안으로 나와 있는데, 그것에 의하면 육긍대부(陸亘大夫, 764~834)로 남전 보원선사의 제자인 속거사(俗居士)가 있었다. 어느 날 그 육긍대부가 남전을 향하여 말하길 '승조가 말하는 천지와 나는 동근이고 만물과 나는 일체라는 말은 일반 사람에게는 도무지 알기 어려운 문구이다'라고 하자, 남전은 뜰의 한 송이 꽃을 가리키며 '대부'라고 불러 '저 꽃을 보아라, 세간의 일반 사람은 이 꽃을 보고도 무슨 일인지 모르고 꿈과 같이 보고 있을 뿐이다. 단지 이치로는 천지와 동근, 만물과 일체라 해도 그 실제의 일은 꿈과 같아서 외계의 우주만상을 별개로 보고, 붉다든가 희다든가, 아름답다든가 추하다든가 하여 진실한 꽃의 실상을 알지 못한다'라고 했다. 이는 실로 노파심에 친절한 설명을 한 것이다.

우리들은 이 천지와 동근, 만물과 일체라는 진리를 모르기 때문에 천지와 만물의 차별에만 집착하고, 선이나 악을 분별하여 취사증애의 생각이 활발하게 일어나는 것이다. 하지만 일단 선의 깨달음에 철저하게 자기라는 것을 없애고, 무아무심으로 천지만물을 바라본다면 거기에 천지 사사물물의 진상은 빛날 것이다. 그리고 그 자체의 진실한 모습이 드러나서, 자기도 그 가운데에 융화되어 스스로 천지만물로 되고 천지만물이 내가 되어, 정말로 '천지와 내가 동근, 만물과 내가 일체'가 될 수 있다.

좋고 나쁨도 미워하고 사랑하는 것도 생각하지 않는다면
지금은 세계가 마치 내 것.

무아무심의 오경(悟境)에서 말하면, 천지와 동근, 만물과 일체가 되고 유유한한하여 아무런 걸림도 없이 그 사람의 일생을 보내는 것이 가능하다. 내가 삼천세계를 집으로 해서 살아가는 것이기 때문에 이 세계에 한해서 나라는 것은 없다. 무량영겁의 나로 있어서 무량수(無量壽)이며 이는 부처와 조금도 차이가 없다. 이렇게 소중한 나를 자각했더라면 결코 허술하게 몸을 취급할 수 없다. 각각 그 신분에 따라서, 직업에 따라서 있는 대로 모든 책임을 다하지 않으면 안 된다. 그렇게 하는 것에 의해서 비로소 천지 사방에 자기의 대광명을 풀어놓는 것이 된다.

행역선좌역선어묵동정체안연(行亦禪坐亦禪語默動靜体安然)

'가는 것 또한 선, 앉는 것 또한 선, 어묵동정(語默動靜)하여 몸이 편안하다'라는 것은 영가대사의 『증도가』에 나와 있는 선어이다. 가는 것도 앉는 것도 어묵동정도 모두가 선이 되지 않는 것은 없다. 선이란 선나(禪那)라는 범어로, 이것을 번역하면 여러 가지의 의미가 있는데 그중에서도 특히 정려(精慮)라는 번역어를 많이 사용하고 있다. 조용히 사려하고, 차분하게 생각한다고도 말하지만 우리들의 분별의식으로는 아니다. 그 분별의식을 통일하여 고요하게 마음을 정돈하는 것이다. 마음을 정돈할 뿐만 아니라 몸도 정돈하는 것이며, 나아가 신변을 정돈하는 것이다. 넓게 말하면 마을을 정돈하고, 나라를 정돈하고, 세계를 정돈하는 것이 된다. 즉 '몸을 정돈한다'란 식사도 적당하게, 잠도 그 정도로 정돈하고, 옷차림을 정돈하고, 호흡도 적당하게 무심으로 한다. 또한 '신변을 정돈한다'란 실내를 깨끗이 하는 것, 물건을 두어야 하는 곳에 정돈하고, 사용하지 않는 것은 일체 방에 두지 않도록 정돈하는 것이다. 그 집, 그 방의 모든 것이 깔끔히 정돈되어 있는 것은 선과 합치하는 것이다. 그리고 마음의 질서가 정연하게 유지되고, 한 나라가 평온하게 유지되며, 사회의 평화가 유지되고 있는 곳, 이것이 광의에 있어서 '가는 것도 또한 선, 앉는 것도 또한 선'으로, 이 일체가 차분한 곳을 선이라 한다.

선에서는 '위의(威儀)가 즉 불법(佛法), 작법(作法)이 즉 종지(宗旨)'라는 것을 설한다. 우리 일상의 행주좌와에 모두 선이 나타나지 않으면 안 된다. 거기에 선의 면밀한 행지(行持)도 설하고 있기 때문에 선차를 배우는 사람도 선의 의미를 체득하여 모든 것을 정돈한다. 다실의 안과 밖을 정돈하고, 거기에 조금이라도 실수가 있게 된다면 그것은 선차의 사람이라고는 할 수 없다.

도득귀래무별사여산연우절강조(到得歸來無別事廬山烟雨浙江潮)

이것은 소동파의 깨달음의 시로서 유명한 사구(四句) 가운데 뒤의

이구(二句)이다. 즉

여산은 이슬비 절강은 조수 (廬山烟雨浙江潮)
찾아가지 않아 갖가지 한이 사라지지 않는다. (不到千般恨不消)
찾아가 돌아와서도 별다른 일이 없다. (到得歸來無別事)
여산은 이슬비 절강은 조수 (廬山烟雨浙江潮)

라고 말하는데 중국의 풍경이 뛰어난 곳으로 여산의 이슬비와 절강의 조수를 들고 있다. 강서성 구강에 있는 여산과 양자강 하구에 있는 절강은 모두 경치가 좋은 곳이라서 그곳에 찾아가 구경하고 싶다는 생각이 든다. 그런데도 거기에 갈 수 없었던 것에 실로 아쉬움과 안타까움이 쌓이게 되지만 실제로 그 풍경을 구경해보아도 별로 바뀌는 것은 없다. 사진으로 보거나 사람들의 이야기를 들은 대로 여산은 이슬비가 있고 절강은 조수가 유명하다는 것뿐이다. 거기에 별로 바뀐 것도 없었다는 의미이다. 이것을 선의 입장에서 말하면, 깨달음이라는 것도 그것과 같은 것이다. '깨달았다'라고 해서 무슨 특별한 일이 있는 것같이 생각하고, 동경하는 마음에 열심히 수행하면 막상 깨달았다 해도 깨달았음의 영험한 효험은 조금도 없다. 즉, 세간일반의 일과 조금도 차이가 없다는 것이다. 공작은 '취취'라고 하고 까마귀는 '카아카아' 울고 있을 뿐이다. '깨달음이 종료되면 미오(未悟)와 같다'라는 선어도 있지만 깨닫기 이전과 조금도 차이가 없다.

그러나 차이가 없다고 해도 단지 그것만은 아니다. 깨닫기 이전은 모든 것에 아견이 있고 집착이 있었지만, 깨달은 후에는 깨달았다는 것조차 없다. 말할 것도 없이 아견이나 아만아애는 더욱더 없다.

무아무심으로 갓난아이와 같은 마음이 되는 것이 선의 진실한 바이다. 이는 시비선악, 취사증애를 떠나 나라는 것도 없고, 부처라는 것도 없는 곳에 도달한 것이며 게다가 자유자재로 아무런 거리낌 없이 움직이는 모습이다. 가려고 하면 가고 앉으려고 하면 앉는다. 차를 만나서는 차를 마시고, 밥을 만나서는 밥을 먹고, 무심하게 자유자재로 움직이되 조금도 다른 사람의 신세를 지지 않는 것이다. 이 깨달음에 도달한 사람으로, 깨달음을 얻어 돌아가서 별사(別事) 없는 소식이라는 것이다. 선차에 친숙한 사람도 이와 같은 깨달음을 얻어서 일용광중에 자기의 주인공을 살리는 것이 가능하다면 실로 선차의 사람이라 할 수 있다.

절단인간시여비백운심처엄시비(截斷人間是与非白雲深處掩柴扉)

'인간의 옳고 그름을 절단하고, 흰 구름 깊은 곳에 사립문을 닫는다'란 『대지게송(大智偈頌)』에 나와 있다. 이는 세간의 복잡한 인사(人事)를 버리고 산 깊은 곳에서 유유자적한 생활을 보내는 것이다. 인간의 명예이욕은 일시적인 일로, 깨달은 사람이 본다면 실로 바보스러울 뿐이다. 명예가 있는 지위에 도달했다고 해도 그것은 영구적인 것이 아니다. 또한 그 지위를 떠나지 않으면 안 되는 비애가 있다. 이욕을 얻고 갑부가 되었다 해도 그 재산을 유지해나가는 데는 또한 한이 없는 번민이 따른다. 그것보다도 처음부터 본래무일물의 진리를 깨달아서 그것들의 집착심을 근본부터 절단하고 높은 곳에서 세간을 견도(見渡)하여 '백운이 저절로 오고 간다'는 풍광을 접해 그 자체로 일의 진실을 느끼는 것이 선자가 가까이해야 하는 심경일 것이다. '가장 좋은 산중에 일 없는 객은 인간시비의 파도를 알지 못한다'라는 선어도 있지만 이 인간시비의 파도를 알지 못하는 무아무심무욕으로 탈속적인 기품이 있는 것, 이것이 정말로 선자의 생활이 아닐까. '명리를 구하지 않으면 가난의 근심이 없다. 음처(陰處), 산 깊은 곳에서 속진을 피한다'라는 선어도 있다.

산가부귀은천수어부풍류옥일사(山家富貴銀千樹漁夫風流玉一蓑)

'산가의 부귀는 은천수(銀千樹), 어부의 풍류는 옥일사(玉一蓑)'라고 하여 『괴안국어』 제4절에 나와 있다. 산중의 눈 경치는 말하려야 말할 수 없는 가치가 있는 것으로, 금전으로 살 수 없는 산가의 부귀라 할 만하다. 어부의 풍류는 도롱이를 입고 배 가운데 서 있는 모습으로, 이것은 실로 주옥에 미칠 수 없는 생활태도이다. 밖에는 어떤 물건도 원하는 것이 없다. 단지 자기의 환경에 만족하고 자기의 생활에 순종하는 것, 이것이 무엇보다 존귀한 빛이다. '산승의 활계는 세 이랑, 어부의 생애는 대나무 장대 하나(山僧活計茶三畝, 漁夫生涯竹一竿)'라는 선어도 있지만 실로 간소한 생활, 그것으로 만족한다면 그만큼 존귀한 선의 생애는 없을 것이다. 무심의 한가로운 구름이 산중의 친구가 되어 세속의 먼지가 없는 해탈의 생애야말로 실로 우러러볼 만한 사람이라고 할 것이다. 명예도 없고 이욕도 없는 것은 외견으로는 매우 빈곤하고 결핍된 것같이 보여도 그 정신은 세 이랑의 차밭에 만족하고, 한 잔의 차를 마시고, 세속의 먼지를 씻고, 가난은 금세 부자가 되고 금전으로는 사서 얻을 수 없는 풍경, 무가치의 생애 속에 유유자적하는 사람이 무언가 깨달은 사람이 아닐까. '산 앞 한 편 한 전지 대나무를 심고 소나무를 심어 일경(一境)이 넓다'라는 선어도 있지만 이 마음의 본분의 밭에 대나무도 심고 소나무도 심고 또한 차도 지어서 일완(一碗)의 선차에 의해서 심장 아래까지 씻어내는 것이 선자의 풍류라는 것이다.

풍취벽락부운진월상청산옥일단(風吹碧落浮雲盡月上靑山玉一團)

'바람이 대공(大空)에 불어서 떠가는 구름을 다하고 달은 청산에 올라 구슬이 한 무리(玉一團)'라는 것은 『연등회요(聯燈會要)』에 나오는 선어로, 벽락(碧落)은 대공(大空)을 가리킨다. '바람이 대공을 불어서 부운이 없게 되었다'란 우리들의 망상분별의 미혹함이 바람에 날아가게 한 것을 말한다. 심월(心月)은 청산 위에 휘둥그렇게 나왔다는 것으로, 여기 하계(下界) 모든 것을 그대로 비추어서 조금도 차별이 없는 월광의 빛을 가리킨다. 이는 실로 깨달음에 도달한 심경을 나타낸 당처라 할 수있다.

달 하나의 그림자는 삼천세계인가.

우리들의 심월도 나라고 하는 작은 나를 버리고 우주의 큰마음이 모든 십방세계에 충만한 마음의 묘용으로 빛나는 것이다. '심법은 형이 없어 십방을 통하여 꿰뚫는다'라고 임제선사도 말하고 있지만 모든 나를 잊고 무심으로 그 일에 따라서 되어간다면 반드시 심월의 빛은 삼천세계에 이르는 곳에 미치게 될 것이다.

무영수하합동선유리전상무지식(無影樹下合同船琉璃殿上無知識)

‘무영수(無影樹) 아래의 합동선(合同船), 유리전(琉璃殿) 위에 무지식(無知識)’이란『벽암록』제18칙에 나와 있는 선어다. 육조대사의 제자에 남양 혜충국사가 있었다. 그 당시의 황제가 후하게 귀의를 하여 죽을 때 국사에게 무언가 원하는 것은 없는지 물었다. 그러자 국사는 무봉탑(無縫塔)을 지어주십사 하였다. 이에 무봉탑은 어떤 형태로 지으면 좋을지 그 모양을 묻자 국사는 나에게 탐원(耽源)이라는 제자가 있는데 그에게 물어보라고 답했다. 그래서 국사의 천화(遷化) 뒤에 황제가 탐원을 불러 무봉탑의 모양을 묻자 탐원은 다음과 같이 답했다.

상의 남, 담의 북 (湘之南潭之北)
가운데에 황금이 있는 온 나라에 가득차고 (中有黃金充一國)
무영수 아래의 합동선 (無影樹下合同船)
유리전 위에 지식이 없다. (璃殿上無知識)

이것이 무봉탑의 모양이다. 무봉이란 꿰맨 곳이 없다는 뜻으로 지금의 말로 하면 무형(無形)과 같다. 둥글다든가 사각이라든가 길다든가 짧다든가 하는 모양으로 보여지는 것은 무봉이라 할 수 없다. 무형무상의 탑의 모습이란 우리들의 본심본성을 가리킨 것으로 크기는 이 우주 간의 삼라만상이 그대로 나타난 의연한 대탑이다. 거기에서 봄은 꽃이, 가을은 달빛이, 여름은 시원한 바람이, 겨울은 백설이 나타나는데 이는 모두 무봉탑의 거짓 없는 모습이다. 그것을 지금 탐원은 ‘상지 남 담지 북’으로 말하여 나타낸 것이다. 즉 상수(湘水)가 흐르는 남과 담수가 흐르는 북의 사이에 황금이 가득한 나라가 있다는 것은 이 천지우주의 전체를 가리킨 말이다. 그 가운데에 절대대(絶對大)의 무영수가 있고 그 아래에 합동선이 있다는 것은 무아무심의 광경을 말한 것으로, 이 세계는 일종의 같이 타는 배와 같다. 귀천빈부, 노약남녀 모두 같이 타는 일승법(一乘法)의 배로, 모두 평등일미의 경계를 기뻐하는 진여 바다의 배이다. 그 합동선이 도착한 피안의 유리전상에 지식이 없다는 것은 항상 열반이나 묘심, 혹은 극락이나 정토를 말하지만 지금 말하는 유리전상 가운데에는 부처도 없고 여래도 없다. 거기에는 분별의식이 없기 때문에 청정이라든가 불청정이라든가 모든 분별이 없는 곳이다. 물론 말할 것도 없이 범부라든가 중생이라든가 귀천빈부라든가 노약남녀라든가 하는 것은 더욱더 없기 때문에 절대평등한 곳이다. 전부 자아를 잊고 함께 타는 배로, 자기 마음을 공으로 한 유리전상으로 있기 때문에 혼잡한 다툼은 일어나지 않고 웃음 속에 생애를 완수할 수가 있다는 것이다. 이 무봉탑의 답에는 실로 선미(禪味)스러운 것이 있다.

교토의 서쪽 마쓰오에 서방사가 있다. 흔히 태사(苔寺)라고 하는데 정원으로 유명한 관광지이다. 무소국사가 지었던 정원에 상남정(湘南亭), 담북정(潭北亭)이 있는데 상남정은 센 소안이 은둔 생활을 한 다실로 유명하다. 담북정은 최근 도예가 조로쿠(藏六)가 옛날에 있던 곳에 새로 지었다. 황금지(黃金池)도 있고 유리전(琉璃殿)도 있어 합동선에 타는 것 모두 이 무봉탑을 나타낸 것으로 보아도 좋을 것이다. 그가 각별히 이곳을 사랑하고 잘 지냈다는 의미로 보고 싶다.